ŒUVRES COMPLÈTES
D'EDGAR QUINET

PROMÉTHÉE

LES ESCLAVES

PARIS
LIBRAIRIE HACHETTE ET Cie
79, BOULEVARD SAINT-GERMAIN, 79

ŒUVRES COMPLÈTES

D'EDGAR QUINET

LIBRAIRIE HACHETTE ET Cie

ŒUVRES COMPLÈTES D'EDGAR QUINET

en 30 volumes

Tomes.
- I. . . . Le Génie des Religions.
- II. . . . Les Jésuites. — L'Ultramontanisme.
- III. . . . Le Christianisme et la Révolution française.
- IV. . . }
- V. . . } Les Révolutions d'Italie (2 volumes).
- VI. . . Marnix de Sainte-Aldegonde. — Philosophie de l'Histoire de France.
- VII. . . Les Roumains. — Allemagne et Italie.
- VIII. . . Premiers travaux. — Introduction à la Philosophie de l'Histoire. — Essai sur Herder. — Examen de la vie de Jésus.
- IX. . . La Grèce moderne. — Histoire de la Poésie.
- X. . . . Mes vacances en Espagne.
- XI. . . . Ahasvérus.
- XII. . . Prométhée. — Les Esclaves.
- XIII. . . Napoléon. Poème (Épuisé).
- XIV. . . L'Enseignement du peuple. — Œuvres politiques. Avant l'Exil.
- XV. . . Histoire de mes Idées (Autobiographie).
- XVI. . . }
- XVII. . } Merlin l'Enchanteur.
- XVIII. . }
- XIX. . . }
- XX. . . } La Révolution (3 volumes).
- XXI. . . La Campagne de 1815.
- XXII. . }
- XXIII. . } La Création (2 volumes).
- XXIV. . Le livre de l'Exilé. — La Révolution religieuse au XIXe siècle. — Œuvres politiques pendant l'Exil.
- XXV. . Le Siège de Paris. — Œuvres politiques après l'Exil.
- XXVI. . La République. — Conditions de régénération de la France.
- XXVII. L'Esprit nouveau.
- XXVIII. Vie et mort du Génie grec. — Appendice. Discours du 29 mars 1875.
- XXIX. . }
- XXX. . } Correspondance. Lettres à sa mère (2 volumes).

Lettres d'Exil d'EDGAR QUINET (4 volumes), Calmann Lévy, éditeur, 1885.

OUVRAGES DE Mme EDGAR QUINET

Mémoires d'Exil (2 volumes), éditeur Lacroix, 1868 (Épuisés).
Paris, journal du Siège (1 volume), éditeur Dentu, 1873.
Sentiers de France (1 volume), éditeur Dentu, 1875.
Edgar Quinet avant l'Exil (1 volume), éditeur Calmann Lévy, 1888.
Edgar Quinet depuis l'Exil (1 volume), éditeur Calmann Lévy, 1889.
Le Vrai dans l'Education (1 volume), éditeur Calmann Lévy, 1891.
Ce que dit la Musique (1 volume), éditeur Calmann Lévy, 1893.
La France Idéale (1 volume), éditeur Calmann Lévy, 1895.

ŒUVRES COMPLÈTES
D'EDGAR QUINET

PROMÉTHÉE

LES ESCLAVES

PARIS
LIBRAIRIE HACHETTE ET Cⁱᵉ
79, BOULEVARD SAINT-GERMAIN, 79

PROMÉTHÉE

A MA MÈRE

LES FAUTES DE CE LIVRE SONT A MOI.
S'IL RENFERME UNE PENSÉE DROITE, ET L'ESPÉRANCE D'UN MONDE MEILLEUR,
C'EST A VOUS QUE JE LES DOIS.

AVERTISSEMENT

Les ouvrages d'imagination que cette édition réunit pour la première fois sont : Ahasvérus, Prométhée, Napoléon, les Esclaves. Au milieu du triomphe incontesté de la poésie contemporaine, il m'a semblé qu'il reste des routes encore nouvelles à parcourir.

Qui peut songer à composer des odes après Lamartine et Victor Hugo, des chansons après Béranger? La postérité ne surpassera pas ce qui a été fait de nos jours dans l'ode, dans la méditation poétique, la chanson, le roman en vers et les pièces détachées. En toutes ces choses, la palme a été cueillie.

Mais les inventions épiques, les compositions de longue haleine qui embrassent l'humanité, le style héroïque manquent encore à la littérature française contemporaine. Les étrangers répètent aujourd'hui le mot du siècle dernier, « que les Français n'ont pas la tête épique. »

J'ai osé tenter de donner un démenti à ce jugement porté d'avance. J'ai voulu gravir des sommets encore déserts. Que cette témérité ne me soit pas imputée à orgueil!

Je suis entré dans la seule voie qui ne fût pas encore occupée souverainement chez nous et marquée par des monuments achevés. Car il ne faut pas prétendre que les inventions épiques où le monde entier est contenu répugnent à l'esprit de notre temps et qu'il serait incapable d'en supporter le fardeau. La Messiade, Obéron, les deux Faust en Allemagne, Child-Harold, don Juan, Manfred, Caïn en Angleterre, les Aïeux, Conrad en Pologne, ont assez montré qu'il y a une ample matière à la poésie moderne en dehors du cercle de la poésie lyrique où la couronne a été décernée.

Quel que soit donc le jugement que l'on porte sur les conceptions que je réunis aujourd'hui, je persiste à dire : C'est de ce côté qu'est la terre nouvelle encore inoccupée! c'est là qu'est la gloire possible encore après le triomphe remporté dans tous les autres genres d'écrire ! Puisse un meilleur que moi donner ce dernier sommet à la poésie et à l'imagination française !

EDGAR QUINET.

Thoune, 12 août 1857.

Si la conception d'un ouvrage d'art est, en quelque sorte, indépendante de la volonté de l'auteur, il ne s'ensuit pas que le statuaire, le peintre, le musicien, le poëte, soient condamnés à ignorer à jamais les principes auxquels ils se sont conformés, souvent à leur insu. Quand leur œuvre est achevée, la réflexion ne peut-elle se montrer chez eux après l'inspiration? Dans les affections de l'âme les plus involontaires, il arrive un moment où, après y avoir cédé, on est libre de les examiner pour les condamner ou pour les absoudre. Pourquoi ce qui est possible dans les passions du cœur ne le serait-il pas dans les passions de l'intelligence?

Si c'est le contraire qui est vrai, je dois ici justifier d'abord le titre de cet ouvrage. Dans un temps où les sujets tirés de l'antiquité sont livrés à un discrédit presque universel, comment oser représenter à des lecteurs sensés les dieux usés de l'Olympe? N'est-ce pas se condamner soi-même, et par plaisir, à un juste abandon ? Je pourrais dire à cet égard que la connaissance des sociétés anciennes ayant été transformée par diverses découvertes, ou par des interprétations plus profondes, c'est, en quelque sorte, une antiquité nouvelle qui s'offre à l'imagination des hommes de nos jours. Le passé s'agrandit sans mesure. Toutes les histoires sont refaites, tous les siècles sont étudiés et restaurés. Pendant ce temps-là, faut-il que la poésie, obéissant seule à un instinct contraire, circonscrive de plus en plus son objet ? La figure de l'humanité, qui se complète et s'accroît chaque jour dans l'histoire, ne doit-elle se montrer, dans l'art, que par fragments ? Supposez que nous nous fermions l'école de l'antiquité au moment même où nous aurions peut-être le plus besoin d'y puiser quelque règle certaine, la même interdiction menace de bien près les souvenirs du moyen âge. Après le moyen âge, j'ai vu le dix-septième siècle et le dix-huitième répudiés l'un après l'autre par des raisons semblables. Dans cette voie, où s'arrêter? D'exclusion en exclusion, nos sympathies se trouveraient bientôt bornées à l'heure présente; et sans aliment, sans espace pour se développer, obligé de se consumer sur d'imperceptibles objets, l'art ne manquerait pas de s'éteindre et de périr dans le vide. C'est la voie opposée que toutes les inductions nous conseillent de suivre. Placé comme au dénoûment des traditions universelles, lié par des rapports connus avec tous les temps de l'histoire, l'homme de nos jours tient, pour ainsi dire, dans sa main, la trame entière du passé ; au lieu de se diminuer volontairement et de se renfermer dans un passé d'un jour, il faut donc travailler à s'étendre et à s'accroître avec la tradition. Les temps ne sont plus divisés par des autels intolérants. L'unité de la civilisation est devenue un des dogmes du monde. Un seul Dieu, présent dans chaque moment de l'histoire, rassemble en une même famille les peuples frères que des années rapides séparent seulement les uns des autres : ceci établi, n'est-ce pas le temps de répéter avec plus de foi que jamais le mot du théâtre romain :

Je suis homme ; rien d'humain ne me semble étranger!

Cette raison est générale ; il en est une autre particulière au sujet de cet ouvrage. S'il est, en effet, permis aux modernes de traiter des sujets antiques, assurément c'est lorsque ces sujets n'ont trouvé d'explication et de dénoûment véritable que dans les révolutions et dans le génie des sociétés modernes. Or, il en est plusieurs de ce genre. Prométhée est le plus frappant de tous. Il suffit de se rappeler les principaux traits de la tradition du Caucase ; on se convaincra que c'est là une des énigmes de la poésie païenne qui n'ont été résolues que par l'esprit du christianisme.

Prométhée s'est révolté contre le pouvoir des Dieux établis ; il a créé l'humanité malgré eux ; il leur a dérobé le feu sacré. Les divinités païennes l'enchaînent, sans le soumettre. Sur le Caucase, il prophétise leur chute ; il attend le Dieu nouveau qui, en les renversant, viendra le délivrer. D'autre part, au nom du culte menacé, Jupiter fait serment que le blasphémateur restera à jamais enchaîné sur le rocher. Entre ces serments opposés, entre le prophète de l'avenir et le Dieu du passé, quelle conciliation présentait le paganisme? Aucune. Tant que la famille des Olympiens n'est point renversée, d'où peut venir le salut de celui qui la renie? Il faudrait, pour la délivrance de Prométhée, qu'il abjurât sa prophétie, ou que Jupiter démentît sa divinité ; c'est-à-dire, que l'un ou l'autre de ces caractères cessât d'être ce qu'il est en effet. Tant que le Dieu nouveau ne paraît pas, le supplice du Caucase n'a aucune raison de finir ; le Christ, en détruisant Jupiter, est le seul rédempteur possible de Prométhée.

Entraînés par la nécessité de clore la tradition, les anciens avaient pourtant délivré le Titan. Eschyle, Sophocle, et probablement Euripide, avaient chacun tiré un drame de ce sujet. Personne ne doutera que le génie de ces grands maîtres ne fût empreint dans ces ouvrages : ils maîtrisèrent, par la volonté, les contradictions qui naissaient du fond même de la fable. D'une tragédie insoluble dans le système du paganisme, ils firent sortir des prodiges d'art. Mais ces prodiges mêmes ne changèrent point la nature des choses. Le poëte triompha du sujet ; le sujet resta ce qu'il était, incomplet, énigmatique ; encore pourrait-on croire que les dénoûments inventés par ces grands hommes n'égalèrent ni la beauté ni le naturel de leurs autres drames, puisque non-seulement la postérité ne les a pas conservés, mais que les critiques et les scoliastes y ont fait de si rares allusions. Strabon a conservé une vingtaine de vers de la pièce d'Eschyle ; il n'en reste aucun de celle de Sophocle ni de celle d'Euripide.

Veut-on voir de plus près les difficultés que j'indique ici ? il faut considérer les bas-reliefs dans lesquels cette partie du sujet est traitée. Prométhée est en effet délivré par Hercule ; mais ce Prométhée, repentant, découragé, qui se dément lui-même, conserve éternellement aux pieds et aux mains un fragment de la pierre du Caucase. Par cet expédient on allait au-devant de toutes les contradictions. Le serment de Jupiter n'était-il pas maintenu à la lettre ? Le Titan avait beau reparaître dans le ciel, il n'était point délié du rocher dont il traînait un fragment avec lui. Ce sophisme transporté dans l'art, contrairement à la simplicité du génie grec, n'est-il pas la preuve la plus évidente de l'impossibilité où le paganisme était de trouver un dénoûment sérieux à son poëme ?

Au contraire, en complétant par le christianisme la tradition de Prométhée, on se conforme à la suite naturelle des révolutions religieuses. On achève cette tragédie divine d'après le plan même qui a été marqué dans l'histoire par la Providence et suivi, en effet, par l'humanité. Le poëme devient ainsi l'image de la réalité même. D'ailleurs, on se rencontre dans cette idée avec l'imagination de plusieurs Pères de l'Église. Longtemps avant moi, un commentateur d'Eschyle, l'Anglais Stanley, a remarqué que les fondateurs du christianisme se sont attachés à interpréter de cette manière la figure de Prométhée. Malgré l'horreur que le paganisme leur inspirait, ils n'ont pas laissé d'associer cette tradition à l'idée des mystères les plus sacrés des Écritures. Souvent ils ont comparé le supplice du Caucase à la passion du Calvaire, faisant ainsi de Prométhée un Christ avant le Christ. Parmi ces autorités, celle de Tertullien est surtout frappante. Deux fois, en annonçant aux gentils le Dieu des martyrs, il s'écrie : Voici le véritable Prométhée, le Dieu tout-puissant, transpercé par le blasphème : *Verus Prometheus, Deus omnipotens, blasphemiis lanci-*

natus. Ailleurs, et conformément à la même idée, il parle des croix du Caucase : ***Crucibus Caucasorum***. Quoique exprimé en d'autres termes, le sentiment des apologistes grecs et latins est le même que celui de l'africain. Il n'est peut-être pas inutile de dire que le principal bas-relief de Prométhée a été retrouvé dans les caveaux d'une église parmi des tombes d'évêques et des sculptures catholiques avec lesquelles il était confondu depuis plusieurs siècles ; mais, sans attacher à cette circonstance plus d'importance qu'elle n'en mérite, les témoignages indiqués ci-dessus suffiraient pour montrer que l'alliance que j'ai établie entre la fable antique et les idées chrétiennes n'est pas un artifice de la fantaisie moderne, qu'elle repose, au contraire, sur une sorte de tradition et, j'ose le dire, sur la nature intime des choses.

Pour s'en mieux convaincre, on pourrait rechercher les vestiges du christianisme avant le Christ. Ce serait même là le sujet d'un ouvrage bien digne d'être entrepris de nos jours : on serait étonné de voir combien de prophéties chrétiennes émanaient de tout le monde païen longtemps avant l'Évangile. Dès l'origine, les ressemblances des philosophes grecs avec les apôtres, du Phédon et de saint Jean, ont été remarquées. Il resterait à montrer le même accord dans l'art et dans la poésie. Ces pressentiments ne se montrèrent nulle part mieux que chez les tragiques. L'art antique n'ayant pu accepter tout entier le dogme de la fatalité, le chœur resta dans le drame comme une protestation perpétuelle contre le destin et les violences de la scène. Les droits éternels de la justice, de la liberté, de la sainteté, de la conscience, furent conservés dans sa bouche. Aussi, lorsqu'on lit assidûment ces poëtes, on est de plus en plus ravi des sentiments de sainteté qu'ils contiennent en abondance. Véritablement, le Jupiter que Sophocle adore n'est plus le même que celui d'Homère, mais plutôt, comme disaient les Pères de l'Église, un Jupiter chrétien, *Jovem Christianum*. Dans les deux Œdipes quelle piété auguste! quel spiritualisme ailé! Nous voilà déjà bien loin de l'enivrement de l'idolâtrie! Surtout quelle charité véhémente au sein de laquelle le dogme de l'amour révélé par saint Jean semble toujours près d'éclore! Lorsque Antigone invoque ces lois immuables qu'aucune main n'a écrites, que les dieux n'ont point faites, qui sont plus fortes que le destin, plus puissantes que Jupiter, n'est-ce pas là une parole de l'éternel Évangile, et ne dirait-on pas d'une vierge martyre et baptisée dans les sources inconnues du monde naissant? Or, cette observation ne s'applique pas seulement à Sophocle; elle est aussi très-vraie pour ce qui regarde Eschyle, et même Euripide, malgré les différences infinies qui, d'ailleurs, les séparent : le premier à demi oriental, et qui rappelle dans ses chœurs la langue d'Isaïe; le second, qui se rapproche du génie des modernes par les mêmes symptômes de défaillance morale et de langueur passionnée. Je n'ai rien dit de Pindare, quoique sous l'apparente idolâtrie de l'art et de la parole il jette peut-être les éclairs les plus extraordinaires et les plus divins oracles. Au cœur du paganisme, se perpétue ainsi la révélation d'un même avenir, et tous ces esprits précurseurs se rencontrent dans la tradition universelle du Dieu de l'humanité. Il semble même que les Pères aient eu un sentiment vague de ce progrès continu de la religion, lorsqu'ils répétaient aux païens ce mot profond dont il m'est impossible de faire passer la force dans notre langue : Nous avons été des vôtres. On ne naît pas chrétien, on le devient : *De vestris fuimus. Fiunt, non nascuntur christiani.* Je ne puis croire que considérer ainsi le christianisme, ce soit le méconnaître. Au lieu de le rencontrer isolé, et sur un point unique de la terre, on le voit par degrés surgir du sein de tous les cultes. Son Dieu n'est plus la propriété d'une tribu, mais l'héritage du monde. Partout où s'établit une société, il y compte des envoyés et des représentants; chaque empire est son prophète; chaque peuple écrit une page de son ancien testament; et c'est dans ce sens qu'il peut justement et éternellement s'appeler le Dieu universel ou catholique.

Cette unité du dogme de l'humanité explique aussi pourquoi les premiers chrétiens ont compté quelques poëtes païens au nombre des précurseurs de l'Évangile. Orphée, Virgile ont passé au moyen âge pour de véritables prophètes. On sait par quels changements les Sibylles sont devenues des personnages tout chrétiens, et comment Michel-Ange a pu les introniser dans la chapelle de la papauté. Pendant les premiers siècles de l'Église, que de fois les oracles profanes n'ont-ils pas été appliqués au Dieu nouveau ! *Témoin David et la Sibylle*, ces paroles du *Dies iræ* font encore aujourd'hui partie de la liturgie catholique. Dans une des hymnes de saint Bernard, on trouve ces mots non moins expressifs : Si les Juifs ne croient pas leurs prophètes, qu'ils croient du moins les prédictions de la Sibylle ! En étendant et réglant la pensée vague du moyen âge, peut-être le jour viendra-t-il où Pindare, Eschyle, Sophocle, enfants du Dieu de l'humanité, seront reconnus pour frères d'Isaïe, de Daniel et d'Ézéchiel.

Dans ce sens, Prométhée est le vrai prophète du Christ au sein de l'antiquité grecque. Le Dieu que les voyants hébreux annonçaient à l'Orient, il le prédisait à l'Occident. Le même christianisme qui devait plus tard se développer par l'alliance de l'Évangile et de Platon se révèle d'abord dans la haute antiquité par la bouche des prophètes et par celle de Prométhée. Le Titan se rencontre ici avec les patriarches.

Prométhée est la figure de l'humanité religieuse. Mais il n'a pas seulement ce caractère historique ; il renferme le drame intérieur de Dieu et de l'homme, de la foi et du doute, du créateur et de la créature ; et c'est par là que cette tradition s'applique à tous les temps et que ce drame divin ne finira jamais. On a beau échapper aux pensées qu'il contient ; sous une forme ou sous une autre, elles reviennent incessamment, et sont, pour ainsi dire, l'élément éternellement subsistant de toute poésie. Quels que soient les occupations d'un siècle, l'ardeur des intérêts du présent, le conflit des doctrines, la collision et la fureur des partis, on finit toujours par arriver à l'heure où il faut se rencontrer face à face avec Dieu. En ce moment, les anciennes questions, dont on se croyait pour jamais débarrassé, résonnent de nouveau. Qui es-tu? Que crois-tu? Qu'attends-tu? En vain on en détourne l'oreille, elles ne cessent point de retentir qu'on y ait fait une réponse.

Combien cela n'est-il pas plus frappant si vous appartenez à l'une de ces époques où la religion subit, dans les esprits, un incontestable changement ! C'est alors que se réveillent les grandes énigmes posées par les sociétés précédentes, et qui n'ont point encore été résolues. Dans l'ignorance où chacun se sent tout à coup replongé, ces antiques emblèmes de la curiosité de l'âme humaine semblent faits tout exprès pour le temps où vous vivez. La différence fondamentale qui sépare les âges de l'humanité ayant disparu avec la foi positive, tous les siècles se trouvent subitement rapprochés dans une même communauté de doute et d'angoisses morales. Il n'y a plus ni Grecs ni Barbares, ni gentils ni chrétiens, ni anciens ni modernes, mais une même société d'hommes réunis autour d'un même abîme, et qui se font les uns aux autres la même question, presque dans les mêmes termes.

Les Grecs avaient, il semble, emprunté de l'Orient la tradition de Prométhée. Au sortir du moyen âge, cette tradition a été traitée par Calderon. De nos jours elle a préoccupé à des degrés différents Goethe, Beethoven, Byron et Schelley. Chacun de ces poëtes a pu, sur un même thème, être original à sa manière, ce sujet étant du petit nombre de ceux qui, enfermant dès le commencement toutes les questions qui se rattachent à l'homme, ne peuvent en quelque sorte être épuisés que par l'humanité même.

Si Prométhée, comme l'indique son nom, est l'éternel prophète, il s'ensuit que chaque âge de l'humanité peut mettre de nouveaux oracles dans la bouche du Titan. Peut-être même n'est-il aucun personnage qui se prête davantage à l'expression des sentiments d'attente, de curiosité, d'espérances prématurées et mêlées de regrets, dans lesquels notre temps est enchaîné. Je remarque, à cet égard, que toutes les fois que le poëte, le sculpteur, le peintre, ont exprimé ce que l'on appelle aujourd'hui des pensées d'avenir, ils ont dû se servir pour cela des formes et des figures du passé. En soi, l'avenir est une abstraction sans corps, sans forme, et qui n'existe nulle part. Sitôt qu'il devient une réalité, il se convertit en un présent qui a lui-même un passé. Exiger du poëte qu'il forme lui seul, et de sa propre substance, le monde de l'avenir sans aucun des débris d'un monde antérieur, ce serait vouloir mettre la métaphysique à la place de la poésie ou la prophétie à la place de l'art. Autant vaudrait demander une statue sans marbre, un tableau sans toile, un édifice sans matière. Lorsque Virgile a raconté les destinées de la Rome des Empereurs, il a gravé sa prophétie sur le bouclier antique d'Énée. De la même manière, quand Fénelon a voulu donner une forme aux rêves à travers lesquels il entrevoyait la société de l'avenir, il a rejeté ces rêves dans la civilisation de Salente. J'en pourrais dire autant de tous les artistes, peintres, sculpteurs, poëtes, chez qui on ne trouve jamais l'avenir que recélé et emprisonné dans les liens du passé, ainsi que cela arrive, en effet, dans la nature et dans le monde réel. Imaginer que la poésie puisse se séparer entièrement de toute tradition, de tout souvenir, de toute matière, et se soutenir ainsi suspendue dans le vide, ce serait méconnaitre la première condition, non-seulement de l'art, mais de la vie elle-même.

Si les sociétés, en effet, se transforment l'une l'autre, elles s'annoncent aussi et se prédisent, pour ainsi parler, l'une l'autre ; chacune d'elles étant, à quelques égards, l'ébauche de celle qui la suit. La nature modèle incessamment les formes du genre humain, comme un sculpteur. Elle prépare de loin, et d'une manière continue, les accidents les plus heurtés ; elle lie toutes les parties de ce grand corps, les peuples aux peuples, les empires aux empires, les dogmes aux dogmes, les traditions aux traditions, comme elle unit les veines aux veines, les muscles aux muscles, dans un corps organisé. C'est par cet artifice qu'elle réussit à faire de tant de parties séparées par l'espace et par le temps un même tout, qui porte un même nom, humanité, et qui, toujours se développant et changeant, reste néanmoins un seul et même être. Or, ce travail continu de la nature sur l'humanité est celui que les poëtes de nos jours doivent en partie se proposer de reproduire, car cette figure du genre humain, tout ancienne qu'elle est, n'a pourtant été découverte en quelque sorte et pleinement manifestée que par les modernes.

Voilà pourquoi imiter les anciens, sans rien ajouter ni rien retrancher à la tradition, est une œuvre que personne ne peut désormais se proposer. Les ouvrages des Grecs resteront à jamais le type et la mesure infaillible du beau ; mais se condamner pour cela à jouter avec ces lutteurs invincibles sans profiter des développements de la civilisation et du christianisme, cette idée n'entrera jamais dans l'esprit d'un homme qui aura la moindre pratique des arts. Ce serait vouloir combattre à nu avec les héros d'Homère, armés du ceste et du bouclier divin. Je suppose même que l'on vint à bout de copier littéralement les lignes et les formes de l'antiquité, à cet art manquerait toujours la première condition de la beauté, je veux dire la vie. Mort en naissant, sans rapport avec aucun des éléments du monde réel, il appartiendrait à la classe des monstres. Au contraire, pour qu'une œuvre fondée sur la tradition de l'antiquité soit vivante, il est nécessaire qu'elle pénètre d'un esprit nouveau, et pour ainsi dire d'une âme nouvelle, les formes éternellement belles d'où l'esprit de l'humanité s'est retiré. C'est dans ce sens seulement que l'artiste imitera véritablement la nature ; car elle aussi, poëte par excellence, ne tire rien de rien ; mais dans chacune de ses créations elle se conforme à un type ancien, qu'elle anime d'une nouvelle vie. Elle travaille sur cet ancien modèle ; elle le développe, elle l'accroît, elle le modifie au dedans et au dehors. A la fin, elle en tire de nouvelles organisations, dans lesquelles un œil exercé découvre seul le type qui a servi de point de départ. Tel est aussi le procédé de l'art, soit qu'en cela il imite en effet la nature, ou plutôt qu'il soit une partie supérieure de la nature elle-même.

La littérature tout entière des modernes n'est que la confirmation de ce qui précède. Dante, Calderon, Fénelon, Racine, Milton, Camoëns, pour ne parler que des morts, ont surabondamment prouvé avec quelle facilité les sujets de la haute antiquité grecque se laissent interpréter et pénétrer par le génie de l'Ancien et du Nouveau Testament. Raphaël, que l'on a dit avec tant de raison être fils d'un ange et d'une muse, offre en foule des preuves plus frappantes encore de cette alliance. Quant aux créations les plus inexplicables de Michel-Ange, je n'avance rien qui ne puisse être montré du doigt, en disant que ce sont, pour le plus grand nombre, des types de la statuaire païenne, agrandis par l'esprit de la Bible, Platon interprété par les prophètes. De là, il semble que, ramener les sujets de la haute antiquité aux traditions vitales du christianisme, ce soit rattacher à une souche commune les rameaux qui en ont été détachés par le temps.

De plus, si dans l'antiquité grecque il y avait des germes de christianisme, il resta au sein du christianisme un bien plus grand nombre de débris et de souvenirs du monde païen. Les dieux ne tombèrent pas en un moment. Chassés de l'Olympe, ils obsédèrent longtemps encore la pensée des peuples. Sous la forme de démons, ils remplirent les imaginations encore à moitié profanes des solitaires. En montrant comme existant à la fois les dieux antiques sous cette forme dégradée et le christianisme naissant, je n'ai fait que me conformer à des faits très-réels.

Les remarques précédentes n'ont eu pour objet que les bienséances de la poésie. On trouve, en suivant ces idées, une difficulté bien autrement grande, qui m'a préoccupé dans tout le cours de cet ouvrage, et devant laquelle on ne peut reculer. Quel est le rapport de l'art et de la religion? Ne sont-ils, au fond, qu'une seule et même chose? Concourent-ils au même objet? Ou, s'il en est autrement, en quoi diffèrent-ils? Par où se contredisent-ils? Jusqu'où peut s'étendre sans impiété le mélange du profane et du sacré? Cette question est renfermée dans presque tout ce qui a été indiqué plus haut.

Pour y répondre, je ne dirai point que l'art est fait pour l'art ; ce serait dire que le moyen a pour but le moyen. L'art a pour but le beau, que l'on a appelé la splendeur du vrai. Cependant, l'art n'est point l'orthodoxie ; ni le drame ni l'épopée ne sont le culte ; le poëte n'est pas le prêtre. Loin de là, en choisissant à son gré les éléments du dogme qu'il peut s'approprier, en rejetant les parties qu'il désespère d'assouplir, c'est-à-dire en exerçant sa critique sur les formes du culte, l'art commence le premier à altérer les traditions du sacerdoce. Aussi je ne suis point surpris que Platon ait exclu les poëtes de sa république immuable. Je retrouve les mêmes sentiments dans saint Augustin, dans Pascal, et dans Racine vers la fin de sa vie. Ces hommes, d'une sincérité parfaite, n'ont pu manquer de voir que c'est par l'art que se modifient d'abord les choses anciennes ; car ces sortes de changements sont d'autant plus irrésistibles, qu'ils sont presque toujours joints à un sentiment vrai d'adoration pour l'objet même que l'on transforme. Homère, qui nous semble aujourd'hui si crédule, a pourtant bouleversé de fond en comble le système religieux de la Grèce primitive. Combien d'hérésies ne découvrirait-on pas chez les tragiques, par qui surtout s'est opérée la transformation du génie antique ! Où est le symbole qu'ils n'aient changé ? Où est la tradition qu'ils aient respectée? Venus après Homère, ils ont altéré la religion d'Homère. Que d'impiétés dans le seul *Philoctète* de Sophocle! Je ne parle pas du *Prométhée* et des *Euménides*, où la révolte est flagrante. Le culte, à véritablement parler, ne semble plus, pour ces hommes, qu'une dépendance de l'art, un recueil de thèmes poétiques, qu'ils détournent sans scrupule du sens établi, « n'épargnant, comme le dit si bien La Fontaine, ni histoire ni fable où il s'agit de la bienséance et des règles du dramatique. » Conçoit-on le changement qui se fit le jour où le poëte se permit de traiter à son gré, c'est-à-dire d'arranger, d'interpréter, de changer, d'étendre arbitrairement le sens des traditions consacrées? Pour moi, il me semble que, lorsque telle chose arriva, la révolution religieuse était déjà plus qu'à demi consommée. Je ne m'étonne point que le vieil Eschyle ait été traduit devant un tribunal pour se justifier de ses sacriléges; mais ce qui me surprend, c'est qu'il ait été absous. Les lyriques grecs qui nous sont connus méritaient d'ailleurs la même accusation. Évidemment Pindare ne cherche dans l'Olympe que des emblèmes de morale, et partout il tranche le dogme dans le vif, pour en faire sortir sa philosophie hautaine. Pense-t-on qu'Anacréon fût orthodoxe quand il égalait la joyeuse, la belle, la mélodieuse cigale aux grands dieux de l'Ida ? Et Platon lui-même, quelle était sa croyance au moment où il faisait dire à l'un des interlocuteurs de Socrate : « Je jurerai par un des dieux, ou, si tu l'aimes mieux, par ce platane ? » Que dirais-je de la poésie latine, qui naquit avec Lucrèce dans l'athéisme, et finit avec Juvénal par la satire de tous les cultes ? Que l'on me montre, dans tout cet intervalle, un seul poëte qui ait eu la foi rigide du sacerdoce. Ce ne sera ni le philosophe Virgile, ni le sceptique Horace.

Que conclurai-je de tout cela ? Une seule chose. Que l'immutabilité du dogme ne se trouve point dans l'art. Ce dernier corrige, embellit, accroît, divinise son objet ; il peut tout, excepté se borner à une servile représentation. Voulez-vous donc vous attacher d'une manière inébranlable à la foi de vos pères ? Défiez-vous du culte des statuaires, des peintres, en un mot, de tous ceux qui, sous l'apparence d'une imitation parfaitement fidèle, ne font, en définitive, que s'éloigner de plus en plus et irrévocablement de l'objet représenté ; les plus religieux vous entraînent à leur insu vers des formes différentes des anciennes. Quand ils croient adorer comme vous et dans les mêmes termes, ils développent, ils agrandissent, ils accroissent, en effet, le dogme qui vous est commun avec eux. Vous prononcez ensemble les mêmes paroles, il est vrai ; mais que le sens en est différent dans votre bouche et dans la leur ! Nourris de la foi des ancêtres, vous possédez avec le repos du cœur et de l'intelligence l'harmonie dont l'art humain le plus accompli n'est qu'un écho affaibli et égaré. Gardez-vous donc de vous endormir dans la foi agitée des poëtes ; vous pourriez vous réveiller dans le désespoir.

Que si j'étais, pour mon compte, assez heureux pour avoir conservé, sans aucun mélange de réflexion, la foi que j'ai reçue en naissant, tenez pour assuré que, sur un tel sujet, je ne composerais pas de poëmes, je ne sculpterais point de statues, je ne peindrais point de tableaux ; car je saurais trop que je ne puis faire aucune de ces choses sans altérer le divin modèle vers lequel j'oserais à peine tourner mes yeux.

Malheur à celui qui, trompé par les artifices d'une parole cadencée, ou d'un tableau, ou d'une musique éclatante, croit posséder dans ce fantôme le Dieu immuable de ses pères ; je le préviens que, dans cet amusement, il rencontrera d'intolérables mécomptes.

En vain a-t-on prétendu, de nos jours, qu'une religion ne peut fournir de matière à l'art, si ce n'est dans les temps où cette religion exerce sur les esprits une autorité absolue ! Je trouve cette maxime démentie aussi bien par la nature des choses que par l'expérience de l'histoire. Un peu plus haut, je me suis appuyé sur le témoignage des anciens. Chez les modernes, tous les arts ont éclaté en même temps que le protestantisme a fait divorce avec l'Église. N'oubliez pas que Raphaël est contemporain de Luther.

J'ai supposé que votre foi n'avait souffert aucune atteinte, et j'ai dit que, dans ce cas, l'art n'avait rien à vous enseigner. Je suppose maintenant tout le contraire, c'est-à-dire que l'esprit du siècle a ébranlé en vous la confiance dans l'autorité du passé ; que le vide que l'on sent aujourd'hui en toutes choses s'est étendu jusqu'à vous ; et je dis que cette poésie, que je tenais tout à l'heure pour malfaisante, devient pour vous le premier pas vers la guérison et la croyance.

En effet, si la poésie transforme son objet, elle ne peut détruire qu'elle n'élève en même temps. Le même Euripide, qu'Aristophane accusait avec justice d'impiété au point de vue du dogme païen, nous semble aujourd'hui être un des devanciers du christianisme, et donne la main à l'auteur d'*Athalie* et d'*Esther*. L'homme, quoi qu'il fasse, est tellement imbu de l'esprit saint, qu'il n'a, en quelque sorte, qu'un seul moyen de s'en dépouiller ; et ce moyen est de déguiser son doute sous le masque de la foi. Au contraire, il est visible qu'il y a quelque chose de Dieu dans toute pensée sincère de l'homme. N'y a-t-il rien de religieux dans l'âme qui s'élance à la recherche de l'idole perdue ou inconnue ? Et celui qui fouille son cœur pour en connaître la misère n'est-il pas plus près de la guérison que celui qui s'endort tranquillement dans l'illusion et la tiédeur ?

Si donc c'est être impie de penser que le christianisme du dix-neuvième siècle est différent du christianisme du douzième, alors, pour ma part, je mérite l'accusation dont mon obscurité ne m'a pas toujours défendu. Si, au contraire, c'est être religieux de reconnaître en chaque chose la présence de l'infini ; si c'est être croyant de garder le culte des morts et la foi dans l'éternelle résurrection ; si c'est être ami de Dieu de le chercher, de l'appeler, de le reconnaître sous chaque forme du monde visible et invisible, c'est-à-dire dans chaque moment de l'histoire, et dans chaque lieu de la nature, sans toutefois le confondre ni avec l'une ni avec l'autre de ces choses, alors celui qui écrit ces lignes est tout le contraire de l'impie.

Je ne nierai pas, cependant, qu'en Europe des voix nombreuses ne s'élèvent contre le mouvement général que la pensée reçoit de l'impulsion de la France ; alarmés par ces clameurs, faut-il revenir sur nos pas et nous renier nous-mêmes ? Ce retour ne serait plus possible, supposé même qu'il fallût le désirer. La France ressemble aux Israélites marchant dans le désert. Nous nous sommes égarés, si vous le voulez. Il est vrai aussi que nous avons laissé en arrière plusieurs idoles chéries. Maint peuple dit de nous : Où vont-ils ? Ils ont perdu la voie. Mais pourtant, dans ce désert de l'égarement, chaque pas nous rapproche de la terre promise.

D'ailleurs, si le repos nous manque autant qu'on le prétend, ce n'est pas nous qui l'avons ôté du monde. Je remarque que le genre humain n'a connu de véritable paix qu'au sein de la civilisation grecque. Alors, sans inquiétude sur sa propre fragilité, satisfait de sa condition sur la terre, l'homme aimait, idolâtrait la vie ; mais que ce moment fut court ! La civilisation des Romains n'est déjà qu'agitation et discorde, la guerre entre les patriciens et les plébéiens ayant commencé chez eux. Ce fut bien pis quand le christianisme vint à paraître. Depuis ce jour, saisi d'ambitions infinies, méprisant le monde comme indigne de ses regards, l'homme s'est hâté sans relâche vers un but invisible. Vous nous reprochez notre inquiétude : hélas ! voilà plus de deux mille ans que le genre humain ne s'est assis nulle part.

Nous sommes ici non pour nous reposer et nous réjouir dans la tranquille possession de la foi du passé, mais pour nous encourager les uns les autres à la recherche et à la possession de l'Éternel, qui est passé, présent et avenir, tout ensemble.

Assez de voix, d'ailleurs, nous crient que l'art est désormais sans objet, que personne n'en veut plus, que d'autres intérêts lui ont pour jamais succédé. Dans cette lutte d'un seul contre tous, pressé à la fois par les croyants et par les sceptiques, ne trouvant, autour de lui, qu'entraves et difficultés renaissantes, faut-il que l'artiste se soumette sans réserve à la merci du plus grand nombre? Tel n'est point mon avis. De même qu'aux époques du moyen âge les plus ennemies de l'intelligence, certaines pensées de salut se sont conservées dans les solitudes incultes des anachorètes et sur des monts escarpés, de même, aujourd'hui, il n'est peut-être pas inutile que les traditions de quelques dogmes sacrés (sans lesquels nulle civilisation n'est possible) se conservent à l'écart dans un petit nombre d'âmes inconnues ou reniées : poëtes, philosophes, prêtres, artistes, rêveurs, qu'importe leur nom.

Après avoir été successivement théocratique, aristocratique, monarchique, si l'art se faisait aujourd'hui le précurseur de l'unité sociale, à laquelle sont conviées toutes les démocraties modernes ; sans se laisser aveugler par l'esprit de système, si l'artiste, fidèle toutefois aux traditions et au génie de son pays, étendait ces traditions et ce génie de telle sorte qu'ils devinssent l'expression non d'un homme, mais d'un peuple, non d'un peuple, mais de tous les contemporains, non d'un moment de l'histoire, mais de tous les âges de l'humanité, croit-on que cette carrière, ouverte, au reste, à nos descendants, fût stérile ou indigne d'occuper les loisirs d'un homme de nos jours?

S'il est des formes à travers lesquelles l'avenir se laisse déjà pénétrer, il est aussi un plus grand nombre de pensées abandonnées qu'il convient de rappeler. Le dogme de la fatalité l'emporte, au moment où l'on écrit ces lignes ; qui le nie? Il domine dans la métaphysique, dans la morale, surtout dans les actions humaines. Qui ne croirait que sa victoire est consommée et que c'est fait pour jamais de cette vieille cause de la liberté morale pour laquelle tant de noble sang a été répandu, et qui a maintenu pendant tant de siècles en haleine la dignité et la grandeur du monde? Et pourtant un jour viendra où ces doctrines sacrées reparaîtront. Brisant les liens de la corruption, l'homme recouvrera sa conscience et son libre arbitre ; Prométhée enchaîné sera délivré : c'est du moins là un des dogmes de la religion des poëtes.

Je ne puis m'empêcher de croire aussi que l'on s'est trop hâté de considérer le juste, le beau, le saint, comme choses surannées et dûment ensevelies. Quoique aussi vieilles que le monde, ces théories ne se doivent point tenir pour battues.

Émancipé d'hier, l'homme moderne se glorifie trop vite de n'aimer que la terre ; prenez garde que cet amour exclusif de la glèbe ne sente le servage. En vain vous vous félicitez d'être débarrassés de l'âme ; il faudra bien qu'elle renaisse. Ornez la terre tant qu'il vous plaira, creusez-la, sondez-la, fouillez-la dans ses dernières profondeurs. Abaissez les collines, élevez les vallées, détournez les fleuves, vantez-vous tant que vous voudrez de votre victoire sur la nature; triomphez ; faites vous-mêmes votre apothéose. Après cela, vous ne trouverez néanmoins que ce que la terre possède, et qui a déjà tant embarrassé vos ancêtres, à savoir : les inquiétudes, les sueurs amères, le néant des choses finies, le temps qui dévore tout, et, pour couronnement, la mort, l'inévitable mort. Tant que vous n'aurez pas affranchi le monde de cette dernière infirmité, je vous avertis qu'il manque quelque chose d'important à votre triomphe, et je me ris par avance de vos promesses. Pensez-vous être les premiers qui aient voulu lier le genre humain tout vivant au cadavre du globe, et qui, possédant la terre, aient cru posséder le ciel ? Cette illusion a toujours reparu dans les temps de défaillance et de servitude morale. Qu'il y a longtemps que les peuples, s'agenouillant dans le désert autour du veau d'or, crurent que c'était là le but de leurs travaux, et qu'il fallait s'y arrêter ! Et, au contraire, ce fut le moment où il fallut se relever et marcher au-devant de meilleures destinées. Plus tard, les affranchis dans Rome ne songèrent, comme vous, qu'à leur pécule. Et pourtant, de plus hautes pensées ne manquèrent pas d'envahir les esprits et d'emporter le monde. De même aujourd'hui, les démocraties modernes, ou seront condamnées à une honteuse infériorité à l'égard des pouvoirs qui les ont précédées, ou se mettront à la tête des éternelles et splendides doctrines du genre humain ; justice, amour, beauté, immortalité, héroïsme, conscience, plaisirs de l'âme, traditions de toutes les intelligences, qui ont éclairé et orné les temps passés, ne périront pas sitôt, et l'humanité ne sera point inféodée à la matière et au sépulcre. Relevons donc nos cœurs en prenant possession du gouvernement du monde, ou, ne le pouvant, retournons à la glèbe. Entre ces choses, point de milieu. Il faut choisir.

1838.

PROMÉTHÉE

PREMIÈRE PARTIE
PROMÉTHÉE INVENTEUR DU FEU

> Les païens racontent que Prométhée a fait l'homme d'argile. Ce n'est pas sur la chose qu'ils se trompent, c'est sur le nom de l'ouvrier.
> LACTANCE.

PERSONNAGES.

PROMÉTHÉE.
HÉSIONE.
UN CHŒUR DE CYCLOPES.

I

La terre encore humide sort des eaux du déluge. Prométhée recueille au bord de l'Océan le limon primitif; il en forme des hommes de tous les âges. Autour de lui sont des ébauches à moitié terminées. D'autres figures humaines sont éparses dans l'intérieur de sa caverne; des peuples d'argile privés encore de vie apparaissent immobiles sur la cime des monts, et à travers le feuillage des forêts. Prométhée, entouré d'un nuage, est seul sur la terre; il achève de modeler la figure d'une géante.

PROMÉTHÉE.

Courage! l'œuvre avance! à la face des cieux,
Cette argile vivra comme vivent les dieux.

Sous mes doigts je la sens qui fermente et s'anime.
De mes pleurs de Titan qui tombent dans l'abîme,
J'ai deux fois arrosé le limon des humains ;
Deux fois l'homme ébauché s'est brisé dans mes mains ;
Et le monde futur, comme un vase de terre,
Par les bords se fêlant, toujours croule en poussière...

Eh bien, recommençons !... Des dieux, des dieux nouveaux
Par hasard échappés aux langes du chaos,
A leur création portant eux-mêmes envie,
N'entr'ouvrent qu'à moitié les portes de la vie.
Dans une borne étroite enfermant l'univers,
Sans crainte ils ont semé le sable des déserts,
Et sur l'herbe des bois l'insecte qui bourdonne.
Ils prodiguent le bouc que la mouche aiguillonne,
Enfant des aquilons l'imbécile roseau,
Le chaos palpitant sous l'aile de l'oiseau,
Le ver rampant, le bœuf et la grasse génisse
Qui déjà vont lécher l'urne du sacrifice.
Mais dans un corps d'argile un esprit immortel,
Une âme qui vivrait d'un rayon de leur ciel,
Qui pourrait, par leurs noms, comme moi, les connaît
Les aimer, les haïr, les surpasser peut-être !...
Non ! jamais de grands dieux, fabricateurs de nains,
Ne pétriront cette âme en leurs avares mains.

Car alors, sous la nue autour d'eux amassée,
Un témoin les suivrait de l'œil de sa pensée.
Ils ne seraient plus seuls !... partout des yeux ouverts
Sur eux se lèveraient dans l'immense univers.
C'est en vain que des cieux s'accroîtrait le mystère.
Partout un spectateur, le front ceint de lumière,
Debout assisterait à l'ouvrage des dieux !...

D'un rebelle Titan, ô blasphème odieux !
Ils craindraient l'injustice !... Aux bras de la paresse
Ils ne cuveraient plus l'olympienne ivresse ;
Mais, toujours sous la pourpre enchaînés par des lois,
Des mondes suppliants ils entendraient la voix.
Plus d'ombres dans la nuit pour voiler l'adultère.
Les coupes s'emplissant des larmes de la terre,
Comment d'un pur nectar abreuver les autels ?
Et qui dissiperait l'ennui des immortels ?
(Après un silence.)

Bientôt, que diront-ils, quand, du séjour des nues,
Ils verront s'éveiller, au bord des mers émues,
Les enfants de mes mains, peuples, vierges, vieillards,
Et les coursiers ailés prêtant leurs flancs aux chars,
Et le soc des vaisseaux sur des sillons d'écume,
Et des noires cités le foyer qui s'allume ?
Comme un songe échappé des portes du sommeil,
Ils croiront dissiper ce monde à leur réveil.
Sous son sceptre novice un Jupiter imberbe
Croira qu'il peut courber les âmes comme l'herbe.
Les grands dieux peuvent tout !... Mais ils voudraient en vain
Dans l'argile étouffer un souffle de mon sein.

Terre qui produis tout, et toi, mer embaumée,
Écoutez et voyez ! car l'argile est formée.
Les dieux sont-ils plus beaux que ce vivant limon ?
A leurs corps endormis sur le haut Cythéron,
Mes yeux ont dérobé la beauté souveraine.
C'en est fait. Cieux jaloux, retenez votre haleine...
Une vierge géante, enfant des songes d'or,
De l'argile est sortie... Elle est aveugle encor.
Sur ses pieds blancs descend sa noire chevelure ;
Le lierre des forêts serpente à sa ceinture.

Des pensers de Titan habitent sous son front...
Son œil s'ouvre... Tout rit. Bercé sur son giron,
L'Amour d'un lait divin a gonflé ses mamelles
Où pendront en naissant les nations jumelles.
Déjà ce cœur est plein d'un vague souvenir ;
Cette lèvre muette aspire l'avenir.
Pourquoi tarder ? l'Olympe aujourd'hui me défie,
Et ma création n'attend plus que la vie.

Limon que Prométhée a formé de ses doigts,
Reçois encor son âme et tressaille à sa voix !
Puisses-tu, quand du jour tu verras la lumière,
Ne regretter jamais la terre nourricière
Où, caché loin de moi, sous les pieds des ormeaux,
Tu dormais, sans penser, dans les flancs du chaos !
Tous mes biens sont à toi : liberté, conscience,
Obstinés souvenirs, pleurs, aveugle espérance,
Et désirs insoumis qu'enchaîne l'univers.
Possède en même temps les cieux et les enfers.
Que de fois, dans la lutte où le monde s'élance,
Tu croiras des grands dieux égaler la puissance !
Les dieux seront vainqueurs ; l'homme aura combattu.
En est-ce assez pour toi ? Parle ! dis ! m'entends-tu ?
Fille des visions, devant toi je m'incline.
Mon âme de Titan habite en ta poitrine.

HÉSIONE.

Qui m'appelle ?

PROMÉTHÉE.

Un démon qui te fit de ses mains.

HÉSIONE.

Qui suis-je ?

PROMÉTHÉE.

Tu seras la mère des humains.

HÉSIONE.

Ce ciel, est-ce encor moi ? Cette image qui passe,
Cette ombre, sous mes pieds, qui décline et s'efface,
Est-ce moi ? toujours moi qui partout me poursuis ?
Dans ce nuage errant est-ce moi qui me fuis ?
Moi qui dans l'air répands cette âme matinale ?
Moi, dans ce long soupir que chaque chose exhale ?

PROMÉTHÉE.

Tu n'es pas seule au monde.

HÉSIONE.

                    Une voix ! une voix
Des roseaux s'échappant a grandi dans les bois...
Mon oreille a saisi la parole envolée.
Loin de moi qui m'appelle ? Est-ce ma voix ailée ?
Est-ce la voix de l'aigle, ou, fille du vallon,
L'haleine du torrent qui parle à l'aquilon ?
Ou la voix des grands lis à la bouche argentée ?
Ou l'arbre aux bras tendus ?

PROMÉTHÉE.

                    C'est moi ! c'est Prométhée !

HÉSIONE.

O son doux à l'oreille ! ô Terre ! si c'est toi,
Si c'est toi, ciel ouvert, qui t'abaisses sur moi,
Mon oreille t'écoute et déjà mon œil t'aime.
Où courir ? où rester ? où me chercher moi-même ?
Si c'est toi, vaste mer, autre ciel sans repos,
Reçois-moi dans ta source, ainsi qu'un de tes flots,
Et redis-moi mon nom.

PROMÉTHÉE.

           Ton nom est Hésione.

HÉSIONE.

Et le tien : Prométhée ? Est-il vrai ?... Je frissonne.
D'un autre nom que moi pourquoi t'appelles-tu ?

N'es-tu pas sur mon front le rayon descendu,
Ma voix qui me répond, mon âme, mon génie,
Des mots aux ailes d'or l'invisible harmonie ?
Si mon œil peut te voir et ma main te toucher,
Parle ! dis-moi comment, où faut-il te chercher ?
(Elle pose un doigt sur ses lèvres.)

Prométhée est-il là quand ma lèvre s'agite ?
Dans le cœur d'Hésione est-ce lui qui palpite ?
Vagues ressouvenirs d'un monde qui n'est plus,
Dans ce sein froid encor pressentiments confus,
Êtes-vous Prométhée ?

PROMÉTHÉE.

Il est là sous la nue.

HÉSIONE.

Faut-il fuir ou rester ? Frayeur ! joie inconnue !
Je te vois, si le jour n'abuse pas mes yeux.
Ton front, comme le mien, se lève vers les cieux,
Et ta lèvre connaît, quand ton esprit la guide,
Des sons pareils à ceux dont ma lèvre est avide.
De ton âme d'abord mon âme se nourrit ;
Un monde, en t'écoutant, est né dans mon esprit.

PROMÉTHÉE.

Au milieu de ton cœur c'est l'ardente pensée
Que déjà, sous l'argile, à longs flots j'ai versée.

HÉSIONE.

Tes cheveux sur ton cou respirent ; et les miens,
Par le vent caressés, vivent comme les tiens.
L'espérance pour moi jaillit de ta paupière.
Est-ce à toi qu'appartient ce globe de lumière,
Œil des cieux qui régit l'univers d'un regard ?
Jusqu'au fond de mon cœur il a plongé son dard.
Est-ce toi, dans tes mains qui possèdes la vie,
Le doux présent du jour, le parfum d'ambroisie,

Que chaque créature aspire en s'éveillant ?
Heureuse sur ton front l'étoile d'Orient !
Car tout rit en naissant... Mais toi, qui t'a vu naître ?
Quelle argile est ta mère, et qui donc est ton maître ?
PROMÉTHÉE.
Tout obéit aux dieux. D'un pli de leurs sourcils
Ils ébranlent le monde.
HÉSIONE.
Et les dieux, qui sont-ils ?
PROMÉTHÉE.
Mes rivaux, mes vainqueurs que leur victoire enivre,
Mes ennemis, les tiens, si tu consens à vivre.
Avant que d'accepter de ma fragile main
Le breuvage de vie en sa coupe d'airain,
Apprends ce qu'aux mortels il en coûte de naître :
Le travail, la douleur, le désespoir peut-être ;
Car tu ne vivras pas comme vivent les fleurs,
Qui, pleurant sans amour, ne sentent pas leurs pleurs.
Dans tes bras de géante, où dorment les chimères,
D'abord tu berceras les peuples éphémères ;
Tu nourriras de lait les cités aux berceaux.
Mais tes larmes bientôt coulant en longs ruisseaux,
C'est toi qui gémiras sur la première tombe ;
Jamais le doux sommeil de la douce colombe
Ne fermera tes yeux ; mais, dans ta longue nuit,
Les songes haletants que le regret conduit,
Les noirs pressentiments, fils aînés des ténèbres,
Près de toi s'assiéront sur des trépieds funèbres.
Marchant après le bœuf que presse l'aiguillon,
Tu mangeras ton pain dans un rude sillon.
Libre dans l'univers, esclave de toi-même,
Entre le ciel et moi, l'autel et le blasphème,
Tu choisiras tes dieux : tu le peux, tu le dois ;

Et de ta volonté tu porteras le poids.
Écoute encor ! Tes fils maudiront tes entrailles.
Avant de naître ils sont promis aux funérailles.
Jouets des demi-dieux qu'ils voudront imiter,
Trop fiers pour obéir, trop faibles pour lutter,
Des cieux, des cieux d'airain pèseront sur leurs têtes.
A l'envi, dans leurs cœurs soulevant les tempêtes,
Sur leurs propres pensers ne régnant qu'à demi,
En eux ils trouveront leur plus grand ennemi,
Dans le chaos des sens leur âme vagabonde,
Et la borne d'argile où s'arrête le monde.
Car les dieux ont tout pris en faisant les destins ;
A l'homme ils n'ont laissé que les rudes chemins,
Où trébuche, en passant, la famille des songes ;
Espoirs toujours trompés, illusions, mensonges,
Voilà ce qui te reste... Et maintenant, dis-moi,
Les dieux sont ennemis, Prométhée est pour toi.
Malgré les dieux ligués acceptes-tu la vie ?
Ou, rejetant mes dons, que l'Olympe t'envie,
Veux-tu rentrer déjà dans l'éternelle nuit ?

HÉSIONE.

Qui ? moi ? quitter le monde où ton regard me suit !
Fermer déjà mes yeux à ta douce lumière !
Où ? comment ? loin de toi, retourner en arrière ?
Par quel sombre chemin veux-tu dans le néant
Me renvoyer ?... Oh ! non ! sous ton ciel de géant,
Comme la fleur des bois qu'un rayon fait éclore,
Autant qu'elle, au grand jour, laisse-moi vivre encore.
J'aspire à chaque souffle un immense bonheur,
Et les cieux ébranlés descendent dans mon cœur.
Insensé qui craindrait les dons de Prométhée,
Et qui, brisant les bords de la coupe enchantée,
Refuserait sa lèvre à la source des jours !

Tout m'aime, tout me plaît et m'aimera toujours.
Salut, cieux embaumés qui venez de sourire!
PROMÉTHÉE.
Crains les cieux; trop souvent ils s'ouvrent pour maudire.
HÉSIONE.
Salut, mer transparente aux longs cheveux d'argent!
PROMÉTHÉE.
Sa promesse est trompeuse et son flot est changeant.
HÉSIONE.
Mais la terre est propice. O vallons! ô montagnes!
Ruisseaux, grottes, salut! Et vous, fleurs, mes compagnes,
Aisément je me fie aux mêmes cieux que vous.
Pourquoi craindre les cieux? Prométhée est pour nous.
Craignez-vous en naissant la féconde rosée,
Et du père des jours la paupière embrasée?
Sur vos tiges déjà voudriez-vous mourir?
Oh! dites, qu'il est doux de vivre et de fleurir,
Qu'auprès de la colombe il me reste une place,
Que la mousse des bois tressaille quand je passe.
Mon cœur, comme une source, a jailli sous les cieux.
De cette onde aux flots purs j'abreuverai les dieux.
Où sont-ils? Comme moi sortent-ils de l'argile?
Ils m'aimeront aussi quand ma lèvre docile,
Comme un frêle roseau que le vent fait trembler,
D'un nom mystérieux saura les appeler.
Car du roseau penché qui murmure au rivage
Déjà ma lèvre sait imiter le langage,
Quand, cherchant sur mon sein mes cheveux essuyés,
Comme un jeune chevreau la mer lèche mes pieds.

3.

II

Le volcan de Lemnos. Prométhée s'avance sur les cendres refroidies au pied du volcan. Deux flots de lave coulent du cratère. L'intérieur de la montagne retentit du bruit d'une éruption. Le chœur des cyclopes paraît sur la cime au milieu des flammes.

PROMÉTHÉE.

La nuit a tressailli sous ses voiles funèbres,
Et deux serpents de feu nourris dans les ténèbres,
Du fond du noir cratère, exhaussés hors du nid,
Trempent dans le volcan leurs bouches de granit.
Des cyclopes boiteux j'entends le chœur sauvage.

LE CHŒUR DES CYCLOPES.

Divins ouvriers, à l'ouvrage !
Au bruit cadencé des marteaux
Forgeons la foudre pour l'orage ;
Allons ! sous la dent des étaux
Broyons la veine des métaux.

La noire forge est allumée,
Et la gueule ardente des monts
A vomi son flot de fumée.
Que le soufflet des forts démons
De vent gonfle encor ses poumons !

Entendez-vous sa longue haleine ?
Suspendez vos coups un moment.
De lave la chaudière est pleine :
Assez !... du chaos en ferment
Écoutez le gémissement.

Tout éclate, tout s'embrase ;
La montagne sur sa base
S'est renversée ; elle écrase
La poitrine des Titans.
Le granit fond et ruisselle ;
L'immense enclume étincelle ;
Le vieil univers chancelle
Sous les marteaux haletants.

Il périt, mais il nous brave ;
Enchaînons ce monde esclave ;
Conduisons les flots de lave
Jusqu'au sein des flots amers.
Sur les flancs du promontoire,
Qu'elle brille en la nuit noire,
Comme un dragon qui va boire
Dans le calice des mers.

Qu'elle étreigne sans murmure
Les géants dans leur armure ;
Dans leurs cités, qu'elle mure
Tout un peuple souterrain.
Voyez-la, de cime en cime,
Qui, du temps bravant la lime,
Sur les lèvres de l'abîme
Déjà scelle un sceau d'airain.

L'airain bout dans le cratère.
Mêlez l'ardente matière
En plongeant dans la chaudière
Un long pin déraciné.
Déjà, sous mon souffle aride,
L'océan de feu se ride ;

Versez le bronze liquide
Dans le moule calciné.

Des dieux fondons la cuirasse ;
Qu'un dur acier les embrasse
Pour émousser la menace
D'un invincible avenir.
A des dieux privés d'armures
Tous les coups sont des blessures ;
Couvrons d'acier leurs ceintures ;
Les dieux ont peur de mourir !

PROMÉTHÉE.

Des bords de la fournaise approchons davantage.
Les rochers calcinés que le marteau partage,
Pleuvant dans le chaos, s'entrouvrent sous mes pas.
Le ciel tremble... Avançons ; mon cœur ne tremble pas

O dieux de l'avenir, qui dormez à cette heure,
Qui régnerez plus tard, quand de votre demeure,
Arrachant au passé son diadème impur,
Vous sortirez vêtus de lumière et d'azur,
Couvrez-moi de votre ombre ainsi que d'une égide.
Que toujours, devant moi, votre esprit soit mon guide !
Soit que vous habitiez, par delà l'univers,
Des mondes incréés les fertiles déserts,
Soit que vous remplissiez ma poitrine agitée,
Dieux inconnus, soyez les dieux de Prométhée.
Sur mon œuvre, sur moi, sur tout le genre humain,
Du fond de l'avenir étendez votre main.

(Après un silence.)

Mon œuvre ! ah ! je le sais, il y manque la flamme,
Secret des tout-puissants et symbole de l'âme.

Mais je touche au foyer de la création ;
A l'âtre du chaos dérobons un tison.

Des cyclopes déjà je vois l'œil qui petille ;
Sous leurs coups c'est en vain que la terre vacille,
Comme un thyrse enivré des raisins de Bacchus.
Des démons irrités ne m'épouvantent plus.
Voyons, quand du chaos le courroux se ranime,
Lequel se lassera : Prométhée ou l'abîme ?
Affronter l'impossible et provoquer les cieux,
Et mesurer mon âme avec l'âme des dieux ;
Ébranler le Destin sur son antique base,
Combattre sans espoir, mépriser qui m'écrase,
C'est mon plus grand plaisir ; je ne m'en défends pas.

(Il approche du cratère.

CHŒUR DES CYCLOPES.

N'attisez plus l'incendie ;
La cuirasse refroidie
Est prête pour les combats ;
Quand l'armure est entamée,
Tout géant devient pygmée ;
Les dieux dorment ; parlez bas.

PROMÉTHÉE.

Déjà des immortels la colère est lassée ;
La mienne plus longtemps fermente en ma pensée.
Oh ! malgré votre foudre et votre inimitié,
Grands dieux ! dieux tout-puissants ! vous me faites pitié !
Rien n'égale à mes yeux votre immense misère ;
Froidure, ardents soleils, pluie, aquilons, poussière,
Tout vous blesse et vous nuit, et rien ne vous défend.
Un roseau fait pencher votre front triomphant.
Vous vivez de fumée, ô pasteurs des nuages !
Vous vieillissez d'avance en lisant les présages.

Point de lieu qui ne soit marqué pour vos débris.
En vain vous remplissez l'univers de vos cris,
Vous mourez dans chaque être. Et, pour vous, qui s'agit
Quel insecte rampant s'informe, dans son gîte,
S'il est encor des dieux, ou s'ils sont au tombeau ?
Quel **astre** pour briller attend votre flambeau ?...
Vous-mêmes, que de fois, au milieu de vos fêtes,
Vous sentant défaillir, vous doutez si vous êtes !
Allez ! rêves d'une ombre ! une ombre vous fait peur.
Votre pourpre enlevée, il reste une vapeur.
Dans un ver, un ciron, votre âme est absorbée ;
Et j'écrase en passant Jupiter-Scarabée !

CHŒUR DES CYCLOPES.

Dans ses gouffres murmurants
L'abîme en grondant s'épuise.
De la cendre que j'attise
Jaillissent des feux mourants.
Le chaos rentre dans l'ombre ;
La nuit trempe une aile sombre
Dans la source des torrents.

Sur la froide enclume
Le marteau languit ;
Le feu se rallume ;
Il s'éteint sans bruit ;
Des hiboux myopes
La troupe s'enfuit ;
Le chœur des cyclopes
S'endort dans la nuit.

PROMÉTHÉE, sur la cime du volcan.

Oui, dormez ; moi, je veille... Aux lèvres du cratère
La vie abonde ;... ici je touche le mystère.
Plongé tout haletant dans les feux de Lemnos,

Voyons enfin de près les secrets infernaux,
De l'immortalité le tison qui flamboie,
Et le vide atelier où le cyclope broie
Dans un creuset d'airain un avenir d'airain.
Pour tirer du néant un pire lendemain,
Près de l'âtre voici les divines tenailles.
Ici gronde la forge aux ardentes entrailles,
Où des astres maudits s'allument les essieux.
Voilà l'enclume d'or d'où jaillissent les cieux.
Étincelles qu'un souffle au foyer peut reprendre,
Les soleils assoupis couvent là sous la cendre...

(Il soulève un des marteaux des cyclopes.)

D'un coup de ces marteaux, si moi-même, à mon tour,
Pour des astres meilleurs je préparais le jour !
Penché comme les dieux sur l'immense chaudière,
Dans mon urne mêlant l'esprit et la matière,
Comme eux, si je pouvais faire un monde à mon gré,
Insondable, infini, de justice altéré ;
Non point tel que les cieux que mon regard mesure,
Qui changent à toute heure et passent sans murmure,
Mais qui, toujours de l'âme empruntant sa clarté,
D'un éternel azur vêtît l'éternité !

(Il se penche sur le bord du cratère.)

Vision d'un Titan sur le bord de l'abîme !
Demi-création qui me pèse et m'opprime !
Liberté ! providence ! humanité ! vains mots !
Amour que j'entrevois au foyer du chaos !
Avenir ! avenir ! pourrai-je avec la flamme
Vous puiser sous la cendre et dérober votre âme ?

(Il puise le feu dans un vase.)

Oui, je l'ai dérobée ;... au fond du vase d'or,
Palpitante elle vit et se propage encor.

O monts, premiers autels! fleurs des bois! onde ému
Insectes sous la mousse, étoiles sous la nue !
Mondes! soyez témoins ! votre âme m'appartient.
Entre ses flancs étroits ce vase la contient.
Captive, tout l'émeut ; sitôt que je respire,
Tremblante, elle obéit, et s'enfle, ou se retire,
Comme une onde sacrée et puisée au torrent
Dans l'urne s'attiédit ou croît en murmurant.
Je puis à qui je veux la livrer enchaînée ;
Au foyer la prêter pour une heure, une année ;
Aujourd'hui la donner, la reprendre demain ;
A longs flots l'amasser, l'épuiser de ma main ;
Et sans tarir les flancs de mon urne féconde,
De ses feux embraser un monde après un monde.

(Il descend du sommet du volcan.)

Je possède la source où s'amassent les jours,
Et des cieux à venir les divines amours.
Emportons le foyer conquis par un blasphème.
Dût-il, en grandissant, me dévorer moi-même!

III

PROMÉTHÉE, HÉSIONE.

HÉSIONE.

Où donc es-tu? J'arrive à l'écho de ta voix.
Captif entre tes mains, est-ce un dieu que je vois?
Par quels enchantements as-tu pu le surprendre,
Et du sommet des cieux l'obliger à descendre?
C'est un puissant démon qui s'irrite aisément ;

Il éblouit mes yeux des feux du firmament.
Le faut-il adorer ?

PROMÉTHÉE.

Il n'est pas ce qu'il semble,
Et déjà dans mes mains le dieu pâlit et tremble.

HÉSIONE.

Ne crains-tu pas qu'un jour, brisant l'urne aux flancs d'or,
Vers des cieux courroucés il ne remonte encor ?

PROMÉTHÉE.

Non, non, il t'appartient. De ton souffle il s'anime ;
Pour toi je l'ai puisé dans les flancs de l'abîme.

(Il lui présente l'urne.)

Voilà de tes travaux le muet compagnon,
Et l'esclave divin des enfants du limon.
Soit qu'au seuil allumant ta lampe solitaire,
La nuit file pour toi ses heures de mystère,
Soit que dans les forêts, invincible torrent,
L'incendie, à longs flots, se propage en courant,
Tu possèdes des cieux l'étincelle féconde ;
Tes fils pourront changer la figure du monde ;
Les jours, l'un après l'autre, en sortant du chaos,
Dès demain prendront tous des visages nouveaux.
L'éternité, debout sur son char de lumière,
Pour toi va commencer sa mobile carrière.

HÉSIONE.

Mais le dieu se dissipe ainsi qu'une vapeur.

PROMÉTHÉE.

Tu peux le ranimer d'un souffle de ton cœur.

HÉSIONE.

Mais si déjà dans l'air la flamme est envolée ?

PROMÉTHÉE.

Poursuis la feuille errante à travers la vallée.
Du chêne aux mille bras, desséché par les ans,

Hâte-toi de cueillir les rameaux blanchissants.
Comme au fond de ton sein tu recueilles ton âme,
Apprends, au fond de l'âtre, à recueillir la flamme.
Viens ! construis le foyer pour la première fois.

HÉSIONE.

Voilà ! J'ai poursuivi la feuille au fond des bois.
Mon souffle t'obéit, et la flamme bleuâtre
Déjà siffle et se tord comme un serpent dans l'âtre.
O prodige ! Sitôt que le foyer a lui,
Chez les dieux souterrains les ténèbres ont fui.

PROMÉTHÉE.

Que ce chêne géant, allumé par le faîte,
Soit le premier flambeau de la première fête !
D'un festin de Titans assemblons les apprêts.
Aux roses marions les pampres des forêts.
Fais tiédir dans l'airain le vin, le lait et l'onde ;
Enduis de miel mon vase, où l'amertume abonde.
Les convives sont prêts.

HÉSIONE.
Qui sont-ils ?
PROMÉTHÉE.
Les humains.

Je convie au banquet les œuvres de mes mains,
Les mortels ébauchés et le peuple fragile
Qui, sommeillant encor dans la vivante argile,
N'attendent pour sortir que l'âme du foyer.
Convives du néant, sortez de l'atelier !...
Venez vous réchauffer au feu de Prométhée !

(Les premiers hommes sortent peu à peu de leurs retraites.

HÉSIONE.

Que vois-je ? Des vallons, de la grotte écartée,
De l'ombre des forêts, des entrailles du mont,
Sortent, silencieux, des hôtes de limon !

A pas lents, et n'ouvrant qu'à moitié leur paupière,
Ils approchent de l'âtre et cherchent la lumière.
Des vieillards devant eux portent des verges d'or,
Et du froid du néant ils frissonnent encor.

(Au chœur des hommes.)

Salut, hôtes chéris, convives d'Hésione !
Que le toit souriant à votre voix résonne !
Pendant qu'une onde tiède abreuvera vos pieds,
Parlez, d'où venez-vous ? où tendent vos sentiers ?

CHŒUR DES HOMMES, en murmurant.

    D'où vient sous la nue
      L'étoile inconnue ?
    D'où vient sur le mont
      La paille légère ?
    D'où vient la bruyère ?
    Où va la poussière,
    Fille du limon ?
    Quand le ver chemine,
    D'où vient, dans les bois,
    L'herbe qui s'incline,
    Sous l'arbre aux cent voix ?
    D'où sortent ensemble
    Le roseau qui tremble
    Au souffle des vents,
    Le fruit sur la branche,
    L'ombre qui se penche,
    L'onde qui s'épanche
    Aux pieds des vivants ?

PROMÉTHÉE, à Hésione.

Dans ses chaînes d'airain leur langue embarrassée
A peine balbutie, et manque à leur pensée.
Ils sont nés comme toi dans l'argile et les pleurs ;
Et tous ensemble ils sont tes frères et tes sœurs.

HÉSIONE.

Comment se nomment-ils ?

PROMÉTHÉE.

Sans passé, sans mémoire,
Ils ont un nom pour tous.

HÉSIONE.

De leurs barbes d'ivoire,
Laissant jusqu'à leurs pieds se répandre les flots,
Les vieillards, pleins de jours, nés sur de noirs tombeaux
Semblent avoir vécu des siècles en une heure.
Où vont-ils ? Comme un lis que l'aquilon effleure,
Leur front pâle est courbé ; mais d'où vient l'aquilon
Qui courbe les humains comme un lis du vallon ?
Et de quel triste bord s'élève la tempête
Qui des ans a semé les neiges sur leur tête ?

PROMÉTHÉE.

Ce rivage est la mort ; tu le verras un jour.

HÉSIONE.

Les mères, le sein nu, s'éveillant dans l'amour,
Bercent les nouveaux-nés qui sommeillent encore ;
Et les vierges, tout bas, plus jeunes que l'aurore,
Par de secrets chemins s'approchant de mon cœur,
Parlent à mon oreille et m'appellent leur sœur.

(Au chœur des femmes.)

Mes sœurs, si le foyer n'échauffe pas vos âmes,
Je nourris dans mon sein de plus ardentes flammes.
Déjà je sais des mots que les cieux m'ont appris,
Et qui d'un feu divin embrasent les esprits.

CHŒUR DES FEMMES.

L'étincelle agile
Pénètre l'argile.
Nous sentons le ciel.
L'enfant se réveille :

Sa lèvre vermeille
De la jeune abeille
A sucé le miel.
O joie éternelle !
Il prend la mamelle ;
Du lait qui ruisselle
Il nourrit sa faim.
Dans la coupe neuve
De pleurs il s'abreuve
En mordant le sein.
Soudain il frissonne,
Et l'écho résonne
A son premier cri.
Mais quoi ! l'hirondelle
Le frappant de l'aile,
Ses pleurs ont tari ;
Sa langue bégaye,
Son ombre l'effraye ;
Un roseau l'égaye ;
Et l'homme a souri !

PROMÉTHÉ

Enfants, vierges, vieillards, ils ont tous un même âge,
Hier ils n'étaient pas.

HÉSIONE.

Se voilant le visage,
Ceux-là tentent des cieux les abîmes profonds.
Pourquoi d'une tiare as-tu chargé leurs fronts ?
Des yeux que cherchent-ils ? La nuit les environne.

PROMÉTHÉE.

Ils vont chercher des dieux.

HÉSIONE.

Déjà, sous leur couronne,
Ceux-là marchent pliés comme sous un fardeau.

Ah ! pourquoi sur leurs yeux as-tu mis ce bandeau ?
Et quel est, dis-le-moi, le nom dont tu les nommes ?
PROMÉTHÉE.
Tu vois en eux les rois, les conducteurs des hommes.
Appuyés en marchant sur leurs sceptres d'airain,
Aux empires futurs ils ouvrent le chemin.

CHŒUR DES ROIS.

Dans la voie aride,
Nous errons sans guide ;
Le sceptre est pesant.
Où donc est la voie
Qui mène à la joie
Les fils du néant ?

Des larmes amères
Aveuglent nos yeux.
Rois des éphémères,
Où sont nos aïeux ?

Heureux dans la foule
Le flot qui s'écoule ;
Il paît les roseaux.
Pasteurs d'un empire,
Dans quel champ conduire
Nos rudes troupeaux ?

HÉSIONE.

Dans la foule, quels sont ceux qui portent la lyre ?
Ils effleurent la terre, et la terre soupire.
Un invincible amour m'entraîne sur leurs pas.

PROMÉTHÉE.

Leur lyre est sourde encore et ne te répond pas.
Mais bientôt de son sein les odes éternelles,
Comme au pied de l'ormeau les jeunes hirondelles,

Pour la première fois hors du nid s'ébattant,
Sur le vaste univers s'abattront en chantant.
La lyre aux flancs dorés obéit aux prophètes ;
Ils enseignent les cieux, ils mènent les poëtes.

CHŒUR DES PROPHÈTES.

Vents, écoutez ! sous nos doigts
Consultons les lyres ;
Sur l'accord des astres-rois
Réglons les empires.

L'hymne ailé prend son essor.
Au fond des forêts sacrées,
Dans les sources azurées,
Des chants jaillit le trésor.
Allons ! sur le front des sages,
Du jeune arbre des présages
Secouons les rameaux d'or.

Quand l'aube est éclose,
Qu'enseigne à la rose
L'œil cristallin du serpent ?
Que dit à l'arène,
Pendant qu'il l'entraîne,
Le flot qui gronde en rampant ?

Où vont les empires,
Et le son des lyres
Qu'emportent sitôt les vents ?
Voici les prophètes !
Quand viendront les fêtes
Qu'ils promettent aux vivants ?

Le roseau murmure ;
Écoutez l'augure !

Il tremble en nos mains.
Quel est le mystère
Que le ver de terre
Annonce aux humains ?

Mais quoi ! sous la brise,
La corde se brise,
L'abîme a souri,
La source s'épuise,
Le chant a tari.

La lyre est sans âme,
Sans voix l'univers ;
Et l'hymne de flamme
S'éteint aux déserts.

HÉSIONE.

Pourquoi donc as-tu fait les hommes si divers ?

PROMÉTHÉE.

La vague est moins semblable à la vague des mers.
Leurs yeux possèdent tous l'amertume des larmes.
J'ai sur leurs songes d'or jeté les mêmes charmes ;
Et comme un diamant qui grossit sous les eaux,
L'espérance est cachée au fond de tous leurs maux.
Pour moi je n'ai gardé que la triste science
Qui lit dans l'avenir.

HÉSIONE.

Eh quoi ! ce peuple immense
Connaît en s'éveillant les larmes comme moi !
Une âme vit dans tous, et cette âme est à toi !
Oh ! que d'hommes germaient avec moi sous la terre !
Chaque vierge est ma sœur et chaque homme est mon frè
Et tous ceux que je vois sont sortis de tes mains !

PROMÉTHÉE.

Une même famille unit tous les humains.

HÉSIONE.

Frères ! vous l'entendez, votre sœur vous appelle.
Souriez ! tout est prêt. Voyez ! l'aube étincelle.
Les rois ornent le seuil, les vieillards le foyer,
Les myrtes le vallon, les vierges le sentier ;
Surtout dans le berceau l'enfant orne la mère.

CHŒUR DE TOUS LES HOMMES.

Où fuir du soleil
L'ardente lumière ?
Fermons la paupière,
Cherchons le sommeil.
Le ciel nous menace ;
Sans laisser de trace
Notre ombre, qui passe,
Gémit et s'efface
Sous le flot vermeil.
Des fruits de la terre
L'écorce est amère ;
La froide vipère
Rit sous le gazon.
Versé goutte à goutte,
L'avenir, sans doute,
Recèle un poison.

HÉSIONE.

Que craignez-vous ? Venez ! Quand le ciel vous écoute,
Pourquoi murmurez-vous, plus tristes que les vents ?
Pour vous j'ai préparé le banquet des vivants.
Avant vous, dans sa fleur, j'ai goûté l'espérance ;
Elle a rempli mon cœur d'une heureuse abondance.

(Elle leur présente la coupe.)

D'amour abreuvez-vous dans le vase de miel.
 h ! la terre est bénie autant que l'est le ciel !
 endez vos pâles mains au foyer qui flamboie.

Le foyer rit. Voyez ! tout est parfum et joie.
Touchez ce rameau d'or ; il écarte le deuil.
Avec moi, du néant osez passer le seuil.

PROMÉTHÉE.

Premiers-nés du limon, voici le pain de vie.
Répondez ! A parler votre hôte vous convie.
Je vous ai tout donné, la vague immensité,
Le feu, père des arts, fils de la liberté,
Des soleils renaissants les éternelles fêtes,
Mon souffle dans votre âme, et le ciel sur vos têtes,
Hésione pour sœur, les Titans pour aïeux.
Que vous faut-il encore ?

CHŒUR DES HOMMES.

Ah ! donnez-nous des dieux !

IV

Les cyclopes se réveillent sur le sommet du volcan de Lemnos.

CHŒUR DES CYCLOPES.

La flamme immortelle est ravie ;
Au loin, sur ces fumants essieux,
S'élance le char de la vie.
La terre possède les cieux.
Un autre univers se révèle ;
Dans l'âme a jailli l'étincelle
D'où sortiront des jours nouveaux.
Autour du foyer qui petille,
Déjà la première famille
Se réchauffe au seuil du chaos.

Les cieux enfantent la mémoire ;

Et des prophètes révérés
Ebranlent, sur leurs gonds d'ivoire,
Les portes des hymnes sacrés.
Devant eux le noir encens fume,
Et de la lampe qui s'allume
Se réjouissent les autels ;
Les dieux s'entourent de murailles ;
Mais la torche des funérailles
Brûle aussi pour les immortels.

Comme des oiseaux de passage,
Vers le temps des migrations,
Au premier souffle de l'orage
Où se hâtent les nations ?
Les chênes sacrés prophétisent,
Les aiglons divins sibyllisent
Sur le front des peuples épars ;
Et la cité qui vient d'éclore
Des vagissements de l'aurore
Remplit l'antre des léopards.

Au sein des forêts éternelles
S'enracinent les pieds des tours ;
Au flanc des monts, les citadelles
Montent jusqu'au nid des vautours.
Un marteau d'airain se soulève ;
L'homme a forgé le premier glaive ;
Des héros s'allument les fronts ;
Et les nations éperdues,
Comme des armes suspendues,
Frémissent aux cris des clairons.

Sur le foyer, onde écumante,
Dans l'enceinte ardente des lois,

La foule s'agite et fermente
Sous le sceptre doré des rois.
En grandissant, l'esprit de l'homme
Veut posséder tout ce qu'il nomme;
Il refait l'œuvre des géants;
Des cieux il change le mystère;
D'un mot il déplace la terre
Sur les épaules des Titans.

Hôte inquiet, partout il sonde
L'abîme où s'endorment les dieux;
Lui-même il détruit ce qu'il fonde;
La mort entre dans tous ses jeux.
Dans chaque état il vit une heure,
Et toujours changeant de demeure,
Il laisse après lui les déserts.
Pour le suivre, le temps mobile
Renverse de ses bras d'argile
Les vieux piliers de l'univers.

Au chant cent fois repris des éternelles lyres,
Les siècles faits de bronze emportent les empires
   Dans un des plis de leurs manteaux.
L'un l'autre se heurtant au seuil de la nuit sombre,
Les peuples sous les dieux retentissent dans l'ombre,
   Comme le fer sous les marteaux.

Du milieu des cités le concert qui s'élance
Des premiers jours du monde a rompu le silence,
   Les rois instruisent le néant.
Les cieux sont abaissés devant la créature;
Des empires détruits l'imbécile murmure
   Couvre la voix de l'Océan.

Sous la rame d'argent la vague est profanée ;
Le noir vaisseau commande à la mer indignée.
    Du coursier se forge le frein.
Le Lycée a perdu sa sainte solitude ;
Et l'univers muet, réduit en servitude,
    S'agite sous un joug d'airain.

Car tout cède en grondant au joug de la pensée ;
Les immortels ont peur quand sa flèche est lancée ;
    Tout pâlit devant sa clarté.
L'esprit souffle d'en haut plus léger que la brise ;
Plus puissant qu'un cyclope, en souriant il brise
    L'immuable fatalité.

Détaché des liens d'un destin immobile,
Le monde se confie à des maîtres d'argile,
    Et court au-devant d'autres cieux.
Loin de sa vieille orbite, amassez-vous, orages !
Il part, vaisseau bercé sur le roulis des âges,
    Pour aborder chez d'autres dieux.

Mais nous, qu'un lien d'or dans Lemnos emprisonne,
Nous, enfants du passé, que le présent étonne,
    Ne quittons pas l'antique bord.
Errants sur les sommets où Jupiter commande,
D'un œil de feu suivons l'avenir qu'il gourmande,
    L'homme et le dieu sont loin du port.

DEUXIÈME PARTIE
PROMÉTHÉE ENCHAÎNÉ

> Les croix du Caucase.
> TERTULLIEN.

PERSONNAGES.

PROMÉTHÉE.
NÉMÉSIS.
HÉSIONE.
UN DIEU.
L'OCÉAN.
CHŒUR DE CYCLOPES.
CHŒUR DE SIBYLLES.

I

Les cyclopes entraînent Prométhée sur le sommet du Caucase.

NÉMÉSIS, LE CHŒUR DES CYCLOPES, PROMÉTHÉE.

NÉMÉSIS.

Cyclopes, arrêtez! Au bord du précipice,
Le destin a marqué ce lieu pour le supplice.
Voici le noir abîme où finit l'univers;
Jamais regard mortel n'a souillé ces déserts.
Entendez-vous le cri que la nuit vous renvoie?
C'est le cri du vautour qui demande sa proie.

Démons, que tardez-vous? Il est temps d'attacher
Cet ami des humains aux flancs de son rocher.
Il a ravi la flamme, honneur de la fournaise;
De l'antique destin la puissance lui pèse;
A des peuples d'argile il a livré le ciel;
Hâtez-vous de clouer ce dieu sur son autel.
Les douze Olympiens vous parlent par ma bouche.

UN CYCLOPE.

J'obéis; et pourtant sa souffrance me touche;
Car qui saura jamais ce qu'avant de mourir
Un dieu crucifié sur l'autel doit souffrir !
Pour plaire aux dieux nouveaux faut-il des déicides

NÉMÉSIS.

Dans l'abîme j'entends le fouet des Euménides.
Va! Cyclope, prends garde aux maîtres des enfers;
Mets un frein à ta langue, et rive-moi ces fers.

LE CYCLOPE.

Ah! mon bras t'obéit, si ma langue murmure.
Du Titan, malgré moi, j'ai scellé la ceinture;
D'un lien préparé dans les feux de Lemnos
Deux fois j'ai sur son cœur resserré les anneaux.
Ses deux bras étendus sont cloués sur le faîte.
Sous ses pieds enchaînés s'amasse la tempête.

NÉMÉSIS.

Avant l'éternité cet anneau peut s'user.

LE CYCLOPE.

Tous les dieux réunis ne pourraient le briser.

NÉMÉSIS.

Des métaux les plus durs épuise ici la veine.
Replie autour du cœur cette infernale chaîne;
Combien durera-t-elle?

LE CYCLOPE.

Autant que Jupiter.

NÉMÉSIS.

Mais l'orgueil du géant, qui saura le dompter ?
Dans quel lien de bronze emprisonner cette âme ?
Cyclopes, dites-moi, dans quelle ardente flamme
Forgez-vous à l'esprit des entraves d'acier,
Par quel art enchaîner dans leur libre sentier
L'espoir, au front doré, qu'accompagnent les songes,
Des pensers d'avenir les superbes mensonges,
Les souvenirs, les vœux qui ne dorment jamais,
Et les désirs ailés sur de trompeurs sommets ?
Sous quel joug pliez-vous l'altière intelligence,
Qui, dans cet immortel, se nomme providence,
Et qui, des cieux nouveaux attisant le foyer,
A déjà du vieux monde ébranlé le pilier ?

LE CYCLOPE.

Vois ! nous avons lié le dieu sur le Caucase !
Pour asservir ses flancs sous le faix qui l'écrase,
Aux marteaux de Lemnos tu peux te confier.
Mais à clouer cette âme et la crucifier
Ne songe pas ! L'esprit lui-même se délie ;
Contre ses fiers pensers l'airain s'émousse et plie.

NÉMÉSIS.

Resserre autour du front ces nœuds de diamant.

LE CYCLOPE.

L'esprit mal enchaîné les dénoue aisément.
En vain des liens d'or attachés à la pierre
Du Titan retiendraient la langue prisonnière,
Ses désirs, comme un chœur de rebelles démons,
Libres iraient flotter sur la cime des monts.
Son âme, sans parler, peuplerait l'étendue,
Et son rêve superbe enflerait chaque nue.

NÉMÉSIS.

Voilà toute ma crainte et ma seule douleur :

Tant qu'un penser survit dans les plis de son cœur,
Tant qu'un seul souvenir, habitant sa poitrine,
Subsiste, malgré toi, debout sur sa ruine,
Les cieux sont mal assis, et je crains l'avenir.
Au moins ne peux-tu pas détruire un souvenir ?

LE CYCLOPE.

Sur ses pôles plutôt j'ébranlerais le monde.

NÉMÉSIS.

Des sages de Lemnos, ô science féconde !

LE CYCLOPE.

Je courbe les métaux, l'or, le cuivre et l'airain ;
Mais je ne puis courber une âme sous ma main.

NÉMÉSIS.

Cyclope, c'est assez ! Va ! ton œuvre est finie ;
Sur tes pieds inégaux repose ton génie ;
Car des dieux prévoyants voici le noir vautour.
Sous son aile de bronze il dérobe le jour.
Sur sa proie il s'abat ; il la couve d'avance ;
Il cherche au fond du cœur l'invisible espérance.
Regarde ! apprends de lui, pour contenter le ciel,
Comment on peut dompter un esprit immortel.

LE CYCLOPE.

Les dieux sont sans pitié quand ils viennent de naître

NÉMÉSIS.

Les dieux sont tout-puissants et t'entendent peut-être.

LE CYCLOPE.

Qu'est devenu Saturne, à la barbe d'argent?
Les jours coulaient en paix sous son règne indulgent.

NÉMÉSIS.

Prends des pensers nouveaux dans un nouvel empire.

LE CYCLOPE.

Sous des maîtres nouveaux tout s'altère et s'empire.

NÉMÉSIS.
Quand Saturne est vaincu, partage le butin.
LE CYCLOPE.
Qui? moi? changer d'autel quand change le destin?
NÉMÉSIS.
Vertu de l'âge d'or !
LE CYCLOPE.
        Siècle enfant du blasphème !
NÉMÉSIS.
Jupiter seul est libre.
LE CYCLOPE.
        Il ne l'est pas lui-même.
NÉMÉSIS.
Hé ! cervelle d'airain ! oracle du passé !
Va ! prophète boiteux, les cieux t'ont devancé.
Ta sagesse immobile amuserait notre âge.
           (La terre engloutit les cyclopes.)
Retourne dans Lemnos visiter ton ouvrage.
           (A Prométhée.)
Mais toi, qui dans ton sein possèdes l'avenir,
Le présent trop étroit ne peut te contenir.
Pasteur des songes d'or et dieu des éphémères,
Convoque autour de toi la troupe des chimères.
Sur ton vaste trépied, qui supporte le ciel,
Prophétise des jours d'or, de lait et de miel.
Gonfle ton sein d'orgueil ; souris à qui t'opprime ;
Renais sous le vautour, messager de l'abîme ;
Et, si tu veux encor, pour délier tes mains,
Appelle à ton secours tous les pâles humains.

II

PROMÉTHÉE, seul.

O terre ! vents ailés, conducteurs des orages !
Sources des flots amers, monts vêtus de nuages,
Fleuves ! et toi, soleil, qui vois tout sous les cieux,
Oh ! voyez ce qu'un dieu peut endurer des dieux !
Dites si la victime au temple est assortie ;
Le temple est l'univers, Prométhée est l'hostie,
Et Jupiter tyran le sacrificateur.
Au supplice divin je présente le cœur.
Jupiter, nourrisson de la chèvre Amalthée,
Sur les monts a cloué les pieds de Prométhée.
Je le sais. Qui le nie ? Oh ! puissent dans mon sein,
Par avance, tarir les pleurs du genre humain !
L'herbe sèche est livrée aux fureurs de la flamme :
Puisse ainsi la douleur s'assouvir sur mon âme,
Et les maux à venir, que de loin je prévois,
Contre moi réunis, se hâter à ma voix !
Je suis content ; j'ai fait ce que je voulais faire.
Mon œuvre parlera si mon cœur doit se taire.
Dieux sourds, voyez ! je ris ; que sert de m'en cacher
Car, de ces mêmes mains qu'enchaîne le rocher,
Tout un monde est sorti qui vous hait et qui m'aime.
Peuples, tribus, cités, filles du diadème,
Espérances, désirs, qui repoussent le frein,
Est-ce trop les payer de ces deux clous d'airain !
Non, non, je le veux bien, serrez encor ces chaînes ;
S'il se peut, j'y consens, inventez d'autres peines.

Je suis content, vous dis-je ; et des Olympiens
Je reconnais ici la marque à ces liens.
O supplice éternel ! éternité de vie !
O douleur ! ô plaisir que le vautour m'envie !

III

PROMÉTHÉE, L'OCÉAN.

PROMÉTHÉE.

Quel souffle a fait trembler la source au fond des bois ?
Dans mille bruits confus je distingue une voix,
Non pas la voix de l'homme aux pures harmonies,
Dont le cœur fait vibrer les cordes infinies,
Mais sans âme, enchaînée aux pensers des roseaux,
Et traînant avec soi l'impur limon des eaux,
La voix de l'Océan qu'apportent les orages.

(A l'Océan.)

Père des flots amers, du fond de tes rivages,
Que me vient annoncer ta langue de Titan ?

L'OCÉAN.

C'est pour toi que s'émeut l'âme de l'Océan.
Le rocher le plus dur cède à ma longue étreinte.
Oh ! gémissons ensemble, et que puisse ma plainte
Du destin amollir les inflexibles lois !
Que tes fers sont pesants !

PROMÉTHÉE.

     Va ! les maux que tu vois
Sont les moindres de tous, car, semblables aux vôtres,
L'œil peut les mesurer.

L'OCÉAN.

En est-il encor d'autres
Que les yeux ne voient pas et qu'on ne peut toucher?
Où sont-ils donc?

PROMÉTHÉE.

Écoute! Au flanc de ce rocher,
De ce mont de douleur mon flanc use la pierre,
Et du vautour repu la nuit clôt la paupière.
Mais dans un cœur meurtri les désirs invaincus,
Mais les rêves trompés qui ne s'endorment plus,
Mais l'orgueil, mais l'espoir, imprévoyant mensonge,
Le regret affamé qui lui-même se ronge,
Surtout le souvenir qui renaît chaque jour,
Ah! dans mon sein, voilà, voilà le vrai vautour;
C'est lui qui sur mon âme étend une aile noire,
Et qui, jamais repu, ne se lasse de boire
Au fond du cœur tari les invisibles pleurs.

L'OCÉAN.

Les dieux ont pour toi seul inventé ces douleurs.
Que m'épargne le ciel, et ton rire et ta joie,
Et ces flots d'amertume où ton âme se noie!
Mais, pour te consoler, que peuvent tous mes flots?
De ces chaînes faut-il limer les durs anneaux?
Que veux-tu que je fasse?

PROMÉTHÉE.

Ah! parle-moi des hommes.
Où sont-ils? que font-ils à cette heure où nous sommes?
Au seuil de la cité le foyer brille-t-il?
Craignent-ils Jupiter et son épais sourcil?
Vont-ils semer l'épi sous le soc des charrues?
Redisent-ils mon nom? Heureuse dans les nues,
L'hirondelle qui passe et s'assied sur leurs toits!
A leur table nourrie, elle écoute leurs voix,

Et suspend ses petits au berceau des empires.
Si je pouvais, comme elle, au chant des saintes lyres,
Voir des peuples nouveaux surgir les fondements,
Entendre des cités les sourds vagissements,
Toucher un sol ami, me mêler à la foule,
Suivre des nations le torrent qui s'écoule ;
Pasteur, si je pouvais, debout, près du foyer,
Des vieillards saluer le sceptre hospitalier,
Et des chants du matin recueillir la rosée,
Oui, je serais heureux plus que dans l'Élysée !
Dussé-je de ces biens ne jouir qu'un seul jour,
Mon esprit à jamais bénirait ce vautour.

L'OCÉAN.

Plus changeants que mes flots sous mon trident d'ivoire,
De ton nom les humains ont perdu la mémoire.
Onde toujours émue, ils vivent un moment,
D'écume et de vapeur se gonflent aisément,
Et d'éphémères bruits emplissent mes rivages.
J'efface, en me jouant, leurs mobiles images.
Un songe, un rien les berce. Ainsi qu'un sable impur,
Je rejette leurs vœux dans mon gouffre d'azur.
A leurs projets dorés j'oppose mes flots blêmes.
Ombres des nations, lois, prières, blasphèmes,
Et demi-dieux errants au fond des noirs vaisseaux,
Me pèsent dans l'orage autant que mes roseaux.
Cependant, à l'autel, les peuples te renient,
Et les meilleurs de tous même au foyer t'oublient.
Faut-il en dire plus, ou des maux que je sais
T'épargner le poison?

PROMÉTHÉE.

Achève ! Je me tais.

L'OCÉAN.

Aux dieux, tes ennemis, ils portent leurs offrandes.

L'autel se couronnant de serviles guirlandes,
A l'idole affamée ils présentent le miel,
Et d'un épais encens obscurcissent le ciel.
Toujours dans le plus fort ils voient la Providence :
De ton immense amour voilà la récompense.

PROMÉTHÉE.

La récompense est dure, et les flots de tes mers
Jamais n'ont amassé de poisons plus amers.
Mais les dieux, que font-ils? Dans leurs apothéoses,
N'a-t-on pas sur leurs fronts vu s'effeuiller les roses?
Sont-ils ce qu'ils étaient? plus jeunes ou plus vieux?
Et le ver du sépulcre entre-t-il dans les cieux?
Dis! parle! De leur chute est-il quelque présage?
Les douze Olympiens changent-ils de visage?

L'OCÉAN.

Heureux qui sur les dieux a fondé son appui!
Ce qu'ils étaient hier, ils le sont aujourd'hui.
Pendant que sur ton roc ce vautour te dévore,
Ils recueillent en paix les roses de l'aurore ;
Sur l'ivoire, cuvant l'ivresse du nectar,
Ou penchés à demi sur l'essieu de leur char,
Ils te raillent d'en haut, et sur ton front qui plie
De leur coupe trop pleine ils épanchent la lie.
De l'aveugle avenir, enfin, qu'espères-tu?
Les dieux possèdent tout.

PROMÉTHÉE.

    Excepté l'inconnu.

L'OCÉAN.

Voilà donc quel trésor te gardent les chimères!
Oh! laisse cet espoir aux fils des éphémères.
Le présent seul est tout, et le reste n'est rien.
Les dieux sont tout-puissants dans le mal et le bien.
Adore de leurs mains l'éternelle merveille.

Au cri de la cigale ils inclinent l'oreille ;
Tu devrais les prier !

PROMÉTHÉE.

Qui ? moi, prier les dieux ?
Autrefois je priais, quand je croyais aux cieux.
Que de fois à genoux (il m'en souvient encore),
Au pied des monts dormants que saluait l'aurore,
Effeuillant des grands lis les fronts purs et sereins,
Vers un ciel inconnu j'ai tendu mes deux mains !
Un son, une vapeur, un rayon de lumière,
Tout en moi devenait oracle, hymne, prière.
Alors, au moindre écho mon âme répondait ;
Un océan d'amour de mon cœur débordait.
Sur quels sommets ombreux, dans quels arides chaumes,
Où n'ai-je pas porté mes fragiles fantômes ?
Berceau des songes d'or, dis, qu'es-tu devenu ?
Tout était dieu pour moi dans un monde inconnu.
J'aimais, j'adorais tout, sans choisir mon idole,
Et chaque jour au front portait une auréole.
Mais ces temps ne sont plus ; d'autres jours ont suivi.
Trop souvent vers l'Olympe en extase ravi,
L'Olympe a repoussé mon crédule génie,
Et la faute est aux dieux si mon cœur les renie.
Pourquoi dans ma pensée en vain les rappeler ?
A des fantômes sourds je suis las de parler.
Le croiras-tu ? Malgré ce vautour qui me ronge,
Souvent sur ce rocher je doute si je songe,
Si devant l'avenir le présent qui s'enfuit
N'est pas un mot, un rêve, évoqué par la nuit,
S'il est vraiment des dieux, si Jupiter lui-même
N'est pas, au fond du temple, un vain nom, un blasphème,
Par l'immense univers au hasard répété,
Un faux voile étendu devant l'éternité ?

Qui sait ce que demain peut enfanter la terre?
Ne me demande pas d'éclaircir ce mystère.
Mais, enfin, il suffit. Pour des cieux plus puissants,
Dans le fond de mon cœur, je garde mon encens.

L'OCÉAN.

Ainsi, pour l'avenir thésaurisant d'avance,
La pâle illusion fait toute ta science.
Ces clous d'or et d'airain ne t'ont rien enseigné.
Le ciel eût pu t'aimer, mais tu l'as dédaigné.
Tout croit à Jupiter, les cieux, la terre, l'onde.
Insensé! Penses-tu, plus sage que le monde,
Toi seul avoir une âme et des yeux pour tout voir?
Dis-moi! Que t'a servi ton sublime savoir?
A-t-il pu seulement dénouer cette chaîne?
Ah! loin des visions où l'avenir t'entraîne,
Sous le joug du plus fort ramène tes esprits.
Jupiter te vendra le repos à ce prix.
Vois, sous son char poudreux les monts courbent leur faît
Moi-même, humiliant mon front dans la tempête,
Serpent aux mille anneaux, je rampe sous les dieux.
Veux-tu seul aujourd'hui lutter contre les cieux?
L'univers est soumis.

PROMÉTHÉE.

          Mais non pas Prométhée!
Va! du monde aisément la grande âme est domptée.
Toi-même, que faut-il pour enchaîner tes flots?
Un peu de sable et d'or sur un lit de roseaux.
Qu'est-il besoin de plus? Un zéphir te gourmande.
A l'alcyon soumis quand ton maître commande,
Aux caprices d'en haut, toi, tu peux obéir.
Incapable un seul jour d'aimer ou de haïr,
Jamais des fiers pensers tu n'as connu l'ivresse,
Des désirs infinis la coupe enchanteresse,

Ni la félicité de n'obéir qu'à soi,
De périr dans son œuvre et d'imposer sa loi !
Moi, je connais ces biens que Jupiter réclame.
Au faîte des douleurs je règne sur mon âme.
Sous l'ongle des vautours, d'espérance enivré,
Je fais et je défais l'avenir à mon gré.
Pendant que l'univers sourit à l'esclavage,
Moi seul je reste libre, et, par delà cet âge,
De ces liens d'airain mon esprit s'affranchit,
Et voit sous d'autres dieux le monde qui fléchit.
Je foule sous mes pieds le présent qui me brave ;
De ce sommet désert mon âme, sans entrave,
S'élance et se mesure avec l'immensité.
Tous les cieux sont à moi. Sublime volupté !
Mes pensers de géant, comme un chœur d'Euménides,
Loin d'ici m'emportant dans les royaumes vides,
Grandissent avec l'ombre ; et, quand l'horreur me suit,
J'entends mes pleurs tomber sur le front de la nuit.
J'écoute, dans mon sein, l'approche des tempêtes.
J'épie au flanc des monts le signe des prophètes ;
Et, sans jamais attendre ou la nue ou les vents,
Je trouve dans mon cœur des oracles vivants.
Voilà tous mes plaisirs : en as-tu de semblables ?

L'OCÉAN.

Insensé ! Comme une eau qui se perd dans les sables,
Sa raison s'est perdue au milieu de ses maux.

PROMÉTHÉE.

Conserve ta pitié pour tes frêles roseaux.
Ce que tu n'entends pas, tu le nommes folie ;
Caressant sous la vague une ombre ensevelie,
Adore, sans penser, les dieux que tu connais.
Ils plaisent au limon ; le limon les a faits.
Pour la dernière fois nous conversons ensemble.

Soupirant et priant dans chaque flot qui tremble,
Balbutie après moi la langue du chaos.
Tu n'entends plus la mienne. A des pensers nouveaux
Elle prête des sons qu'a médités la lyre.

L'OCÉAN.

Malheureux! Chaque instant redouble son délire.

PROMÉTHÉE.

Un peu d'humilité siérait aux immortels,
De leur père Saturne, arraché des autels,
Quand l'anathème ardent pèse encor sur leurs têtes.
Pour éviter le trait lancé par les prophètes,
Que Jupiter tonnant se confie à ses chars!
Qu'il brandisse en ses mains l'éclair aux mille dards!
Sourcilleux, qu'il menace et gouverne à sa guise!
Ses jours passeront vite et son bonheur s'épuise.

L'OCÉAN.

Ainsi, de l'univers tu veux changer la loi!
Adieu! Tu restes seul.

PROMÉTHÉE.

Le droit reste avec moi.

L'OCÉAN.

Le droit est au vainqueur; la défaite est le crime.

PROMÉTHÉE.

Où donc est la défaite?

L'OCÉAN.

Où donc est la victime?

PROMÉTHÉE.

La victime est ornée; elle boit le nectar;
Son aigle, à ses genoux, la réveille trop tard.
Comptant tous les moments qui lui restent à vivre,
Dans la coupe d'Hébé la victime s'enivre,
Et d'un reste d'encens épuise la vertu.
La victime est au ciel. Dis-moi, la connais-tu?

IV

Hésione paraît dans le fond de la vallée ; après avoir essayé de gravir les rochers qui la séparent de Prométhée, elle s'arrête épuisée dans un ravin.

PROMÉTHÉE, HÉSIONE.

PROMÉTHÉE.

A l'abîme, en grondant, le Titan fait un signe.
La nuit vient. Tout se tait... Mais, comme un chant de cygne,
Quand le cygne sacré se prépare à mourir,
Et qu'il voit de son lac le flot divin tarir,
De la cité des pleurs quel murmure s'élève ?
Il frappe mon esprit d'un invisible glaive.
Qui donc, si ce n'est l'homme, a trouvé dans son cœur,
Sous son fragile espoir, cet hymne de douleur ?
Quoi ! sitôt des vivants l'allégresse est passée !
Ah ! voix trop bien connue ! écho de ma pensée
Qui suscite en mon sein le démon du remords !
C'est des fils du limon le premier chant de mort !

HÉSIONE.

Prométhée, aide-moi ! mon bienfaiteur, mon maître !
De mes jours consumés rallume le flambeau.
Un mal secret me ronge. O toi, qui m'as fait naître,
    Sauve-moi du tombeau !

D'abord tu m'avais dit : Nais, et sois immortelle.
Sur le vague avenir je fondais mon appui.
La terre souriait ; moi, j'ai souri comme elle
    Quand ton soleil m'a lui.

Sans terreur je voyais se succéder dans l'ombre

Les ainés de mes jours qui passaient en courant.
En vain ils tarissaient ; sans en compter le nombre,
    Je puisais au torrent.

Voilà qu'à son foyer mon âme se consume ;
Les songes du sépulcre environnent mon front ;
Et des astres éteints qu'aucun dieu ne rallume
    Sortent de l'Achéron.

Prométhée, entends-moi; sous mon mal je succombe.
Emplis de jours nouveaux mon urne jusqu'au bord.
De tes fécondes mains, donne-moi, dans la tombe,
    Un remède à la mort.

          PROMÉTHÉE.

Que me demandes-tu ?

          HÉSIONE.

         Je veux renaître encore.
Sous mes pas tout renaît avec la jeune aurore.
De ma lampe toujours prompte à se consumer,
Sous mon souffle j'ai vu l'éclat se rallumer.
Quand l'amphore écumante a tari près de l'âtre,
J'ai d'une onde nouvelle empli ses flancs d'albâtre ;
Et moi, moi, je taris dans l'urne de la mort ;
Et l'espérance en moi va s'éteindre d'abord.
Descends ! D'une eau sacrée emplis, emplis mon âme.
De mon génie éteint viens rallumer la flamme.
Inventeur du foyer, te supplierai-je en vain ?

          PROMÉTHÉE.

Je ne puis rallumer ton âme dans ton sein.
La tombe est plus savante, et l'essaiera peut-être.

          HÉSIONE.

Mais, s'il me faut mourir, pourquoi m'as-tu fait naître ?
Et d'un rêve insensé pourquoi m'abusais-tu ?
Rends-moi donc, aujourd'hui, le bien que j'ai perdu,

Sur le seuil du chaos le sommeil de l'argile,
Et l'éternelle paix dans son vase fragile.
L'espoir dormait alors dans l'ombre enseveli.
Mais comment retrouver le silence et l'oubli ?
Quand tu foulais hier l'autel d'un pied athée,
Te trompais-tu toi-même, ô sage Prométhée ?

PROMÉTHÉE.

Des liens de la mort nul ne peut t'arracher.

HÉSIONE.

Eh quoi ! ce peu d'instants passés à me chercher,
Des songes d'une nuit cette ombre qui s'efface ;
Quoi ! ce cœur vide encore et qui déjà se glace,
Des enfants du limon ce vague souvenir,
Voilà tout le trésor qui se nomme avenir !
Oh ! que bien autrement l'espérance dorée,
Qui naquit avec moi de nectar enivrée,
Au festin des vivants savait me convier !
Le Dieu me souriant, tout parut m'envier !
Et maintenant, déjà, veuve sans fiançailles,
Il faut chanter sur moi l'hymne des funérailles.
Protége-moi, mon Dieu !

PROMÉTHÉE.

    Mes deux bras sont liés.

HÉSIONE.

Hâte-toi.

PROMÉTHÉE.

   Vois ! L'airain enchaîne aussi mes pieds.

HÉSIONE.

Du moins si le sépulcre attend déjà sa proie,
Si je dois la première ouvrir la triste voie,
Enseigne à mon esprit les secrets du tombeau.
Sur le seuil que verrai-je, en entrant, sans flambeau ?
Dis ! quel hôte m'attend dans sa demeure sombre ?

A quel banquet avare ira s'asseoir mon ombre ?
PROMÉTHÉE.
De son obscur savoir le sépulcre est jaloux.
Ses secrets sont à lui. Je les ignore tous.
HÉSIONE.
O toi qui, d'un seul mot, m'as ravie à la terre,
Apprends-moi qui je suis.
PROMÉTHÉE.
Pour moi-même un mystère.
HÉSIONE.
Mais tu sais d'où je viens. Où vais-je ? dis-le-moi.
PROMÉTHÉE.
L'oracle n'en sait rien. N'interroge que toi.
HÉSIONE.
Si l'abîme est muet, interroge la nue.
A ta réponse encor je reste suspendue.
PROMÉTHÉE.
Espère !
HÉSIONE.
Il est trop tard ; les mots sont superflus.
Reprends ce froid limon.
PROMÉTHÉE.
Il ne m'appartient plus.

(Hésione meurt.)

V

LE CHŒUR DES SIBYLLES, PROMÉTHÉE.

LE CHŒUR.
Dieu-prophète, vers toi se hâte la Sibylle.
Sur le trépied, c'est toi qui, dans son cœur d'argile,

PROMÉTHÉE.

        Suscites l'avenir.
C'est toi qui, dans la nuit, éveilles les présages.
Dans le présent tu vois ensemble tous les âges,
        Ainsi qu'un souvenir.

Des grottes des Persans, des bois de Thessalie,
Des monts où sont assis les trépieds d'Italie,
        Nous t'apportons nos pleurs.
Par notre bouche entends la plainte de la terre ;
Tout gémit avec toi ; mais quel est le mystère
        Caché dans tes douleurs ?

Qui finira tes maux, ô père des oracles ?
L'avenir saura-t-il enfanter des miracles,
        Ou les dieux sont-ils sourds ?
De l'esprit immolé nous touchons les blessures.
Mais toi, sous le vautour, épiant les augures,
        Vois-tu de meilleurs jours ?

PROMÉTHÉE.

Filles de l'avenir, à vous je me confie.
Sur l'autel du passé puisqu'on me sacrifie,
Avant que du vautour renaisse le festin,
Aux entrailles d'un Dieu vous lirez le destin.
Sibylles, approchez. Ne craignez pas ma chaîne.
Que douce est votre voix, et douce votre haleine !
Hésione, en naissant, était semblable à vous.
Ainsi ses longs cheveux flottaient sur ses genoux.
Ainsi, dans ses discours, avide d'harmonie,
Sur sa lèvre abondaient le lait et l'ambroisie.
Mais d'abord répondez ! Que font les nations ?
Qu'adorent en passant les générations ?
Le monde a-t-il trompé l'espérance des sages ?
Que voit-on dans les cœurs ? Racontez les présages.

LE CHŒUR.

Si tu veux, nous dirons les présages des vents,
Des déserts de Memnon les sépulcres mouvants,
Le pic-vert échappé des ombres de Dodone,
Et l'antre sibyllin que l'oracle abandonne.
Mais comment raconter ce qu'on voit dans les cœurs?
Incurables regrets, oracles de douleurs,
Tortures, visions, chimères éternelles,
Qui pourrait dénouer tant d'énigmes nouvelles?
Comme toi, dévoré par la haine ou l'amour,
Chaque homme a son Caucase et nourrit son vautour.
Au moment où le cœur s'étudie à sourire,
L'oiseau de Némésis en secret le déchire.
Dans le sein altéré que tes mains ont pétri,
Sous le limon impur la prière a tari.
Les hymnes ont perdu leur divine rosée,
Et les morts pleins d'effroi repoussent l'Élysée.
Connais-tu sur ce roc le doute au front hagard,
Qui, nourri de serpents et courant au hasard,
Met sur un coup de dé la fortune du monde?
Connais-tu le néant qui sur un mot se fonde,
La vide illusion que mine le savoir,
L'attente aux yeux d'airain que suit le désespoir?
Ah! l'homme les connaît, si le Dieu les ignore.
L'augure te fait peur. J'en sais d'autres encore.
Dans la nuit on entend les peuples soupirer,
Et sur leurs trônes d'or j'ai vu les rois pleurer.
J'ai vu des cieux nouveaux dans les regards des femmes.
Le croiras-tu? Le pain ne nourrit plus les âmes.
Mais loin du champ fertile où mûrit le froment,
L'âme dans les déserts cherche un autre aliment.
L'esprit, nouvelle idole ébranlée à sa base,
S'écroule en blasphémant sur l'homme qu'il écrase.

Sans savoir ce qu'on cherche, on s'agite, on gémit ;
Comme un tombeau d'airain le ciel même frémit.
Dans le même moment tout s'affirme et se nie ;
Le Dieu semble céder à l'infernal génie.
Temps avare et prodigue, où, le front dans le ciel,
La foi manque à l'idole, et l'encens à l'autel.
De ces signes nouveaux connais-tu le langage ?
Tant d'oracles muets, tous enfants de notre âge,
Dis-nous, qu'enseignent-ils ? le monde est-il trop vieux ?
Cependant les trépieds se taisent ; et nos yeux
Vainement sur les monts attendent les auspices.

PROMÉTHÉE.

Ah ! l'avenir n'est plus parmi les sacrifices,
Avec le sang fumant des boucs et des brebis ;
Sur l'aile du pic-vert, de l'aigle ou de l'ibis,
Il ne prend plus l'essor au-devant des empires.
Souvent même il est sourd aux volontés des lyres.
Les banquets s'apprêtant aux seuils des nations,
On ne le verse plus dans les libations.
Il est tout en nous-même à l'heure des miracles,
Et c'est la mort des dieux qu'annoncent vos oracles.

LE CHŒUR.

Comment, et depuis quand les dieux sont-ils mortels ?

PROMÉTHÉE.

Depuis que sur la terre ils vivent des autels.

LE CHŒUR.

Blasphème ! Est-il donc vrai qu'en secret, Prométhée,
Le prophète chez toi ne cache que l'athée ?
Comme le vent de Crète on dit que la douleur
De son haleine aride a desséché ton cœur.
C'est sur toi maintenant qu'il faut verser les charmes.

PROMÉTHÉE.

Pour d'autres que pour moi, vierges, gardez vos larmes.

LE CHŒUR.
L'impie en a besoin.
PROMÉTHÉE.
L'impie est loin de moi.
LE CHŒUR.
Sur quel étrange autel as-tu porté ta foi ?
PROMÉTHÉE.
Écoutez, à la fin, ce que mon cœur enferme.
Trop longtemps j'ai caché l'espérance en son germe.
Il faut me dévoiler tout entier, ou périr.
LE CHŒUR.
Que va-t-il révéler ?
PROMÉTHÉE.
Tous vos dieux vont mourir.
Mes yeux ont vu déjà deux races immortelles
Tour à tour usurper les voûtes éternelles.
Au noir chaos j'ai vu Saturne succéder ;
Saturne à Jupiter à son tour dut céder.
A qui va Jupiter céder l'aigle suprême ?
Je le demande aux cieux. Est-ce là mon blasphème ?
LE CHŒUR.
Par qui doit Jupiter perdre la royauté ?
PROMÉTHÉE.
Par les conseils dorés de sa malignité.
Bientôt mieux enseigné, lui-même pourra dire
Quel est le meilleur lot : l'esclavage ou l'empire.
Oui, croyez-moi, les dieux ont aussi leur vautour,
Qui jusque sur l'autel les poursuit à leur tour.....
Ne le voyez-vous pas qui, d'une aile immobile
Couvrant le toit du temple et chassant la sibylle,
Sur l'Olympe répand l'inexorable deuil ?...
C'est lui ! des immortels préparez le cercueil.
Vierges, entendez-vous le cri de la prêtresse ?

Le loup a dévoré Diane chasseresse.....
Apollon, qu'as-tu fait de tes flèches d'argent?
   Vois! dans Corinthe un dieu plus diligent
Sur l'autel inconnu transporte la Pythie.
   Pourquoi d'Argos le temple a-t-il croulé?
De Delphes maintenant l'oracle balbutie.....
L'herbe croît sur l'autel que Neptune a foulé.

LE CHŒUR.

Comme un coursier sans frein dans les champs d'Olympie,
Où l'oracle menteur emporte-t-il l'impie?
   Où va-t-il renverser son char?
Au désert il l'entraîne où le vautour habite.
Parmi les noirs serpents que l'Euménide irrite,
   Il change en venin le nectar.

Heureux qui met un frein à ses vastes pensées :
Il suit des nations les limites tracées ;
   Partout il marche dans la paix.
Il voit tout l'univers qui lui rit et qui l'aime.
Son oracle aisément s'explique de lui-même,
   Et son dieu ne trompe jamais.

PROMÉTHÉE.

Et depuis quand le mien trompa-t-il la sibylle?
Vierge, prête à ma voix une oreille immobile.
Mes augures sont vrais ; tu l'avoueras demain.
La terre est le trépied, l'oracle est dans mon sein.
Un démon inconnu soulève ma paupière,
Et l'Érèbe se change en un flot de lumière.

LE CHŒUR.

Malheur à qui prévoit l'avenir de trop loin !
Le temps, au pas tardif, est sourd à son génie.
En vain il prend d'abord l'univers à témoin.
En sursaut éveillé l'univers le renie.

PROMÉTHÉE.

Changez, changez le sceptre en un serpent d'airain
Aux prophètes nouveaux j'enseigne le chemin.
Les devins de Chaldée ont noué leur ceinture.
Des promesses du ciel ils font leur nourriture.
Je les vois... Au désert, quel dieu vont-ils chercher?
La verge a fait jaillir la source du rocher...
Dans ce buisson ardent quelle flamme petille?
D'un peuple de pasteurs l'innombrable famille,
L'encensoir à la main, entoure le foyer
Qu'attise un dieu-géant penché sur le brasier.

LE CHŒUR.

Où sont-ils, ces nouveaux prophètes?
Où sont-ils, ces élus du ciel,
Qui toujours, devançant les fêtes,
Emplissent les coupes de miel?
Au fond de mes pensers funèbres,
Je ne trouve que les ténèbres;
Mon œil ne voit que des déserts.
Sur mon trépied qui se renverse,
La frêle espérance me berce;
De moi se raille l'univers.

Mon âme autrefois trop novice
Croyait à ses enchantements.
Toujours l'augure était propice;
Des flots j'écoutais les serments.
Aux cieux je prêtais des miracles;
Dans mon sein prodigue d'oracles,
Jamais les dieux n'avaient menti.
Mais aujourd'hui, dans mon ciel sombre,
Trop souvent trompé par une ombre,
L'oracle en moi s'est repenti.

UNE SIBYLLE.

Où sont, mes sœurs, tant de promesses
Ecrites au livre divin ?
Où sont les fruits de nos tristesses,
Et nos jours consumés en vain ?

LE CHŒUR.

Ma sœur, du livre des présages
J'ai vu les plus heureuses pages
Qu'emportait le souffle des vents ;
Et sur le chêne de l'augure,
L'oiseau sacré fait sa pâture
Des espérances des vivants.

PROMÉTHÉE.

Le croiriez-vous ? mes yeux voient un autre Caucase...
Sur le tombeau d'un dieu, vierges, semez des fleurs.
O supplice inconnu ! source immense de pleurs !
Quel convive a d'absinthe empli ce large vase ?
Près des maux que je vois, ah ! que sont mes douleurs ?
    Quel est sur la sainte colline
Cet autre Prométhée à la face divine ?
Le monde à Jupiter l'a-t-il sacrifié ?
Son père, quel est-il ? dites, quel fut son crime ?
Est-ce un Titan esclave ? un dieu crucifié ?
O prodige ! il bénit l'univers qui l'opprime.
Les cieux obéissants s'inclinent sous ses pieds,
Et des sommets sacrés s'ébranlent les trépieds.

LE CHŒUR.

Mais ce Caucase, où peut-il être ?
Où donc vois-tu, dans ce vallon,
L'absinthe sécher et renaître
Sous le prophétique aquilon ?
Sur quelle cime inhabitée
Gémit cet autre Prométhée

Que nos cieux ne connaissent pas ?
A-t-il, d'une plus sainte argile
Créé la nouvelle sibylle ?
Vers lui faut-il tourner nos pas ?

PROMÉTHÉE.

C'est de lui que bientôt viendra ma délivrance...
L'archer de l'avenir lance au but l'espérance ;
Le dieu des dieux est proche ; il vient dans son orgueil.
Ouvrez, ouvrez vos cœurs. C'est lui qui frappe au seuil.
Sur un siége embaumé préparez-lui sa place.
Terre, sèche tes pleurs ! toute douleur s'efface.
Sibylle, de ton sein dissipe le trésor,
Et du livre sacré tourne la page d'or.

LE CHŒUR.

Sur les ailes de ta pensée,
Crédule encore malgré moi,
Mon âme s'était élancée,
Et prophétisait avec toi.
Déjà je caressais mes songes éphémères,
Quand la réalité, rencontrant mes chimères,
Soudain a soufflé sur mes dieux.
Jupiter n'est pas mort, laisse là l'espérance.
Dans ce nuage épais qui sur nous se balance,
Je vois un habitant des cieux.

VI

UN DIEU, PROMÉTHÉE, LE CHOEUR.

LE DIEU, à Prométhée.

Ravisseur du foyer, possesseur des chimères,
Déserteur de l'Olympe, appui des éphémères,

Qui du monde à loisir refais ici les lois,
C'est à toi que je parle ! obéis à ma voix !
Jupiter veut savoir d'où viennent tes oracles,
Quel est ce dieu nouveau si prodigue en miracles,
Par qui doit en un jour notre empire finir,
Et quel est ce Caucase où tu vois l'avenir.
Augure, clairement fais parler les présages.
Consulte ta poitrine et réponds sans ambages.
Des paroles surtout ménage le vain flot ;
Les dieux veulent la chose où l'homme veut le mot.

PROMÉTHÉE.

Dédaignant des mortels la voie accoutumée,
Ce discours tout rempli de vent et de fumée
Est digne de l'Olympe et de son serviteur.
Nés d'hier, vous régnez. Déjà, dans votre cœur,
Vous croyez posséder l'immuable Empyrée.
Mais quoi ! n'ai-je pas vu de la cime sacrée
Dans l'abîme tomber deux familles de dieux ?
La troisième, aujourd'hui souveraine des cieux,
Honteusement suivra le chemin des ancêtres.
Dis ! me vois-tu trembler devant ces nouveaux maîtres ?
Loin de là ; je les brave ; ils ne sont pas les miens.
Mais toi, reprends dans l'air le chemin d'où tu viens,
Car ma bouche taira ce que tu veux entendre.

LE DIEU.

A ton impiété que de grâces à rendre !
Tu lui dois tout, ce roc, ce vautour et ces fers.

PROMÉTHÉE.

Je ne changerais pas les maux que j'ai soufferts
Contre ta servitude et ton vil caducée.
J'aime mieux (jusqu'au bout je te dis ma pensée)
Obéir à la pierre où mon corps est lié,
Que d'être du Très-Haut le sublime envoyé.

Allez ! vous n'êtes pas ce qu'il vous faut paraître.
L'aigle de Jupiter déchire aussi son maître ;
Et, quand la terre insulte au ciel humilié,
Le Caucase est souvent par l'Olympe envié.
Ah ! des dieux surannés que je plains l'agonie !
Du sceptre embarrasser un moribond génie,
Sourire dans l'instant où l'on voudrait pleurer,
Le nectar épuisé, d'absinthe s'enivrer,
Vers le passé qui fuit tourner un front de plâtre,
De l'avare encensoir trop tard réchauffer l'âtre,
Tout voir sans rien comprendre, et s'écouter mourir
Se chercher sur l'autel et ne rien découvrir.
C'est assez de ces maux dont le penser me navre,
Et la pourpre est de trop pour vêtir un cadavre.

LE DIEU.

Suis-je au nombre fatal de ces dieux que tu hais ?

PROMÉTHÉE.

Je hais sans les compter tous ceux que je connais.

LE DIEU.

Mais verrons-nous bientôt d'autres apothéoses ?

PROMÉTHÉE.

Le temps, qui vieillit tout, enseigne toutes choses.

LE DIEU.

Il n'a pas enseigné la sagesse aux Titans.

PROMÉTHÉE.

C'est folie, en effet, de t'ouïr plus longtemps.

LE DIEU.

Ainsi, comme un enfant tu me railles ?

PROMÉTHÉE.

                                        Peut-être !
En effet, n'es-tu pas l'enfant qui vient de naître,
Si tu crois de ma bouche arracher mon secret ?
Tout l'Olympe assemblé sans fruit le tenterait.

Il n'est démon, vautour, ni vêtements de pierre,
Ni foudres dévorants, supplice, ni prière,
Qui puissent m'obliger de dénoncer aux dieux
L'enfant de l'avenir et l'héritier des cieux.

LE DIEU.

Souviens-toi des destins et pèse tes paroles.

PROMÉTHÉE.

Esclave, épargne-moi tous ces discours frivoles ;
N'attends pas qu'à genoux reniant les humains,
Et vers toi soulevant mes suppliantes mains,
Je murmure un cantique, ainsi que font les femmes,
Ou tende mon obole au messager des âmes.
Que plutôt...

LE DIEU.

D'un seul mot tu peux te racheter.

PROMÉTHÉE.

Combien de fois encor faut-il te répéter
Que tous vos biens ensemble, idoles, ambroisie,
Faux nectar dont le cœur sitôt se rassasie,
Encens, libations sur d'avares tombeaux,
Chants parasites, nard, célestes oripeaux,
Ne valent pas pour moi cette mouche envolée,
Ni la fourmi quêteuse au fond de la vallée ?

LE DIEU.

Comme un jeune coursier qui mord le frein d'argent,
Tu repousses d'Hermès le frein trop indulgent.
Quel démon dans ton cœur habite et te conseille ?
Vainement mes discours ont frappé ton oreille.
Veux-tu sur ce rocher passer l'éternité ?
La douleur infinie, est-ce ta volupté ?
Le vautour est-il las de fouiller dans ta veine ?
Ou crois-tu de tes maux qu'enfin la coupe est pleine,
Et que tout l'art des cieux n'y peut rien ajouter ?

Détrompe-toi, devin ! Sous l'œil de Jupiter
Chaque jour la douleur se creuse davantage.
A ses flots d'amertume il n'est point de rivage ;
Le mal produit le mal au lieu de le guérir,
Et l'on peut y puiser sans jamais le tarir.
Ah ! quelle mer d'angoisse il te reste à connaître,
Quand de ton propre cœur il faudra te repaître !
Ton supplice, crois-moi, ne fait que commencer.
Les dieux sont patients ; mais crains de les lasser.
Enfant du noir Typhon, l'aigle, nouveau convive,
D'abord élargirait ta blessure encor vive.
Puis sous des cieux de plomb viendrait le désespoir ;
Puis le doute infernal rirait de ton savoir ;
Puis toi-même, à la fin, te rongeant dans le vide,
Disputerais ton cœur aux chiens de l'Euménide.
Combien de maux alors enfantés chaque jour !
Car tu regretteras la serre du vautour.
Pour la dernière fois, je te le dis encore,
Obéis !

LE CHŒUR.

N'attends pas que l'aigle te dévore.
Des menaces d'Hermès n'es-tu pas ébranlé ?

PROMÉTHÉE.

Je savais son oracle avant qu'il eût parlé.
Que la haine aujourd'hui par la haine se venge !
Des cieux c'est la coutume. Est-il là rien d'étrange ?
Donc, sans plus reculer, contentons le destin.
Aigles, venez. Mon cœur vous convie au festin.
Des éclairs sur mon front que le glaive s'embrase !
Que le ciel en tombant de sa voûte m'écrase !
Sous des vents effrénés, que l'astre au front d'airain
Avec le flot des mers confonde son chemin !
J'y consens. Des destins que la tourbe irritée

Traîne au fond des enfers le corps de Prométhée :
C'est en vain ; rien ne peut me tuer tout entier.

LE DIEU.

D'un discours insensé penses-tu m'effrayer ?
Jusqu'où peut dans un dieu s'exalter la démence ?
Enfin tant de folie aura sa récompense !
Femmes, que sur ces monts la pitié réunit,
Allez ! dispersez-vous ; ou la main qui punit,
Sur vous, sans balancer, étendra le supplice.

LE CHŒUR.

Dieu, change tes discours, s'il faut qu'on t'obéisse.
Roi des sages, Hermès, conducteur des esprits,
Peux-tu nous conseiller le salut à ce prix ?
Eh ! ne sais-tu donc pas qu'en secret consumées,
De pleurs et de pitié nos âmes sont formées,
Et qu'un baume éternel qui fleurit dans nos cœurs
Verse son flot d'amour à toutes les douleurs ?
Que tu nous connais mal, dieu qui crois tout connaître,
Et qu'une âme au grand jour t'étonnerait peut-être !
Prométhée avec lui nous convie à mourir ;
Pour lui nous souffrirons tout ce qu'il faut souffrir.
Plus que le noir enfer nous maudissons le traître.

LE DIEU.

L'esclave a retenu les paroles du maître.
C'est bien ! de tous vos maux n'accusez plus que vous.
C'est vous qui les voulez : ce n'est aucun de nous.
Dans vos propres filets vous-mêmes enchaînées,
C'est vous qui de vos mains tissez vos destinées ;
C'est vous qui sur vos fronts mettez ces jougs pesants ;
Et des maux que je vois les cieux sont innocents.

LE CHŒUR.

Le supplice, en effet, a suivi la menace.
Le monde est ébranlé ; les cieux changent de place.

De l'Olympe en criant descendent les aiglons.
De l'enfer est sorti le roi des aquilons.
L'abîme palpitant, l'éclair luit ; tout flamboie ;
Et les douze immortels s'abattent sur leur proie.

(Les dieux se précipitent sur Prométhée.)

VII

PROMÉTHÉE, LE CHŒUR.

PROMÉTHÉE.

O justice !... ma mère !... Abîme, mon berceau !
Terre et cieux, contemplez ce supplice nouveau !
Ce n'est plus le vautour qui s'attache au blasphème.
C'est moi seul, oui, c'est moi qui me ronge moi-même
Horreur ! mon cœur est vide, et je l'ai dévoré ;
L'avenir tout entier de moi s'est retiré.
O ciel ! que de l'augure à bon droit tu te railles !
J'ai moi-même en mes flancs consulté mes entrailles.
Mais qu'ai-je découvert ? Espérance ! néant !
Voix qui toujours grondais dans mon sein murmurant
Supplice où se mêlaient l'abondance et la joie,
Aigle au front couronné qui me rongeais le foie,
Nectar des pleurs sacrés, qu'êtes-vous devenus ?
Je me cherche en moi-même et ne me trouve plus.
O douleur sans orgueil ! ô misère, misère !
Le dieu porte à présent envie au ver de terre.

LE CHŒUR.

Où suis-je ? la peur
Glace avec la vie
L'oracle en mon cœur.

PROMÉTHÉE.

Penser qui me dévore ! éternelle agonie !
Sans comprendre mes dons l'univers me renie.
Parmi mes rêves d'or, loin du monde réel,
Mon esprit trop avant a porté son autel.
Oui, ma pensée habite un trop superbe faîte,
Et le monde à mes pieds se rit du faux prophète.

LE CHŒUR, en tremblant.

Ah ! qu'as-tu vu, mon âme ? quels démons,
Les yeux hagards, sont descendus des monts ?
Au cœur du juste ils pèsent comme un rêve.
Le noir enfer s'agite en son esprit.
De froids serpents la muse le nourrit,
Et contre lui le temps use son glaive.

PROMÉTHÉE.

Quel soupçon !... En effet... si je m'étais trompé !
Si mon esprit s'était d'un vain songe occupé !
Non ! non ! cela n'est pas ;... pourtant, cela peut être..
Si mon âme, en mon sein, qui périt pour renaître,
N'était rien qu'un vautour à ma perte acharné !
Si de mes vains pensers le dard empoisonné
N'était que l'instrument de mon propre supplice !
Si de mes ennemis, moi, j'étais le complice !
Si l'espérance était un filet sous mes pas,
L'avenir une embûche !... Ah ! je n'achève pas.
Chaque mot dans mon âme éveille le délire.
Mes lèvres, taisez-vous... Mais enfin, pour tout dire,
Si j'avais mis mes vœux sur de trompeurs autels !
Grands dieux, si, par hasard, vous étiez immortels !

LE CHŒUR.

Va ! l'infortune enseigne la Pythie.
A tes serments plus que toi je me fie ;
Je lis dans tes douleurs.

D'un ciel de plomb j'ai percé l'artifice,
Et j'entrevois, marchant dans la justice,
L'espérance aux longs pleurs.
Quel invisible jour dans mon cœur vient de luire?
Aux malices des dieux j'ai reconnu l'enfer.
De la loi du plus fort je déteste l'empire.
L'injustice régnant, au sein de Jupiter
Je ne puiserai plus les trésors de la lyre.

PROMÉTHÉE.

S'il est un dieu plus sage, il est lent à venir.
Pour affranchir mon cœur des nœuds du souvenir,
Attend-il que les vents dissipant ma poussière,
Mon ombre aux pieds légers lui porte ma prière?
Aussi bien, moi, que sais-je où son front est caché?
Pour assurer qu'il est, mes doigts l'ont-ils touché?
Où, comment, dans quel temps, par quelle préférence,
M'a-t-il fait confident de sa toute-puissance?
Ailleurs qu'en mon esprit, l'ai-je vu de mes yeux?
Quels démons ont, pour moi, sondé ses vastes cieux?
Les dieux m'ont trahi tous après l'apothéose.
Pourquoi ce dieu nouveau ferait-il autre chose?
Fantôme si longtemps caressé dans mon cœur,
Il peut être, comme eux, fumée, ombre, vapeur.
Qui l'empêche? Faut-il croire chaque présage?
Et, pour être devin, que sais-je davantage?
Quelle main, après tout, mit l'oracle en mon sein?
Où l'avenir m'a-t-il enseigné son dessein?
Moi seul, moi, j'ai tout fait, tout puisé dans moi-même,
Et mes cieux n'étaient rien qu'un splendide blasphème.
Descendez du trépied, vierges qui m'écoutez!
Tous les cieux sont déserts; je les ai visités.
Croyez-moi; le néant est l'unique prophète.
Il en sait plus que nous qui célébrons sa fête.

Tout hymne vient de lui ; tout temple est son séjour.
Il aime aussi l'encens qui fume avec le jour.
O volupté ! mon cœur rit dans chaque parole,
Quand, mon sein déchiré, j'en arrache l'idole.
LE CHŒUR.
Comme la sombre mer, au pied du mont Athos,
Le désespoir sur toi précipite ses flots.
Toi-même de ton sein rejettes le miracle,
Et, le démon absent, tu ris de ton oracle.
Mais mon cœur a gardé tel qu'un vase d'autel,
De tes discours sacrés le parfum et le sel.
Des hymnes d'avenir qui calment toute peine,
Je puis verser sur toi la coupe encore pleine.
Des chants harmonieux éprouve la vertu.
PROMÉTHÉE.
Rendez-moi donc d'abord le dieu que j'ai perdu.
Que ne peut le vautour déployant sa grande aile,
Loin d'ici m'emporter dans la paix éternelle,
Au pied de l'Invisible, où dorment les remords !
Au moins je goûterais l'esclavage des morts.
Car, je veux bien le dire, oui, mon âme est domptée.
Mais Prométhée a seul subjugué Prométhée.
Que les dieux, s'il en est, soient bénis ! J'y consens,
Et de ce dernier deuil je les tiens innocents.
LE CHŒUR.
Laisse-nous voir ton mal et sonder ta blessure.
PROMÉTHÉE.
De l'aigle, sans gémir, j'ai senti la morsure.
J'ai ri sous le vautour. Des liens du rocher
Mon âme, en ce temps-là, savait se détacher.
Mais le doute est venu, seul tourment qui m'effraie,
Le doute, aux mains de plomb, qui croît avec la plaie ;
Complaisant pour lui-même, il ne veut pas guérir :

C'est là, c'est là le mal que je ne peux souffrir.
Vierges, vous savez tout. Quand le mal est dans l'âme
Pour fermer la blessure, où trouver un dictame ?
Vous gardez le trésor de ces hymnes de miel,
Qui dans le cœur troublé font descendre le ciel.
Je le veux. Essayez ces chants, rois de la lyre.
On dit que des dieux même ils calment le délire.
Heureux qui les écoute ; il respire la paix :
Plus heureux, dans son cœur, qui les garde à jamais

VIII

CHŒUR DES SIBYLLES.

UNE SIBYLLE.

Redresse ton trépied, ô sœur de la Pythie !
Et, chassant de ton sein la peur qui balbutie,
  Chante le chant de l'avenir.
Les dieux sont suspendus à ta sainte parole.
Sur les sommets ardents quand ton esprit s'envole,
  Quel frein pourrait te retenir?

UNE AUTRE SIBYLLE.

Loin des monts visités et des vulgaires plaines,
A mon âme, à la fin, j'abandonne les rênes ;
  J'ai brisé l'autel de la peur.
Mes pensers irrités planent sur la nature,
Comme un troupeau d'aiglons avides de pâture,
  Qu'au nid éveille l'oiseleur.

LE CHŒUR.

Dans mon sein, quel démon, comme un flot, se soulè
Du puissant avenir je promène le glaive

Sur la tête des immortels.
Dans mon âme je sens se préparer l'orage ;
Et du livre sacré si je tourne la page,
Soudain s'ébranlent les autels.

Quand les dieux vont mourir, veuve sans hyménée,
Avec eux dans l'Érèbe au long deuil condamnée,
Épouserai-je les enfers ?
Et fidèle à leur cendre en mon urne d'ivoire,
Pleurerai-je à jamais des ombres sans mémoire,
Pâle prêtresse des déserts ?

Non, non, quittant la mort, j'épouserai la vie ;
Légère, je suivrai celui qui me convie
A l'immuable éternité ;
Et dans l'hymne écumant, à la coupe vermeille
Qui surpasse en douceur le travail de l'abeille,
Je boirai l'immortalité.

Oh ! que ma lèvre a soif d'une joie inconnue !
Que pourrait tout l'encens qui va grossir la nue,
Pour nourrir aujourd'hui ma faim ?
Ne verrai-je jamais dans mon âme embrasée
De l'immortel printemps descendre la rosée
Et la paix habiter mon sein ?

Comme au mont Euganée une biche blessée,
Partout enfoncerai-je, au fond de ma pensée,
Ou la flèche, ou l'épieu ?
J'ai tenté mille autels, vagabonde prêtresse ;
Quand pourrai-je, à la fin, sans que l'heure me presse,
Reposer mon âme en mon dieu ?

UNE SIBYLLE.
Moi, je languis, mes sœurs, sans savoir ce que j'aime.

Tout me nuit. De mon front tombe le diadème ;
    Je meurs et renais tour à tour.
Des larmes j'ai tari la volupté sacrée.
Oh! qui viendra verser sur ma tige altérée
    La coupe vive de l'amour?

TOUT LE CHŒUR.

Le dieu ! le dieu nouveau qui gonfle ma poitrine.
    Plus vite que l'aquilon,
    Il descend de la colline.
    Sur mon front qui s'illumine
    Il s'abat comme un aiglon.
    Il me cache sous son aile ;
    Il me frappe ; je chancelle ;
    Dans mes yeux il étincelle.
    C'est lui qui conduit ma voix ;
    C'est lui qui court dans ma veine ;
    Il embrase mon haleine ;
    De lui ma poitrine est pleine ;
    Dans mon âme je le vois.
    Je le sens dans toutes choses,
    Dans le calice des roses,
    Dans les pleurs des nations.
    Je l'entends dans le silence,
    Dans le cirque des lions,
    Quand le thyrse se balance,
    Quand la bacchante s'élance
    Vers la couche des plaisirs ;
    Dans la lyre qui le brave,
    Dans la plainte de l'esclave,
    Dans le volcan plein de lave,
    Dans le cœur plein de désirs.
    Où fuirai-je son étreinte ?
    Il habite en mon esprit.

Le temple est saisi de crainte ;
L'autel vide lui sourit.
A travers mille murmures,
J'entends le cri des pic-verts,
Qui, malgré les vieux augures,
L'annoncent à l'univers.
Dans l'enceinte virginale,
Il a surpris la vestale ;
Sous la pourpre triomphale
Il agite les Césars ;
Et dans les jeux d'Olympie,
Le fils aîné de l'impie
Le fait monter sur ses chars.

UNE SIBYLLE.

Des trésors du passé j'ai rempli ma mémoire.
Mes sœurs, comment sera le dieu de l'avenir ?
Sera-t-il fait d'airain, ou d'argent, ou d'ivoire ?
Recueillant les débris de sa fragile gloire,
Verrons-nous son règne finir ?

LE CHŒUR.

Comme le chêne de Dodone,
Il germera dans les enfers.
Il verra ses feuilles d'automne
Que glace la main des hivers.
Mais, rajeunissant chaque année,
Sa tête, de fleurs couronnée,
Verdira dans l'éternité ;
Et les peuples, sous son ombrage,
S'endormiront pendant l'orage,
Au seuil de l'immortalité.

UNE SIBYLLE.

Craindra-t-il le sceptre d'un maître,
Le glaive de ses ennemis ?

LE CHŒUR.

Comme l'herbe qui vient de naître,
Le destin lui sera soumis.
L'œuvre accompagne sa parole ;
Il tend son arc ; son penser vole,
Et tout l'Olympe est déserté.
Au loin les étoiles émues
Diront : C'est le vrai roi des nues,
Sans aïeux, sans postérité.

UNE SIBYLLE.

Mes sœurs, connaissez-vous la plaie,
Que, malgré moi, j'aime à nourrir ?
Ombre que l'aquilon balaie,
Ce dieu pourra-t-il la guérir ?

LE CHŒUR.

Oui, des longues nuits d'insomnie,
Des angoisses de l'agonie,
Des cieux qu'on ne veut plus revoir,
Des vains remords que tout ranime,
Ma sœur, j'ai mesuré l'abîme,
Et j'ai connu le désespoir.

De poisons mon âme était pleine ;
Dans mon sein tarissait la foi.
Je me mourais à chaque haleine,
Et ce temps n'est pas loin de moi.
Mais, par hasard, une pensée
Réchauffant mon âme glacée,
Dans ma nuit j'ai revu le jour.
Comme l'astre au bord du nuage,
Dans mon sein où s'endort l'orage,
Se lève enfin l'immense amour.

Les pleurs versés dans le silence

Seront plus doux que le nectar.
La paix, fille de l'espérance,
Jamais n'arrivera trop tard.
Au fond de l'âme solitaire,
Vont résonner dans le mystère
Les souvenirs harmonieux.
Sur la pierre de chaque tombe,
Se reposera la colombe
Dont la couvée est dans les cieux.

Car, dans la mort, tout se ranime.
Sous le doigt qui fit l'univers,
Dans le cœur se creuse un abîme,
Plus profond que les vastes mers.
Dans cette source de lumière,
Jamais n'a plongé sa paupière
De l'Olympe l'aigle mortel ;
Et le sceptre du mont Lycée,
Roseau que brise une pensée,
Ne régit pas cet autre ciel.

UNE SIBYLLE.

Eh quoi ! l'immortelle allégresse
Aurait pour mère la douleur !
Sous le ciel d'airain qui m'oppresse,
Renaîtrait mon âme en sa fleur !

LE CHŒUR.

Oui, de tant de larmes versées
Et de nos muettes pensées
Naîtra le fils de l'Éternel.
De tant d'invisibles supplices
Sortira le flot des délices,
Et l'esclave aura son autel.

UNE AUTRE SIBYLLE.

Verra-t-on les peuples stupides,
Toujours courbés sous l'aiguillon,
Prenant des fantômes pour guides,
Tracer un servile sillon?

LE CHŒUR.

On verra les peuples rebelles,
Au-devant de cités nouvelles,
Marcher sur le front des Césars;
Demi-dieux tombés en poussière,
Les rois serviront de litière
Aux chevaux liés à leurs chars.

UNE AUTRE SIBYLLE.

Le juste sous la violence
Languira-t-il jusqu'à la mort?
Toujours couronné d'insolence
Le droit sera-t-il au plus fort?

LE CHŒUR.

Avant que ce jour s'accomplisse,
Dans la maison de l'injustice
Arrivera le châtiment;
Et de la pâle servitude
On verra dans la solitude
S'évanouir l'enchantement.

PRIÈRE.

Viens donc, ô Dieu nouveau! tout oracle t'appelle.
Hâte-toi d'arriver ainsi que l'hirondelle
    Dans la saison des blés.
Le monde est ton berceau. Que tardes-tu de naître?
De tes vagissements tu remplirais peut-être
    Tous les cieux dépeuplés.

Oh! viens! d'un lait divin j'allaiterai ta bouche!
Éternel, nouveau-né, j'ai préparé ta couche
    Dans l'antre des lions.
Tu joueras, faible enfant, sur le sein des Sibylles.
A tes pieds tu verras, sous tes cieux immobiles,
    Passer les nations.

Sous tes mains, en riant, tu courberas la terre.
C'est toi qui porteras le glaive de la guerre
    Et la clef des conseils.
Tes larmes corrigeant l'infortune des hommes,
Enfin on verra luire, au désert où nous sommes,
    De plus tièdes soleils.

Mais, roi de l'avenir, enfant de l'invisible,
Où, comment, sur quel faîte aux humains accessible
    Descendras-tu d'abord?
Qui pliera le premier sous ton sceptre d'ivoire?
Quel seuil hospitalier te verra dans ta gloire,
    Au sortir de la mort?

Comme le fils des rois que la douleur enfante,
Dans un berceau de pourpre, argile triomphante,
    Naîtras-tu pauvre et nu?
Quelle main ornera la maison de ta mère?
Qui conduira d'abord tes pas à la lisière,
    Dieu d'un ciel inconnu?

Oh! quels que soient ton nom, et ta mère, et ton âge,
Les mondes égarés poursuivent ton image
    Dans le ciel entr'ouvert.
Sans toi, sur chaque autel, j'ai vu mourir les roses;
L'étoile, en s'éveillant, te cherche en toutes choses,
    Étoile du désert.

Mais plus que le désert, et la fleur, et l'étoile,
Aujourd'hui dans son cœur déchirant chaque voile,
  Dieu, l'homme a soif de toi.
Arbre déraciné, veux-tu qu'il refleurisse?
Hâte-toi! sur ses pieds fais pleuvoir ta justice;
  Sur lui répands ta foi.

UNE SIBYLLE.

Mon front qu'hier encore enivrait la jeunesse,
Cherche aujourd'hui, plus mûr, le joug de la sagesse
  Et l'éternel flambeau.
De ma couche écartez les folles insomnies;
Mon esprit s'est assis au chœur des harmonies
  Sur le seuil du tombeau.

LE CHŒUR.

Descends au fond des cœurs, descends, tiède rosée!
Dieu, mets un frein d'argent à mon âme apaisée.
  Enseigne-moi mes pas.
Au doute tortueux qu'allaite l'Euménide,
Fais succéder l'amour en qui la paix réside;
  Ne t'appartient-il pas?

Descends dans le sillon où tout grain fructifie,
O paix! ô douce paix! divin froment de vie!
  Viens germer sous les pleurs.
Parfum de l'infini, toi qui guéris les âmes,
Quand pénétreras-tu, de tes sacrés dictames,
  Les vierges et les fleurs!

La nuit se pare en vain de ses torches funèbres;
O lumière d'en haut! plonge, avec les ténèbres,
  Dans nos pensers amers.
Tel j'ai vu du soleil l'essieu qui se rallume,

Pour éclairer l'abime en sa grotte d'écume,
   Plonger au fond des mers.

Que les chemins soient purs, et les maisons ornées,
Et qu'au-devant du Dieu, de myrte couronnées,
   Sortent les nations.
A la fin l'hôte arrive ; et, souriant au monde,
Il bénit dans les lis, dont son chemin abonde,
   Les générations.

TROISIÈME PARTIE
PROMÉTHÉE DÉLIVRÉ

> Voici le véritable Prométhée qui a réglé et
> marqué par avance l'ordre des temps.
> TERTULLIEN.

PERSONNAGES.

PROMÉTHÉE.
HÉSIONE.
L'ARCHANGE RAPHAEL.
L'ARCHANGE MICHEL.
CHOEUR DE DIEUX.
CHOEUR DE SÉRAPHINS.

I

L'ARCHANGE MICHEL, L'ARCHANGE RAPHAEL.

Ils descendent du ciel. Le soleil se lève.

L'ARCHANGE MICHEL.
Sous nos ailes d'azur l'aube enfin se ranime ;
Archange, entendez-vous l'hymne saint de l'abîme ?
L'ARCHANGE RAPHAEL.
Dans l'abîme sans fond j'entends des pleurs tomber,
Et je vois sous leur joug des esprits succomber.

MICHEL.

Entendez-vous le chant de toute créature,
Sous le cèdre aux cent voix l'hysope qui murmure,
Et dans l'urne des mers le soupir des roseaux,
Sous l'aile du Seigneur les petits des oiseaux,
Le pélican des monts, la cigale en son gîte,
De l'esprit sur les eaux le souffle qui s'agite,
Et ces accords vivants qui partent du désert?
Tel, sous un archet d'or, un céleste concert.

RAPHAEL.

Du fond des cœurs j'entends des voix qui retentissen
Et sous un front serein des âmes qui gémissent;
Comme du sein des mers naissent les pâles flots,
Du milieu des humains s'élèvent les sanglots,
Soupirs inachevés sur les lèvres des femmes,
Brise de pleurs trompée et murmure des âmes,
Des immenses cités vagues frémissements,
Et des morts au tombeau muets tressaillements.

MICHEL.

Voyez-vous des blancs lis briller le diadème?
De rosée et d'amour Dieu les revêt lui-même.
Et dans l'air sentez-vous ce parfum répandu,
Qui dit à chaque objet: Le Seigneur est venu?

RAPHAEL.

Le monde répandant sa plainte matinale,
Je sens des cœurs mortels la douleur qui s'exhale;
Et comme la rosée au front des pâles fleurs,
Au front des nations je vois couler les pleurs.

MICHEL.

Jéhovah des torrents aime la voix qui gronde.

RAPHAEL.

Et son fils se complaît dans les soupirs du monde.

MICHEL.

L'Éternel met sa joie au tumulte des vents ;
Il sème les palmiers dans les sables mouvants ;
Il aime les chevaux hennissant dans ses fêtes,
Le cri du pélican sur le toit des prophètes ;
Des genêts empourprés il bénit la splendeur,
Et de l'encens sur l'arbre il respire l'odeur.

RAPHAEL.

Du fils de l'Éternel je connais les délices :
A tous les nouveaux-nés ses regards sont propices ;
Il nourrit la colombe et l'humble passereau ;
Il préfère au palmier le fragile roseau,
Il prête à l'orphelin sa robe de lumière,
Et des vierges surtout il aime la prière ;
Il voit toute douleur avant qu'elle ait parlé,
Et, dès qu'il a souri, le monde est consolé.

MICHEL.

L'abîme même attend une bonne nouvelle
Et par toutes ses voix la terre nous appelle.

RAPHAEL.

Ainsi qu'à ses petits tourmentés par la faim
Le passereau des champs apporte le bon grain,
Vers l'amère vallée hâtons-nous de descendre.
Demain serait trop tard ; et, couchés sur la cendre,
Sans pâture à leur cœur, Dieu trouverait d'abord
Les peuples endormis dans l'ombre de la mort.

MICHEL.

Aigles de Jéhovah, le monde est notre proie.
Fondons sur la brebis qui se trompe de voie.

RAPHAEL.

D'un coup d'aile avec vous j'ai franchi l'infini.
Je sème la parole ainsi qu'un fruit béni.

MICHEL.

Je plane dans les airs sur le front des royaumes.
L'univers fait silence. Éphémères fantômes,
Les pâles nations se traînent à genoux.
Pour poser notre pied quel lieu choisirons-nous ?

RAPHAEL.

De ce rocher désert la cime immaculée.
A peine si jamais le cerf de la vallée
De ses deux pieds d'ébène a touché ces degrés.

MICHEL.

Pour des hôtes divins ces monts sont préparés.
Tel était près d'ici le sommet du refuge
Où sous l'arche des saints s'abaissa le déluge.

(Ils descendent sur la cime du Caucase.)

Voilà !... du noir enfer bravant l'impureté,
Sur le front du serpent mon pied s'est arrêté.

RAPHAEL.

Et moi, moi, du limon j'ai senti la souillure.
Tout mon cœur a frémi sous ma céleste armure...
Habitacle des morts ! ô terre sans amour !
Est-ce toi ? mais quel deuil environne le jour ?
Ainsi de notre nuit ta lumière est formée,
Et ton vain firmament s'évapore en fumée.
De roses sans parfum tu couronnes tes monts,
Et le lis du sépulcre habite tes vallons.
Sur toi je veux pleurer, pâle vallon de larmes !
Quel ange, en te voyant ainsi vide et sans charmes,
Voudrait des pleurs sacrés te refuser le miel ?
Que tes meilleurs sentiers conduisent loin du ciel !
Mieux que nous tu connais l'infernale insomnie,
Et des esprits déchus les heures d'agonie.
Mais quelle est donc ta joie, ô terre de douleurs ?
Ne souris-tu jamais en buvant tes sueurs ?

Et parmi tant de maux qui contristent ta face,
Où donc à l'espérance as-tu fait une place ?
MICHEL.
Regardez ! sur ce roc, dans ces liens de fer,
Voyez-vous cet archange aux portes de l'enfer ?
Ses deux bras mis en croix sont cloués sur l'abîme.
RAPHAEL.
De cet ange tombé quel peut être le crime ?
Avant qu'il n'habitât ces ténébreux sommets,
Dans le chœur des heureux le vîtes-vous jamais ?
Sans doute, sur ce mont se cache un grand mystère ;
Mon frère, visitons cet esprit de la terre,
Par sa bouche, bientôt, s'il est ce qu'il paraît,
Des mondes contristés nous saurons le secret.

(Ils descendent auprès de Prométhée.)

II

LES ARCHANGES MICHEL ET RAPHAEL, PROMÉTHÉE.

MICHEL, à Prométhée.
Toi qu'un lien d'airain dans ses nœuds emprisonne,
Toi qui portes des maux la pesante couronne,
Quel es-tu ? d'où viens-tu ? de quel nom t'appeler ?
Si ta bouche des cieux connaît le doux parler,
Réponds ! qui t'a vu naître ? es-tu fils de la terre ?
Ces fers, ce dur rocher, cette croix solitaire,
Esclave du limon, est-ce là ton berceau ?
Es-tu né de la mort, ô fragile roseau ?
Ou plutôt (car ton front luit au sein des ténèbres),
Dans l'abîme cherchant tes voluptés funèbres,
N'es-tu pas de l'enfer un archange égaré ?

PROMÉTHÉE.
D'un monde qui n'est plus, ô langage sacré !
Et d'un hymne oublié, que je crois reconnaître,
Écho sévère et doux, et qui me fait renaître !
Où donc ai-je jamais entendu cette voix ?
Dans un monde meilleur... Oui, peut-être, autrefois,
Parmi des lyres d'or, qu'enfant, dans les prairies,
Je suspendais au front des saintes rêveries.
Mais, depuis, sur mon cœur trop de jours ont passé !
Et s'il fut un moment, ce monde est effacé.
Je ne m'en souviens plus.

MICHEL.
Homme, démon, archange,
Enfant du firmament, dernier-né de la fange,
Quel est ton nom ?

PROMÉTHÉE.
Mon nom ?

MICHEL.
Hâte-toi, réponds-nous.

PROMÉTHÉE.
Mais dans quel firmament vous-même habitez-vous ?
Et quel ciel vous a fait cette paix enchantée,
Si votre âme est fermée aux maux de Prométhée ?

MICHEL.
Quelle savante main de ces nœuds de douleur
A vingt fois resserré les replis sur ton cœur ?
Toi-même de ton sein ranimant la blessure,
Pourquoi de ce vautour fais-tu donc la pâture ?
Est-ce le compagnon de l'ange des remords ?
Vivant, qui te condamne au supplice des morts ?
Raconte-nous comment, en quel lieu, pour quel crime,
Tu fus loin des heureux rejeté dans l'abîme ;
Comment des jours de paix tu perdis le trésor,

Cependant que, pour toi, dans la balance d'or,
Des pleurs compatissants répandant le calice,
Nous pèserons tous deux le crime et le supplice.

PROMÉTHÉE.

O mes hôtes, venez ! béni soit le berceau
Qui vous reçut d'abord sous son toit de roseau !
Qu'heureuse dans ses flancs fut votre jeune mère !
Béni le seuil propice où s'assied votre père !
S'il n'est pas immortel, qu'il compte de longs jours !
Surtout dans ses vieux ans qu'il vous garde toujours !

RAPHAEL.

Notre père est vivant ; c'est lui qui nous envoie.

PROMÉTHÉE.

Ah ! que depuis longtemps d'un seul rayon de joie
Mon cœur désabusé n'avait goûté le miel !
Mais, en vous écoutant, on respire le ciel.
Des tourments infinis vous détournez le glaive,
Et de mon âme enfin le fardeau se soulève ;
Ainsi que d'un banni si l'oreille, en passant,
De la langue natale entend le doux accent,
Il s'arrête, il écoute, il soupire, il espère ;
Il se souvient du champ possédé par son père ;
Et comme du rocher jaillissait le ruisseau,
Il sent son cœur d'airain se fondre tout en eau...
Oui, ma bouche pour vous s'ouvrira sans mystère ;
Mais, avant d'expliquer ce que je voulais taire,
Laissez-moi vous bénir, ô beaux adolescents !
Ne craignez pas ; mes mains sur vos fronts innocents
Jamais n'épancheront la coupe d'imposture.
Où donc êtes-vous nés ? de cette chaste armure
Qui donc a revêtu vos flancs et votre sein ?
Quelle vierge a filé votre robe de lin ?
Peut-être habitez-vous les grottes de Pénée ;

Ou plutôt retirés sous le mont Cyanée,
De l'Olympe inconnus et de tout l'univers,
Votre toit se marie au tronc des myrtes verts,
Et l'albâtre du seuil rit sous vos pieds d'albâtre.
Moi-même dans ces lieux j'ai vu briller mon âtre,
Quand de l'urne aux flancs d'or... Mais, enfants, pardonnez
Où courent mes esprits par un songe entraînés ?

RAPHAEL.

Loin des eaux du Pénée habite notre père ;
Du myrte, qui souvent recèle la vipère,
Il écarte son toit, et nos pas en naissant
N'ont pas foulé du seuil l'albâtre pâlissant.
Mais toi, réponds d'abord : d'où te viennent ces chaînes?
Toujours le malheureux aime à conter ses peines.
Parle! pour t'écouter se taisent les torrents ;
Puis bientôt nous dirons le nom de nos parents.

PROMÉTHÉE.

Enfants, vous le voulez. Soit que, fils des étoiles,
Elles vous aient de lait abreuvés sous leurs voiles ;
Soit que, nourris des pleurs de Titans égarés,
Vous retrouviez un frère, écoutez et pleurez.
D'un esprit immortel, ah! c'est l'antique histoire ;
Puissiez-vous dans vos cœurs en garder la mémoire!

D'abord ne demandez ni quel sein m'allaita,
Ni dans ses bras divins quel géant me porta ;
Ni comment des vivants je connus la lumière,
Ni comment était fait l'heureux toit de ma mère ;
Si la terre ou le ciel fut mon premier berceau,
Si j'avais, en naissant, sur les yeux, un bandeau.
Comme vous je l'ignore, et plus que vous peut-être!
Sans savoir où, comment, de qui j'ai reçu l'être,
J'ai longtemps appelé : Mon père ! Tous les cieux

Ont répété : Mon père ! et jamais, de mes yeux,
A la clarté du jour je n'ai vu son visage.
Dans mon berceau pourtant on dit que son image
De célestes pavots caressait mon sommeil.
Sur la corde d'argent vibrait à mon réveil
Des astres complaisants la nocturne harmonie,
Et sur moi se penchait un bienheureux génie.
Tout priait avec l'aube ; et dans l'air, quelquefois,
Une voix résonnait pareille à votre voix.
A l'enfance d'un Dieu tout sourit, ciel et terre ;
Dans le champ paternel, les chars, comme un tonnerre
Roulaient, obéissants, sur des nuages d'or,
Et des jours radieux rassemblaient le trésor.
Invisible et présent sur son trône de gloire,
Mon père, dans les cieux, de son sceptre d'ivoire,
Régissait des esprits la sainte légion,
Et mesurait le jour à sa création.
Chaque été de mon front accroissant l'auréole,
Moi-même sans le voir j'écoutais sa parole ;
Dans un livre enchanté je lisais ses bienfaits ;
Partout je le sentais sans le toucher jamais.
Son amour m'était doux ; car même dans les langes
Ma lèvre avait appris à chanter ses louanges ;
Et, sans chercher jamais à le connaître mieux,
Je croyais l'occuper et l'entendre en tous lieux ;
Et je le bénissais ; et je baisais son glaive.
Alors j'étais heureux... N'était-ce pas un rêve ?

Mais l'âge survenant, tout changea sans retour.
Plus de paix ni de joie, et plus d'hymne d'amour.
De mes rêves divins l'aquilon brisa l'aile.
Comme un aiglon tombé de l'aire paternelle,
Sans refuge, orphelin, j'errais dans l'univers.

Alors je commençai d'adorer les enfers.
En vain les lis d'argent me rappelaient sa gloire,
De mon père bientôt je perdis la mémoire.
A la fin, sans penser, m'égarant loin des cieux,
Sur un mont, par hasard, je rencontrai des dieux ;
Superbes, le front haut, leur couche parfumée,
Ils respiraient l'encens et vivaient de fumée.
Dans la pourpre avec eux je montai sur leur char.
Je partageai leur couche et goûtai leur nectar.
Mais, à peine, en riant, ma coupe fut remplie,
Tout mon cœur s'enivra d'amertume et de lie ;
Et de ma lèvre impure au loin la rejetant,
Je voulus dans la mer la noyer à l'instant.
Qu'était-ce que cet or et cette immense joie,
Et ces siècles ourdis dans la pourpre et la soie ?
Moments que vit une ombre ! ennui sans majesté !
Et jusque sur l'autel, vanité, vanité !
Moi-même de mes mains me taillant mon idole,
J'aurais pu comme un autre, épris d'un vain symbole,
Au rang des dieux admis, de leur vin m'enivrer,
Dans le marbre ou l'airain grandir et respirer.
Un jour, je l'essayai, souvenir de misère !
Je me fis mon autel. Mais du froid de la pierre
Mon âme, au même instant, commença de transir.
Du néant je goûtai le vaniteux plaisir.
Quoi ! c'est là tout ! me dis-je ; un peu de renommée !
Un grain d'encens et d'or, et beaucoup de fumée !
Aussitôt, sous mes pieds, je brisai mon autel,
Et toujours affamé d'un plaisir immortel,
Je quittai tous les dieux par un éclat de rire.

De l'abîme, bientôt, je visitai l'empire.
Le monde était désert, l'homme n'était pas né.

Seulement sur mon front aux larmes condamné
Déjà l'aigle planait ; cependant que des nues
Sortaient, en s'éveillant, les noirs troupeaux de grues.
Le temps naquit alors, vieillard sourd et changeant.
Aussitôt du tombeau le ver trop diligent
Courut à son métier comme une filandière ;
Et l'idole attendait l'ouvrier dans la pierre.
Aux sources des lions je m'abreuvai d'abord.
De leurs yeux secouant le sommeil de la mort,
Je les vis, tout pensifs, qui sortaient de l'argile.
Leurs pas étaient pesants, leur front était tranquille ;
Et je leur demandai le chemin des déserts ;
Mais ils étaient muets comme tout l'univers.

L'ARCHANGE RAPHAEL, à l'archange Michel.

Frère, à ces mondes sourds, dans l'urne du symbole,
Vous n'aviez pas encore apporté la parole.

PROMÉTHÉE.

Longtemps je crus qu'enfin des cavernes des bois
Une voix sortirait pour répondre à ma voix.
Que souvent, mes regards attachés sur les nues,
Dans l'air j'ai caressé des vierges inconnues !
Je les voyais sourire ; à ces filles du ciel
Déjà je préparais le lait, l'onde et le miel,
Quand, les cieux me raillant, l'aquilon de son aile
Ravissait mon épouse à la voûte éternelle ;
Et chaque heure en rampant, enchaînée à ses sœurs,
Dans l'abîme creusait une source de pleurs.
Mes pensers vainement croissaient dans le mystère,
Ainsi qu'un haut palmier qui verdit solitaire.
La colombe des bois n'y pose pas son nid,
Et l'enfant du pasteur jamais ne le bénit.
Que de longs jours passés dans ce silence aride !

Et j'étais seul au monde ; et le monde était vide !
Et mon cœur affamé lui-même se rongeait,
Et mon esprit, sans but, partout s'interrogeait !

Les soleils se suivant l'un l'autre sans mémoire,
Le soir venait. Bientôt, couvert de l'ombre noire,
De mon antre, à pas lents, je regagnais le seuil.
Comme une bête fauve, y répandant le deuil,
J'attendais, sans dormir, je ne sais quelle proie ;
Un hôte, une chimère, un présage de joie,
De l'avenir peut-être un messager secret.
A peine, dans les bois, l'abeille murmurait,
Je disais : Le voici qui vient de l'Empyrée ;
Suivons encore un jour l'espérance dorée.
Et trouvant à sa place où le serpent moqueur,
Ou le lis, sous mes pas, consumé dans sa fleur,
Je riais ; dans mon mal quand s'enfonçait l'épine,
Mes ongles déchiraient ma stupide poitrine.
Enivré d'un levain de colère et d'amour,
Mon désespoir croissait jusqu'à la fin du jour.
Combien de pleurs sacrés et versés goutte à goutte !
L'abîme les a vus ; il s'en souvient sans doute.
O morsures de l'âme ! ô glaive de l'esprit !
Chaos des noirs pensers qu'un fantôme nourrit,
Non ! l'ongle du vautour qui me ronge le foie,
Mieux que vous ne sait pas s'acharner sur sa proie.

Ainsi mes jours passaient.... si c'étaient là des jours.
Un soir (cette heure est triste et me navre toujours),
Dans la mer je voyais se mirer l'astre blême ;
Mais l'orage éternel ne grondait qu'en moi-même.
Tout dormait ; j'enviais les songes des roseaux,
Et mon ombre, comme eux, dormant au fond des eaux.
Un penser (d'où me vint cette lueur sublime ?)

Tout d'abord m'éclaira. Sur le bord de l'abîme,
D'un vil et noir limon recueilli par hasard,
Je fis un demi-dieu, fragile enfant de l'art.
D'un coup d'aile heurté par l'aigle olympienne,
L'âme encor lui manquait ; je lui donnai la mienne.
Ce n'est pas tout ; pour lui, visitant les enfers,
Je lui soumis la flamme, esprit de l'univers.
Dans ma coupe, en naissant, il noya ses tristesses ;
De l'avenir surtout il goûta les promesses.
Dans mon antre, d'abord, il regardait sans voir,
Écoutait sans entendre, et marchait sans vouloir.
Je déliai sa langue, et, réveillant sa lyre,
Des mètres nouveau-nés je lui marquai l'empire.
C'est moi qui, le premier, sous la fatalité,
Dans la nuit de son cœur trouvai la liberté.
Le temps vint à marcher ; la cité vint à naître,
Et l'univers muet, enfin, connut un maître.
Au front des astres d'or j'arrachai leurs secrets ;
Je poursuivis l'augure au milieu des forêts.
Des métaux souterrains je sondai les entrailles.
Lois, mariages, jeux, banquets et funérailles,
Voiles des noirs vaisseaux, chevaux liés aux chars,
J'enseignai chaque usage et créai tous les arts.
Par moi les nations, que mon esprit devance,
Se tenant par la main s'émurent en cadence ;
Tel autrefois le chœur des vierges de l'Etna
Que l'aveugle cyclope à son hymne enchaîna.
Bientôt des lettres d'or je traçai sur le sable,
Au bord des flots rongeurs l'empreinte ineffaçable.
Mais je n'avais rien fait. Malgré tout mon amour,
L'homme n'était qu'une ombre ; il ne vivait qu'un jour.
Dans son âme trop tard je versai la sagesse,
Et des célestes lois l'éternelle jeunesse.

Sur son front déjà nu comme la vérité,
Abonda le parfum de l'immortalité.
De la science enfin qui vit de solitude,
En son sein je cachai l'ardente inquiétude.
Il voulut tout savoir. Les yeux toujours ouverts,
Il chercha dans lui-même un nouvel univers.
Son flambeau s'éteignant aux portes de son être,
Dans son cœur il plongea sans pouvoir se connaître.
Un soir, sur un tombeau par hasard se penchant,
Au fond d'un crâne vide il trouva le néant.
Je soufflai sur la cendre et lui fis toucher l'âme :
Ainsi sous l'âtre éteint on découvre la flamme.
Volumes sibyllins, ardentes questions,
Écrites dans la nuit au front des nations,
Énigme de la mort, énigme de la vie,
Liberté, seule idole à qui je sacrifie,
Qui donc, si ce n'est moi, les apporta des cieux?
Car de moi l'homme apprit la vanité des dieux.

J'ai trop aimé, peut-être aimé-je trop encore.
Voilà, voilà pourquoi ce vautour me dévore,
Et pourquoi sur ce mont, deux fois déifié,
Des mains de Jupiter je suis crucifié.

MICHEL.

Que parles-tu toujours de tes dieux de théâtre?
Jupiter est tombé de son ciel idolâtre ;
Ne le sais-tu donc pas?

PROMÉTHÉE.

Mes hôtes, raillez-vous?
C'est un jeu sérieux qu'ici nous jouons tous.
Si ma langue à prier peut se soumettre encore,
Ah! par votre heureux seuil que le blond soleil dore,
Par l'arbre hospitalier qui couvrit vos berceaux,

Et par vos vieux parents courbés sur leurs tombeaux,
Ne livrez pas sitôt vos cœurs à l'ironie ;
Je la connais trop bien, c'est un mauvais génie.
Comme un ver dans le fruit s'insinuant d'abord,
Plus tard au cœur de l'arbre elle apporte la mort.
Oh ! du moins attendez qu'au souffle des années
Les fleurs de vos printemps sur l'arbre soient fanées.
Ce temps viendra bientôt.

MICHEL.

Ange du désespoir,
Si ton oreille est sourde, ouvre tes yeux pour voir.
Je te l'ai dit ; les morts ont quitté l'Élysée,
Et sur son piédestal toute idole est brisée.
Les cieux sont repeuplés ; que faut-il ajouter ?
Les peuples de leurs mains ont détruit Jupiter.
On ne rencontre plus que tombeaux de prêtresses,
Et démons suppliants sous des noms de déesses,
Oracles sans trépieds, temples privés d'autels,
Trônes, sceptres d'augure et débris d'immortels.
Aux fronts usurpateurs la palme est enlevée,
Et l'aigle de l'Olympe a perdu sa couvée.
Car, d'un mot, l'Éternel a reconquis les cieux ;
Son esprit est rentré dans le séjour des dieux.
Je l'ai vu ; qui pourrait raconter sa colère ?
La table était remplie ; et des chants de la terre
La flûte aux sept tuyaux répétait les accords.
L'ambroisie enivrait les pâles dieux des morts.
Il heurte ; tout s'enfuit : il entre ; comme un rêve,
L'Olympe se dissipe aux clartés de son glaive.
De son souffle, en passant, il éteint l'encensoir.
Au fond des cieux déserts lui-même va s'asseoir.
Là, tranquille et réglant les siècles par avance,
Dans un vase d'airain il goûte sa vengeance.

Dans l'abîme on entend comme un soupir divin ;
Puis l'écho, puis un nom, puis tout se tait enfin.
Au front du temple orné l'insecte tend sa toile ;
L'herbe croît sur l'autel ; la prêtresse se voile.
Tombe immense où descend tout un monde perdu,
L'Olympe de forêts couvre son front chenu.
Ainsi meurent les dieux aux pieds de notre père ;
Lui seul demeure en paix ; tout autre est éphémère.

PROMÉTHÉE.

Ce que vous racontez, vos yeux l'ont-ils pu voir?
Enfants, vous recueillez les doux fruits de l'espoir.
Comme vous, il est jeune et suit qui le convie.
Mais le malheur est sourd ; de tout il se défie.
Ce que l'âme promet, abusé trop de fois,
Pour en jouir il veut le toucher de ses doigts.
Vieillard sans foi, sans cœur, dans les larmes amères,
Sous deux portes de bronze il retient les chimères.
C'est peu d'être impuissant ; tout périt en ses mains ;
Dans la source il tarit jusqu'aux pleurs des humains
Puissiez-vous, dans vos cœurs, ne jamais le connaître!
Mais, enfin, dites-moi, quel ciel vous a fait naître?
Du doute dans mon sein détruisez le poison !
D'abord de votre père enseignez-moi le nom.

MICHEL.

Son nom est Jéhovah, l'univers son image,
L'infini son séjour, l'éternité son âge.
Partout il est présent, et, même dans ton sein,
Lui-même en ce moment accomplit son dessein.
A tes moindres discours il prête son oreille,
Et l'haleine des bois dans les cieux le réveille.
D'un regard il conduit les générations,
Il met le sceptre d'or aux mains des nations.

RAPHAEL.

C'est lui qui dans son nid réchauffe la colombe ;
Il sème le bon grain qui mûrit dans la tombe ;
Aucun temple en ses murs ne l'enferma jamais ;
A tous les cœurs brisés il redonne la paix.

PROMÉTHÉE.

Ressemble-t-il aux dieux qui sont nés de la terre ?
Est-il fils du chaos ou fils de l'adultère ?
Hier, était-ce à lui que mon esprit parlait ?
De la chèvre Amalthée a-t-il sucé le lait ?

MICHEL.

Il n'a point de parents. Le doute est un blasphème.

PROMÉTHÉE.

Est-il donc orphelin ?

MICHEL.

      Il est né de lui-même.

PROMÉTHÉE.

Quel qu'il soit, aux humains que vient-il apporter ?
Nous promet-il encore un autre Jupiter ?

MICHEL.

Aux esprits altérés il promet l'abondance,
A la blessure un baume, à ses fils sa clémence.
Par nous il vient briser toute captivité.
A l'âme prisonnière il rend la liberté.

PROMÉTHÉE.

Pardonnez aux soupçons ; ils sont fils des tristesses.
Mais tous les dieux nouveaux sont féconds en promesses.
Avares du présent, prodigues d'avenir,
Par le même chemin on les voit tous venir.
A leurs avénements, avant que sur leur tête
La couronne affermie ait bravé la tempête,
Plus que les hommes même on les trouve indulgents ;
Ils ouvrent aux esprits des cieux intelligents.

Sous un masque d'amour déguisant leur visage,
De pluie et de rosée ils se font leur breuvage.
Le miel est réservé pour la bouche des rois.
S'ils veulent une idole, ils la veulent de bois.
Que parle-t-on d'encens, de myrrhe ou d'ambroisie?
Sous un rustique toit un bouc les rassasie.
Surtout l'égalité préside à leurs festins.
Le bûcheron les hante, et, content des destins,
Dans la coupe commune il puise l'allégresse.
Voilà ce que j'ai vu... Mais un penser m'oppresse.
Car à peine les dieux sous le chaume enivrés,
De leurs trônes d'ivoire effleurant les degrés,
Ont des sentiers du ciel gravi la chaste cime,
Le masque se détache et tombe dans l'abîme.
« Courbe-toi, vil limon. Peuple esclave, à genoux !
« Donne-nous tes sueurs pour nous engraisser tous.
« L'idole était de bois; il nous la faut d'ivoire.
« N'épargne pas tes pleurs; nous aimons à les boire.
« Demain immole-nous cent bœufs et le berger,
« Ou, sinon, crains pour toi Mercure-messager. »
Ainsi parlent les dieux qu'éblouit l'Empyrée ;
Ils ne reçoivent plus qu'une offrande dorée.
Loin, bien loin la colombe et l'offrande des cœurs !
Du monde qui les hait tranquilles possesseurs,
De leurs manteaux usés l'orgueil refait la trame.
Ils possèdent les corps, que leur importe l'âme ?
Voilà comme ils sont tous, armés d'un front d'airain,
Quels ils étaient hier, quels ils seront demain.
Maintenant, malgré moi, cette crainte m'assiége ;
Sous trop d'humilité je crois toucher un piége.
Des promesses d'en haut qui s'est fait le garant ?

RAPHAEL.

Toi-même ici... Rochers, monts, étoiles, torrents,

D'un cantique sans mots célèbrent notre père.
Les roseaux sont témoins qu'à ses fils tout prospère.
La cigale en son nid se souvient de sa voix,
Et l'aigle glapissant l'appelle au fond des bois.

PROMÉTHÉE.

Ainsi parlait jadis la plus belle des muses,
La blonde Poésie, inventrice des ruses.
Mais sur son vain savoir ne vous appuyez pas :
C'est un roseau doré qui plie à chaque pas.
Eh quoi ! ne sais-je pas où tendent ces miracles ?
La cigale et l'aiglon sont-ils donc vos oracles ?
Parasites bruyants dans le fond des forêts,
A louer tous les dieux je les vois toujours prêts.
Sur le front des puissants les myrtes et les roses
Ont usé leurs parfums dans trop d'apothéoses ;
Et les étoiles même, habiles à tromper,
Aux pieds de Jupiter sont lasses de ramper.
Cherchez d'autres témoins, s'il faut que l'on vous croie.

RAPHAEL.

Que profond est le mal en qui tu mets ta joie !
Et qui m'eût dit jamais qu'un esprit immortel
Ainsi pût se complaire au calice de fiel ?
En vain nous y mêlons nos larmes les plus douces.
Absents, tu nous cherchais; présents, tu nous repousses.
Où tendent tes désirs ? Es-tu de ces esprits
Que les illusions d'un mot vide ont nourris !
Ils n'aiment que leur ombre, et, vivant de mensonge,
A tous les dons du ciel ils préfèrent un songe.
Epris de l'impossible, à leur cœur tout déplaît.
Dès qu'ils touchent le but, ils sentent le regret ;
Et de l'enfer, dit-on, c'est le plus grand supplice.

PROMÉTHÉE.

Oui, je connais ce mal ; mais, pour que je guérisse,

Peut-être il est bien tard !... Oh ! j'ai trop attendu.
RAPHAEL.
Si le miel des discours ne t'a pas convaincu,
Les effets vont parler... Au nom de notre père,
De ces liens d'airain forgés dans le mystère
Que d'eux-mêmes les nœuds se brisent au grand jour!
Sois libre comme nous ! Dieu le veut !

(Les chaînes se brisent d'elles-mêmes. Prométhée se soulève peu à peu et reste immobile. L'archange Michel tend son arc, et perce le vautour d'une flèche.)

MICHEL.
Du vautour
Ma flèche au même instant a brisé l'aile impure.
C'est bien. Qu'à la couleuvre il serve de pâture !
RAPHAEL, à Prométhée.
Viens ; souviens-toi des cieux et quitte les enfers.
MICHEL.
Efface de ton cœur l'empreinte de tes fers.
PROMÉTHÉE.
O ciel ! l'événement répond à la promesse.
Je renais ! en mon sein, où donc est la détresse
Qui sous un joug de fer opprimait tous mes vœux?
De la fatalité qui donc brise les nœuds ?
MICHEL.
Celui qui nous envoie et qui sait tes misères.
Ton père est Jéhovah, et nous sommes tes frères.
Des liens du sépulcre archange racheté,
Il est temps de rentrer dans la sainte cité.
Revêts-toi du Seigneur ! regarde, vois nos ailes !
Ne reconnais-tu pas ces palmes immortelles ?
Dans le nouvel Éden leur souche est vive encor.
Bois les larmes du ciel dans ce calice d'or.
De ses maux infinis elles guérissent l'âme,

Et jusque sur l'enfer répandent leur dictame.
RAPHAEL.
A peine as-tu du ciel goûté les chastes pleurs,
Les ailes d'un archange aux divines couleurs,
A tes flancs s'attachant, t'ont vêtu de lumière,
Et le souffle d'en haut te dispute à la terre.
Ah ! quittons ce désert.
PROMÉTHÉE.
Mais d'où vient cette paix
Que même, en mon berceau, je ne connus jamais ?
Mes yeux s'ouvrent ; enfin, malgré mon sourd génie,
D'un monde intérieur j'écoute l'harmonie.
Est-il vrai qu'en mon cœur les cieux soient descendus ?
Le pâle désespoir ne reviendra-t-il plus ?
Quelle invisible main répare ma ruine ?
Et comment peut l'espoir rentrer en ma poitrine ?
Adieu, terre d'angoisse, adieu, vallon de pleurs,
Durs rochers, si souvent trempés de mes sueurs ;
Sommets d'où mes regards poursuivaient les nuages ;
Éperviers qui dans l'air m'apportiez les présages ;
Écho qui tant de fois me renvoyas mes cris ;
Cimes chauves ; déserts, peuplés de mes débris !
Compagnons de mon âme, ô flots ! grottes prochaines,
Torrents ! vous tous, adieu ! je laisse ici mes chaînes.
Ah ! dans l'horreur des nuits souvenez-vous de moi !...
Mais si c'était un songe !...
MICHEL.
Ange de peu de foi,
Du doute aux cent replis n'endure plus l'étreinte.
Quand meurent les faux dieux, es-tu sourd à leur plainte ?
Entends ! d'un rire amer ils emplissent leur ciel.
De leur gloire soudain détrompés sur l'autel,
Ils viennent suppliants t'apporter leur prière.

Renversés de leur char, pieds nus, dans la poussière,
Ombres à qui tout manque et même le tombeau,
Chacun porte à sa main son aveugle bandeau.

PROMÉTHÉE.

Je les vois... à vos pieds, troupeau qui balbutie,
Les dieux agenouillés redemandent la vie.

III

**CHŒUR DES DIEUX SUPPLIANTS, PROMÉTHÉE,
LES ARCHANGES.**

CHŒUR DES DIEUX.

O fils de l'avenir, aidez-nous à renaître !
Mortels ou dieux nouveaux, nos successeurs peut-être,
Ayez, ayez pitié des dieux qui vont mourir.
Du vieux Pan notre père arrêtez l'agonie.
Rejetés de l'autel où le ciel nous renie,
  Nous faudra-t-il périr ?

Quoi ! sans nous, du matin brillerait la couronne !
Quoi ! dès demain, sans nous que l'enfer environne,
Des pampres rajeunis mûriraient les trésors !
Le rossignol boirait le nectar dans la rose ;
Le printemps nouveau-né rirait en chaque chose,
  Et les dieux seraient morts !

On ne nous verrait plus, conduits par les prophètes,
Des hymnes allumer le flambeau dans nos fêtes,
Et des esprits sans frein régir le char ailé !
Mais les maîtres des cieux passeraient comme une ombre
Et des jours éternels l'insatiable nombre
  Sitôt serait comblé !

Le pasteur égaré, qui poursuit la colombe,
Sourirait en foulant l'Olympe, notre tombe.
Sur nos sépulcres verts il paîtrait ses troupeaux.
Et l'herbe soupirant sur la montagne sainte,
De tous les Immortels pour étouffer la plainte,
    Il prendrait ses pipeaux !

PROMÉTHÉE.

Mais vous-même, aujourd'hui, qui suppliez l'abîme,
Où donc avez-vous eu pitié d'une victime !
Vous souvient-il de moi ? car je vous connais tous.
Quand mon cœur appelait, que ne répondiez-vous ?
Quand pour vous complaisant j'empirais mon supplice,
Alors de la pitié c'était l'heure propice.
Mais cette heure est passée, ô dieux ! il est trop tard.

CHŒUR DES DIEUX.

Nous ne demandons pas nos coupes de nectar,
Ni des cantiques saints la céleste ambroisie,
Ni dans nos encensoirs les parfums de l'Asie ;
Mais ce peu que possède, abrité sous l'autel,
L'insecte au front luisant qui regarde le ciel,
Ce que le ver de terre au sépulcre demande,
Un rayon de soleil, du néant pauvre offrande,
La lumière, la vie ; à tous elle appartient.
Quoi de plus ? un vieux temple aisément nous contient.
Plus petits au besoin, et tout chargés d'entraves,
Nous baiserons vos pieds, s'il est des dieux esclaves ;
Donnez-nous seulement la place pour ramper.

MICHEL.

Jéhovah veut les cieux pour les tous occuper.
Dans l'horreur de l'abîme il remplit chaque place,
Et des mondes créés il déborde l'espace.
Le néant seul vous reste ; il vous y faut rentrer.

CHŒUR DES DIEUX.

Quoi ! si tôt le nectar a pu vous enivrer !
Achevez ; triomphez avant qu'on vous connaisse.
A des dieux jeunes sied l'orgueil de la jeunesse.
Des lamentations bientôt l'heure viendra.
Comme il nous a manqué, l'encens vous manquera.
De trop d'illusions désabusant vos ombres,
Le ver de vos autels rongera les décombres.
Comme nous rejetés loin du char des vivants,
Comme nous vous serez la pâture des vents.
L'aigle vieillit, ainsi vieillira la colombe,
Et la voûte des cieux vous fera votre tombe.
Que de larmes alors et quels maux infinis !
Car vos ailes d'azur et vos sistres bénis
De vos temples détruits défendront mal les faîtes.
Vous seuls assisterez en pleurant à vos fêtes.
Sans lyres, sans flambeaux, privés des saints amours,
Il vous faudra des morts chanter les hymnes sourds.
Le temps, d'un souffle amer corrompant les présages,
De vos livres sacrés dispersera les pages.
Descendus dans l'abîme où sont les anciens dieux,
Vous nous verrez au seuil... ce sont là nos adieux !

MICHEL.

Maudits qui blasphémez, disparaissez !

RAPHAEL.

                        Fantômes,
Loin d'ici ! du néant remplissez les royaumes !

IV

LE CHŒUR DES DIEUX, en se dispersant.

Qu'est devenu l'autel plus puissant que la tour ?
Sous les divins pourpris, où sont les chars d'ivoire ?
Et qui donc a sitôt, au sein de l'ombre noire,
    Dissipé notre jour ?

Quoi ! les cieux sont fermés à leurs antiques maîtres !
Et les coursiers ailés méconnaissent le frein !
Comment s'est abattu le trône des ancêtres
    Sous la verge d'airain ?

Dans quel temple écroulé l'aigle, fils du tonnerre,
Du nouvel oiseleur fuira-t-il le regard ?
Comme un oiseau des nuits qu'a surpris la lumière,
    Il chancelle au hasard.

Heureux, au flanc des monts, les genêts des prairies !
Ils règnent dans la paix, vêtus de pourpre et d'or ;
Chaque été ranimant leurs couronnes flétries,
    L'âge accroît leur trésor.

Heureux aussi le lis qui se mire dans l'onde.
L'abeille en l'adorant lui consacre son miel.
Comme un prêtre il répand son encens sur le monde ;
    La terre est son autel.

Mais malheur à la fleur cachée au sanctuaire.
Les dieux heurtant les dieux, ils se brisent d'abord.
Leur sceptre moissonné sous un vent de colère,
    Se flétrit dans la mort.

Que faut-il pour briser un divin caducée ?
Que faut-il de nos fronts pour voiler la splendeur ?
Un songe, un souffle, un rien, l'ombre d'une pensée
    Qui grandit dans un cœur.

Le jour fait place au jour, à l'aube la froide ourse,
La joie à la douleur, à l'hiver le printemps.
Ainsi changent les dieux, dans leur rapide course,
    Plus que l'onde inconstants.

Dans l'Olympe d'abord tout prospère à l'enfance ;
Au sortir du néant pour nous mieux abuser,
La terre avec le ciel étant d'intelligence,
    Nous pouvons tout oser.

Sur nos riants berceaux s'épanouit l'étoile ;
Comme une fiancée au-devant de l'époux,
L'oracle, en nous voyant, soudain laisse son voile
    Tomber à nos genoux.

Toute fleur en naissant se remplit d'ambroisie.
L'univers est un vase où fume le nectar ;
Chaque esprit est un temple, et chaque âme saisie
    S'attelle au divin char.

Mais tout ce faux brillant ne cachant rien qu'un rêve,
L'ambroisie, en un jour, se convertit en fiel.
Contre ses vains serments l'oracle se soulève ;
    L'enfer est dans le ciel.

Dans l'Empyrée alors le désespoir commence ;
Tout sceptre est un roseau qu'un zéphyr fait plier.
On voit des dieux errants, qu'agite la démence,
    Eux-mêmes se nier.

Car le voile est tombé qui protégeait l'idole ;
La parque aux froides mains, sans mère, sans époux,
Au front des immortels a ravi l'auréole ;
    La nuit descend sur nous.

Du doute, aux pieds boiteux, la savante industrie
Sur nous a renversé nos cieux sans fondements.
Il a, dans ses festins, brisé l'urne tarie
    De nos enchantements.

Sur les lèvres des dieux l'hymne crédule expire ;
Fils d'un monde perdu, dispersons-nous dans l'air.
Des ruines d'abord peuplons le vide empire
    Et l'autel de l'enfer.

Dans le temple enfoui sous les feuilles d'automne,
Dans le vide des cœurs où se tarit l'amour,
Dans les tièdes esprits que le doute couronne,
    Faisons notre séjour.

Mais vous qui survivez, si, du haut des nuages,
Vous entendez gémir vos temples vermoulus,
Alors, souvenez-vous, en lisant les présages,
    Des dieux qui ne sont plus !

    Sur nos bouches d'ivoire,
    Dans nos temples muets
    L'insecte, sans mémoire,
    Vient tendre ses filets.

    L'Olympe nous oublie ;
    Altérés de nectar,
    L'impiété nous lie
    Au timon de son char.

L'astre du jour dévie,
L'âme éteint son flambeau.
Partout était la vie ;
Partout est le tombeau.

 Sous la pâle aurore,
 Tout se décolore !
 O cieux impuissants !
 Le dieu s'évapore
 Comme un grain d'encens.

 Dans l'herbe flétrie,
 Dans l'âme tarie,
 Dans la mer sans fond,
 Une voix s'écrie :
 Les grands dieux s'en vont.

(Le Chœur se disperse.)

V

PROMÉTHÉE, LES ARCHANGES MICHEL ET RAPHAEL.

MICHEL.

Ils sont évanouis.

PROMÉTHÉE.

Mais leur chant dure encore.

RAPHAEL.

Du chœur des séraphins la lyre plus sonore
Bientôt dissipera l'hymne du désespoir.
Tel le pur arc-en-ciel chasse un nuage noir.

PROMÉTHÉE.

Cet hymne affreux toujours résonne à mon oreille.

Qui pourra l'étouffer? en sursaut il réveille,
Sous son ongle d'airain, la plainte de mon cœur,
Et les astres glacés le redisent en chœur.

RAPHAEL.

Ce n'est rien, en effet, que la plainte d'un rêve,
Peut-être d'un roseau le soupir sur la grève,
Ou l'écho du passé qui s'entend défaillir.
Vois nos fronts souriants, sont-ils faits pour pâlir?

PROMÉTHÉE.

Combien de fronts divins qui défiaient l'orage
J'ai vus déjà pâlir et mourir avant l'âge!...
Demain, si dans vos cieux rassasiés d'amour,
Sur vos sépulcres d'or s'abattait le vautour!

MICHEL.

N'achève pas. Avant que le doute t'enivre,
Par ces chemins d'azur hâte-toi de nous suivre.

PROMÉTHÉE.

Mais ne craignez-vous pas qu'avec moi, dans le ciel,
Ne rentre la douleur qui s'abreuve de fiel?
Le flot du souvenir débordant ma pensée,
Par hasard de ma coupe une goutte versée
De vos robes d'azur ternirait la splendeur;
Car la douleur partout enfante la douleur.
En vain dans les esprits versant une onde pure,
Vous croiriez de vos cieux effacer la souillure.
La tache, sous vos mains, chaque jour s'accroîtrait.
Comme un arbre infernal le doute grandirait;
Et moi, seul à l'écart, caché sous son ombrage,
Dans votre immense deuil je verrais mon ouvrage.
Retrouvant le Caucase au céleste séjour,
La colombe, en son nid, couverait le vautour.

RAPHAEL.

Ainsi qu'un noir serpent nous foulons toute crainte.

Ouvre ton aile. Viens sur la colline sainte.

(Ils prennent leur essor et s'élèvent au-dessus
de la terre avec Prométhée.)

PROMÉTHÉE.

Sous votre aile, en effet, la terre disparaît,
Mais non pas la douleur qui survit en secret.

LES ARCHANGES.

Des terrestres douleurs plus loin est le remède.

PROMÉTHÉE.

Comme l'aigle autrefois qui ravit Ganymède,
Votre aile m'a ravi par delà l'univers.

RAPHAEL.

Regarde autour de toi, que vois-tu?

PROMÉTHÉE.

Des déserts;
De l'abîme sans fond jaillit l'or d'une étoile.

RAPHAEL.

A l'invisible jour sa lumière est un voile.

PROMÉTHÉE.

Je vois de nouveaux cieux qui s'éteignent trop tôt.
Faut-il s'arrêter là?

LES ARCHANGES.

Non, monte encor plus haut.

PROMÉTHÉE.

Est-ce ici?

LES ARCHANGES.

Non! plus loin.

PROMÉTHÉE.

Déjà mon aile ploie.
Qui donc dans ces déserts vous enseigne la voie?

LES ARCHANGES.

Nous allons d'un vol sûr où toute chose va.

PROMÉTHÉE.

Où donc m'emportez-vous ?

LES ARCHANGES.

Au sein de Jéhovah.

VI

CHOEUR DE SÉRAPHINS.

Comme on lave l'autel après le sacrifice,
Ainsi de chants de paix abreuvons les esprits ;
Du milieu des déserts que la source jaillisse
    Des cantiques taris.

Qui pensait que jamais l'archange du Caucase
Des liens de la mort pût rejeter le faix,
Et qu'en son cœur aride et fendu comme un vase,
    Dieu répandît la paix ?

O terre ! oublieras-tu qu'en tes vallons funèbres,
L'esprit s'est affranchi des ongles du vautour,
Qu'au doute dévorant, compagnon des ténèbres,
    A succédé l'amour ?

Liée au désespoir, l'âme, aveugle, captive,
En un monde désert, de poisons s'enivrait ;
Parmi de noirs serpents, sur sa couche plaintive,
    L'ennui la dévorait.

Et voilà que soudain une main la relève.
Comme un rameau des bois que l'hiver a flétri,
D'un flot pur abreuvée elle reprend sa séve,
    Et son mal est guéri.

De la prison des sens, par une route sainte,
Un penser la ravit vers des cieux inconnus.
Des fers qu'elle a portés elle cherche l'empreinte,
    Et ne la trouve plus.

Ainsi la paix arrive à celui qui l'implore.
De son flanc s'il repaît les oiseaux de la nuit,
A la fin, dans son cœur luit l'éternelle aurore
    Que la colombe suit.

UN SÉRAPHIN.

Sur un Caucase ardent les nations gémissent;
J'ai vu des peuples rois qu'on liait au rocher.
Quand sera le vautour sous qui les cœurs périssent,
    Immolé par l'archer?

LE CHŒUR.

Tout vautour en son nid se dévorant lui-même,
L'injustice avec lui voit son règne finir.
Des serres du passé toujours l'archer suprême
    Délivre l'avenir.

HÉSIONE.
(Elle sort de sa tombe.)

Qui l'eût dit? les morts ressuscitent.
Voici qu'au fond du noir tombeau,
Les ténèbres se précipitent;
Et le sépulcre est un berceau.
Dans les flancs de l'urne agitée,
Voyez! le nouveau Prométhée
Des morts recueille les débris.
Il répare l'homme fragile,
Et d'une impérissable argile
Il environne les esprits.
Le divin potier d'une eau sainte
Épure l'âme neuve encor.

Au vase il donne son empreinte,
Et le noir limon devient or.
Vase de joie et d'abondance,
Dans sa main comme par une anse,
Il tient mon cœur par l'espérance.
Quelle main pourrait me briser ?
Dans l'abîme où tout va descendre,
Je puise en dieu pour le répandre ;
Il a retrouvé sous ma cendre
L'amour que rien ne peut user.

Me prêtant une aile de flamme,
La mort, invisible sculpteur,
Enfin retranche de mon âme
Le souvenir de la douleur ;
Et comme autour d'une statue
D'or et de bronze revêtue,
L'éclat de la pierre abattue
Jaillit sous les coups du ciseau ;
Ainsi les pensers de la terre,
Voiles des sens, pesant mystère,
Loin de moi volent en poussière
Sous l'heureux souffle du tombeau.

LE CHŒUR.

O cieux ! redirez-vous encore
Que le flambeau des morts pâlit,
Que l'aube aussi se décolore,
Que Dieu même s'ensevelit ?
e lui-même il renaît. Eau vive, intarissable,
it-on jamais ses jours répandus sous le sable,
Se perdre dans la mort ?
i le désert s'étend à la place de l'âme,

Frappez, frappez les cœurs de la verge de flamme;
Dieu jaillira d'abord.

Souvent pour tendre à l'homme un piége,
Loin de son temple et de Sion,
Au fond d'un siècle sacrilége,
Il se cache comme un lion.
Rien ne trahit le dieu retiré chez l'impie ;
Tout sourit alentour quand l'Éternel épie
Les peuples des déserts.
Mais soudain il rugit ; le monde fait silence ;
Le cri du dieu redouble, et d'un bond il s'élance
Sur le pâle univers.

UN SÉRAPHIN.

Tel aussi l'aigle dans la nue
Remonte au séjour des esprits,
Et cache son aile étendue
Au sein des foudres assoupis.
Cependant, au vallon, dans leurs fangeux repaires,
Les petits des vipères
Redisent : Il est mort.
Mais soudain, s'élançant du séjour du tonnerre,
Il étreint de sa serre
Le serpent dans son fort.

LE CHŒUR.

Sors du nuage, aigle ou colombe !
Lion, sors de l'obscurité !
Espérance, sors de la tombe !
Grand dieu, sors de l'impiété !
Assez tu t'es caché sous des images vaines ;
La nuit se prolongeant, assez de lourdes chaînes
Ont pesé sur les cœurs.
Enfin ton front ridé se couronne de joie.

Dans l'antre du tombeau, tu délivres ta proie
      Des terrestres langueurs.

    Ainsi l'homme vient les mains vides,
    Et de dieu retourne comblé.
    Trop longtemps sous des cieux arides
    Ses pleurs dans l'enfer ont coulé.
Vers l'abîme il penchait, résolu de maudire ;
Et sa bouche déjà s'efforçant de sourire
      Chantait l'hymne de mort.
Mais un doigt le frappant sous sa fausse cuirasse,
Le chant du désespoir en un hymne de grâce
      S'est converti d'abord.

LES ESCLAVES

PRÉFACE

I

Voici un drame qui ne dispute la scène à personne.

Quand je voyageais en Grèce, je m'asseyais dans la solitude, sur les gradins écroulés des théâtres antiques. Là, j'imaginais à mon aise les plus belles tragédies du monde, auxquelles assistaient les chênes et les cyprès qui ont grandi dans l'enceinte. Tout mon espoir actuel, en publiant ce drame, est de le voir représenté dans les mêmes conditions, devant cette même conscience invisible, par une troupe de Faunes sortis, tout exprès, avec leurs masques d'airain, des ruines de Messène ou de Corinthe.

Je me suis trouvé en un temps où la conscience humaine m'a paru se troubler. Au milieu de la mêlée universelle, j'ai cherché à me bâtir une forteresse morale pour m'y abriter quelque temps. Dans un isolement presque complet, je pensais à la foule, dont j'entendais encore le murmure. C'est ainsi que ma pensée a pris la forme populaire du drame, sans songer où je rencontrerai mes spectateurs.

Je choisis pour mon héros l'Esclave, c'est le seul que les poëtes et les historiens aient oublié.

Le personnage sur lequel reposait l'antiquité est aussi celui qu'elle nous a fait le moins connaître; il portait le monde social sur ses épaules, et le monde l'a méprisé au point de n'avoir rien voulu savoir de lui. C'était la plaie éternelle de la société antique ; et comme les hommes ont une répugnance invincible à s'avouer le mal par lequel ils doivent périr, les anciens n'ont jamais tourné sérieusement les yeux de ce côté. Il en est résulté que le point infirme de leur morale a été aussi le point infirme de leur intelligence et de leur art.

Comment ont-ils expliqué les révolutions serviles qui ont mis tant de fois en péril leur existence entière? A peine s'ils les racontent en quelques lignes furtives. Quand ils sont obligés de donner à ces insurrections une place dans l'histoire, l'humiliation éclate chez eux, avec une ingénuité cruelle. C'était trop déjà de constater les révoltes de cette *seconde espèce* d'hommes. Il ne pouvait entrer dans l'esprit des maîtres de chercher une cause morale aux incursions d'un troupeau privé, selon eux, de conscience et de raison. Le cœur humain, tel qu'ils le faisaient, n'avait rien à voir, ni à démêler, encore moins à acquérir dans l'étude de l'Esclave. A force de le dédaigner, ils se sont condamnés à l'ignorer.

Qui me dira pourquoi, dans ces révoltes, tant de brillants débuts aboutissent tous au même dénoûment, la ruine irrémédiable ? Pourquoi ces innombrables armées serviles, si vite dissipées en poussière au premier souffle ? Pourquoi ce sang d'esclave répandu par torrents ne féconde-t-il pas, n'échauffe-t-il pas la terre ? Il y a là un secret que je cherche ; les anciens ne me le disent pas.

L'historien, le poëte antique, dès qu'il franchit le seuil du monde servile, prend un cœur d'airain. Il ne voit plus, il n'entend plus. Comment sentirait-il le drame des choses ? Il a commencé par se dépouiller de la pitié ; il ne garde de tous les sentiments que le mépris. Ce n'est pas du sang, mais de l'eau qui coule sous ses yeux.

Si, encore, les anciens s'étaient contentés de ne rien dire de l'Esclave ! Mais, pour mieux l'achever, ils l'ont tué par le ridicule. Les Latins surtout se sont bornés à s'en faire dans la comédie un jouet monotone, un masque burlesque approprié à toutes les situations. Relégué hors de l'humanité, ils l'ont contraint de rire.

Ainsi, après la déchéance, la dérision ; et nulle part dans le monde fondé sur la servitude, ni le drame sérieux de l'Esclave, ni son histoire. C'est là un des grands vides qu'il appartient aux modernes de combler, s'il est vrai que tout ouvrage inspiré de l'antiquité doit la compléter en quelque chose. Retrouver l'histoire intime de l'Esclave, son dialogue avec la société civile, le réintégrer dans sa misère morale, rendre une voix à ce chaos muet : si cela était donné à quelqu'un, ce serait non pas seulement imiter l'antiquité, mais la continuer.

Reste à savoir où sont ces archives qu'aucune main n'a consenti à écrire. Où en retrouver un vestige, quand les vainqueurs ont dédaigné de raconter leur victoire? On a pu restituer sur un débris d'ossement tout un monde antédiluvien. Sur quel débris reconstruirons-nous le monde antique de l'Esclave? Sur nous-mêmes.

De la même manière que les grands mouvements des peuples, les invasions qui ont rempli les quinze premières années de notre siècle, ont rendu aux historiens de nos jours le sentiment perdu des nationalités et des races, de même aussi les bouleversements intérieurs des États auxquels nous avons été mêlés ont révélé peut-être sur les révolutions sociales de l'antiquité plus d'un secret qui lui a échappé. Le temps ou la nécessité nous a enseigné des choses que les anciens ont dédaigné de savoir. Dieu merci, nous portons encore au fond du cœur plus d'un anneau de la vieille chaîne; avec ce débris, je ne désespère pas de retrouver l'autre bout de chaîne rivé aux pieds des compagnons de Spartacus.

J'appelle révolution servile toute révolution qui se propose un but matériel, indépendamment de tout progrès moral, de toute émancipation spirituelle ou religieuse ; et je m'explique ainsi le sort commun de ces entreprises, qui, répétées à des époques si différentes, d'Œnus à Athénion, d'Athénion à Spartacus, semblent pourtant toujours la même, tant elles sont uniformes par le dénoûment. Comme la pensée n'y joue qu'un faible rôle, l'audace n'y est qu'apparente. Bien qu'elles commencent par effrayer le monde, elles sont encore plus épouvantées d'elles-mêmes ; car elles ont peur des conquêtes de l'esprit ; et par là les plus fières se mettent aussitôt dans l'incapacité de déplacer une motte de terre. Renfermées dans un cercle d'intérêts matériels, elles participent de l'uniformité des révolutions de la matière. On voit d'immenses forces déployées ; tout leur cède ; de grandes conquêtes sont accomplies ; puis, l'âme restant serve malgré l'affranchissement des bras, ces conquêtes s'évanouissent d'elles-mêmes, dès le premier sommeil du corps.

Si toutes les révolutions serviles sont ainsi identiques, il doit y avoir un drame de l'Esclave, lequel peut s'appliquer à tous les temps, à chacune des formes de la société ; reflet de la tragédie éternelle, qui a, dans chaque moment de la durée, un individu ou un peuple sur la scène.

Il m'a paru depuis longtemps qu'une situation pathétique entre toutes est celle de ce personnage confiné hors de la société civile dans un exil éternel, et dont les douleurs, les cris, le désespoir, les imprécations, ne sont comptés pour rien. C'est ce qui m'avait attiré, un jour, auprès des figures de *Prométhée enchaîné* et d'*Ahasvérus errant*. J'ai voulu voir ce qu'il y avait au fond des malédictions amassées dans ces légendes de la Grèce et du Christianisme. J'ai déjà contenté, en partie, sur ce point, mon désir. Aujourd'hui je rencontre le véritable exilé, Spartacus, l'Esclave, celui qui est à la fois enchaîné au rocher, et errant à travers la terre ; en lui je retrouve la chute du Titan, la proscription éternelle du Maudit, avec un surcroît d'ironie, qui manque aux deux premiers pour mettre le comble à leur enfer. D'ailleurs, ce n'est pas ici une légende, une vision. Il s'agit d'un être que j'ai moi-même vu de mes yeux, et pour lequel je porte témoignage.

En entrant dans l'antiquité, rien ne m'a plus frappé d'abord que ce terrible silence de l'Esclave. Il me paraissait que la faute était à moi si je ne discernais pas, sous les fêtes perpétuelles des anciens, au moins un soupir étouffé de ce monde souterrain. Mais non, cet enfer est resté muet ; c'est bien à nous de le faire parler.

Il y a, dans la lyre de l'antiquité, des cordes basses qu'elle n'a jamais voulu toucher. Aujourd'hui le vent qui passe fait vibrer d'elles-mêmes ces cordes oubliées ; écoutez sur votre seuil et vous les entendrez.

On a décrit souvent les maux extérieurs de l'esclavage. Mais la plaie que la servitude fait à l'âme de l'Esclave, le spectacle de cette décomposition interne, cette ruine qui se détruit elle-même, ces chaînes de fer qui finissent par pénétrer jusques au cœur, et à le dénaturer, voilà ce qui n'a jamais été peint, que je le sache du moins. Voulez-vous avoir le spectacle de la chute dans l'homme ? regardez cet esprit qui, au plus fort de sa révolte, ne songe pas même à s'affranchir ; dans chacune des émancipations extérieures il trouve un nouveau moyen de se circonscrire et de se lier. Ingénieux à déduire la servitude du milieu même de la liberté, le voilà qui rentre dans la nuit par le chemin qui mène les autres à la lumière. De décombres en décombres, il renverse l'esclavage sans s'apercevoir qu'il le porte en soi et le refait à chaque souffle. Un esprit qui, aveuglé par sa chute, se réveille en sursaut, puis s'enchaîne de sa victoire, se mutile, se poignarde dans le vertige, au moment où il s'imagine triompher, c'est là, si je ne me trompe, en soi, la tragédie humaine par excellence.

J'ai essayé de montrer un coin de cette tragédie. On peut la refaire de cent manières, comme tous les grands sujets, que n'épuiseront jamais aucune société, aucune littérature. Mais, si ce drame était exposé un jour aux yeux des hommes dans un langage digne du sujet; si ce monde d'Ilotes était montré à nu, au peuple, dans son ivresse morale qui est en même temps sa grandeur; si cette première idée produisait une action capable de toucher une multitude; si à cela se joignait une pompe extérieure, qui en fît un spectacle réel, comment douter qu'il ne sortît pour le spectateur quelque impression salutaire de cette vue de l'homme, ainsi promené, par des retours subits, du ver de terre au demi-dieu?

Rousseau, en même temps qu'il jetait son accusation contre les spectacles, n'a pu s'empêcher d'ajouter : « Il est sûr que des pièces tirées, « comme celles des Grecs, des malheurs passés « de la patrie, ou des défauts présents du peu- « ple, pourraient offrir aux spectateurs des leçons « utiles. »

J'ai cru que ce serait un nouvel élément dans

le drame, que de prendre l'homme là où on ne l'avait pas cherché, au-dessous de l'humanité, déformé, dénaturé, anéanti intérieurement par l'esclavage ; puis, après l'avoir fait renaître, de le réparer par l'héroïsme ; de telle sorte qu'ayant commencé par être moins qu'un homme, il finît par être le premier de tous. Il m'a paru que la nature humaine, dans le bien et dans le mal, s'agrandissait de ce terrain conquis sur le néant. Il y a là tout un ordre de sentiments à restituer; l'instrument de la poésie peut s'en accroître de quelques notes.

A peine eus-je rétabli l'Esclave dans son ébauche de vie, il me sembla que mon drame se formait de lui-même, sans que j'eusse besoin d'aucun moyen artificiel ; le patricien, le plébéien, l'affranchi, en faisaient eux-mêmes la trame. Je n'avais, pour ainsi dire, qu'à les laisser agir conformément à leurs instincts. La tragédie sociale nouait son intrigue par la force des choses.

J'ai suivi l'histoire dans le peu qu'elle nous a laissé. Là seulement où elle nous abandonne, j'y ai suppléé par l'invention. Les traits fournis sont si rares, que l'imagination y conserve un champ libre ; encore ces traits purement extérieurs ne touchent-ils jamais au monde moral.

Le temps, en détruisant le livre de Tite-Live sur Spartacus, a joint ses injures à celles des hommes.

Il ne reste guère que quelques pages de Plutarque cachées dans la biographie de Crassus, et un court résumé de Florus.

Le récit du Grec conserve des traces d'humanité, sinon de sympathie. Quant à celui du Romain, il est partagé entre le mépris et la honte, lorsqu'il faut confesser que toutes les forces de l'empire ont été soulevées contre un *Mirmillon*. Jugez-en par ces traits : « Les ennemis (je rougis de leur donner « ce nom), — Spartacus délibéra, et c'est assez « pour notre honte, s'il marcherait sur Rome. — « Encore si c'eussent été des esclaves ! Ceux-là « sont au moins une seconde espèce d'hommes ! « Mais des esclaves gladiateurs ! »

A ces mots de Florus opposez ceux-ci de Voltaire : « Il faut avouer que de toutes les guerres, « celle de Spartacus est la plus juste, et peut-être « la seule juste. » Vous aurez sous vos yeux, dans ces lignes, le travail de la conscience humaine pendant dix-huit siècles.

Vainement de nos jours on croit être débarrassé de ces questions, quand on a dit que le Christianisme a fait disparaître l'esclavage. Je veux bien que vos corps soient déliés ; qui me prouve que le véritable esclavage, celui de la pensée, ait disparu ?

J'ai vu toute une société prise d'une même panique à ce mot parti on ne sait de quelle bouche :

« *Les Barbares sont à nos portes!* » Peut-être se fût-on épargné cette épouvante, en se demandant si ces Barbares ne sont pas plutôt les esclaves. D'après la réponse qu'on eût faite à cette question, toutes les résolutions eussent pu changer, puisqu'il n'est rien de si différent du Barbare que l'Esclave, et le procédé est tout différent pour civiliser l'un et pour affranchir l'autre. Le Barbare, c'est la liberté ; l'Esclave, l'égalité. Dans le premier vit le patriotisme de race ; dans le second, le cosmopolitisme. L'un est individu, l'autre multitude ; celui-là est étranger à la cité, celui-ci en porte le fardeau. Le Barbare ignore la civilisation ; l'esclave est le débris d'une civilisation ruinée.

Assurément c'est une chose très-différente de prendre le Franc dans sa forêt pour en faire un baron du moyen âge, ou de prendre un serf au foyer pour en faire le tiers état moderne. Éducation, systèmes, arts, tout est opposé dans ces deux conditions ; et de là il est indispensable de savoir de quelle nature d'homme nous tenons davantage. Cela est nécessaire non-seulement pour les institutions à fonder, mais pour le langage même qu'il convient de faire entendre dans la poésie et dans les arts.

S'agit-il vraiment de repousser des murailles de la cité le fier Sicambre ? Pour moi, je supposerais plutôt qu'il s'agit de l'esclave évadé que réclame le maître.

II

La pensée que mon drame ne se produira pas à la scène ne m'a pas découragé. J'irai même jusqu'à l'avouer : à de certains moments, il est bon qu'il se produise quelque ouvrage loin de la scène. L'auteur, n'ayant rien à espérer de la présence du public, ne sera tenté de lui faire aucune concession. Goethe, Monti, Alfieri, Manzoni, en ont donné l'exemple. Que l'on veuille bien y songer. En appeler au jugement immédiat de la foule, au théâtre, quelle foi cela suppose, quel respect pour ces inconnus! Quelle confiance dans l'élévation soudaine des esprits, et même dans les mœurs de ces hommes! Je me tais s'ils murmurent; je me déclare vaincu, je me retire, s'ils hochent la tête! Admirable obéissance! Elle suppose de la part du public un caractère et un respect de soi-même que je ne trouve plus.

Qui ne se rappelle le moment où notre public témoignait d'une avidité presque semblable à celle des spectateurs romains dans l'amphithéâtre? Il permettait difficilement sur la scène à un personnage d'en sortir sans y laisser au moins l'honneur.

Ce n'était pas appétit du sang, mais curiosité et apprentissage de l'agonie morale. Les écrivains ont compris où menait cette pente ; le public les applaudit de lui avoir résisté.

Changeons tant que nous voudrons les conditions extérieures de la scène, l'important sera toujours de savoir s'il reste encore une fonction sérieuse à exercer, au théâtre, dans nos sociétés. Il est frappant que les hommes sont dominés par les formes bien plus que par le fond des choses, même dans ce qu'il y a de plus spontané au monde, l'art. On vient seulement de s'apercevoir d'hier que les questions des vieilles unités, si solennellement débattues, n'étaient que de pures formalités devant lesquelles le poëte et le public se sont arrêtés pendant des siècles. Quelles luttes et que de génie n'a-t-il pas fallu, de nos jours, pour en finir avec cette procédure, et quelle reconnaissance ne méritent pas ceux qui ont gagné la cause! Pourtant tout n'est pas fini avec le procès ; et le terrain si glorieusement conquis, il s'agit de savoir ce qu'il faudrait en faire.

Ici vous m'arrêtez sur le seuil ; vous m'annoncez qu'il est trop tard ; que le temps de la tragédie est passé pour jamais. Quoi! se peut-il? Le fond tragique a disparu de la vie humaine? Le combat avec la destinée a fini pour tous? Avec le moule classique ont disparu les pleurs au fond de l'urne ? Mais non ; telle n'est pas votre pensée. Vous voulez dire que l'homme ne se prend plus au sérieux. S'il en est ainsi, ce n'est pas la tragédie qui a cessé d'être, c'est l'homme même.

Après le drame héroïque, on a cru que le drame bourgeois est un progrès dans le sens populaire de l'art. Rien ne s'est montré plus faux. Le peuple même, en haillons, a besoin d'un héros; il ne peut s'en passer. Il consume sa vie à le chercher. Si vous ne pouvez le lui trouver parmi les représentants éternels de la justice, il ira le choisir, fût-ce au cirque olympique, jusque chez ses oppresseurs.

Quand j'examine ce que j'éprouve devant une pièce du théâtre antique, ce n'est pas seulement un mélange de surprise, de pitié et de terreur, comme les critiques le disent. D'autres genres de poésie peuvent produire ces effets. Ce que je trouve, ce que je sens au fond du drame héroïque, c'est un sentiment très-particulier qui ne m'est inspiré à ce degré par aucun autre art, je veux dire le sentiment de l'héroïsme. Je me sens vivre de la vie plus intense des grands hommes, je reçois l'impression contagieuse de leur présence immédiate, je suis emporté dans le tourbillon de leur sphère. J'habite un instant avec eux la région où se forme la tempête qui frappe du même coup les États, les peuples, les individus. Ces sentiments ne sont-ils plus de mon temps?

Ébranler l'âme en tout sens n'est pas seulement l'objet de l'art dramatique. Il ne me suffit pas que mon cœur soit entre vos mains ; je veux encore dans cette émotion, ce trouble, sentir une force virile qui se dégage du fond même de votre œuvre, et qui, en se communiquant à moi, m'élève au-dessus de moi-même. Participer d'une nature supérieure, devenir pour un moment un héros, dans la compagnie des héros, c'est la plus grande joie que l'âme humaine soit capable d'éprouver. Voilà en quoi se ressemblent les théâtres d'Eschyle, de Sophocle, de Shakspeare, de Corneille, de Racine. Que me font les différences artificielles qui les séparent ? Le principe chez eux est le même. Ils m'arrachent à ma raison vulgaire ; ils me prêtent un moment de grandeur morale. Tout est là.

Remuer ce fond de tristesse héroïque qui survit dans l'homme à toute chose ; le replacer un instant par surprise dans sa grandeur native ; remettre, en passant, ce roi détrôné dans les ruines de son palais, de peur qu'il ne s'accoutume à la déchéance, au fait accompli, à la tranquillité banale, à la domesticité, voilà ce qu'ils ont fait pour nos pères. N'avons-nous plus besoin de héros ?

Ceci explique pourquoi la réduction de la tragédie au roman est impossible. Ces choses sont de nature tout opposée ; les confondre, c'est les détruire. Que le roman me dévoile à mes yeux tel que je suis, sauf à me décourager et à m'énerver, il en a le droit. Je n'ai rien à prétendre de plus. Je n'attends pas de lui, au milieu des déchirements de l'âme, cette force virile qui me transporte au-dessus de moi-même, pour me les faire dominer. Mais c'est là ce que j'exige du drame. Je veux qu'il me montre non-seulement tel que je suis, mais aussi tel que je puis être. Car j'acquiers dans cette vue un redoublement de puissance. Mon être s'accroît de la possibilité d'existence que je découvre en moi. Je veux devenir un héros en vous écoutant.

Ainsi, mettre le spectateur de niveau avec les grandes destinées ; lui montrer qu'il est le familier, le compagnon des demi-dieux ; qu'il conserve en lui les restes d'une dynastie tombée ; l'intéresser par cette alliance à ne pas déchoir d'une telle parenté ; l'obliger de sentir, par la présence des temps les plus différents, qu'il porte en lui un commencement d'éternité ; qu'il n'est pas seulement un bourgeois, un traitant, un solliciteur, mais qu'il fait partie du grand chœur de l'humanité, et que lui-même joue à cet instant son personnage dans ce chœur, c'est-à-dire le personnage de l'éternelle conscience, le rôle du juge suprême ; en un mot faire sentir à une âme vulgaire le plaisir d'une grande âme, telle me semble être la source la plus haute de l'émotion tragique.

En ce sens, on peut concevoir pour le théâtre une fonction semblable à celle qu'il exerçait dans les démocraties anciennes.

Le public, dans les pièces des modernes, joue silencieusement le personnage que remplissait le chœur chez les Grecs. C'est à former ce personnage muet de la Conscience, à tenir ce juge éveillé, que consiste la partie la plus élevée peut-être du poëte dramatique. Il m'importe peu après cela que les méchants soient punis ou récompensés sous mes yeux ; je vous en laisse le choix. Usez d'eux comme vous le voudrez pour mon plus grand divertissement. Qu'ils soient sur le trône ou sur l'échafaud, cela vous regarde et non pas moi. Qu'ils m'écrasent de leur victoire pendant cinq actes, je serai content, si vous m'avez transporté assez haut pour que leur châtiment soit déjà dans mon cœur. Je ne vous marchanderai pas même leur triomphe à la dernière scène. Il me suffit que leur juge survive chez moi au baisser du rideau.

Oserai-je l'avouer? Dans le drame moderne, malgré tout le génie qui y est dépensé, malgré la liberté de tout dire, de tout montrer, je me sens quelquefois plus captif que dans l'ornière de Corneille ou de Racine. Pourquoi cela? N'est-ce pas qu'en proportionnant par complaisance vos personnages à ma petitesse, vous m'emprisonnez dans ma propre misère? Vous me ramenez à moi, et c'est ce moi chétif qui me gêne et m'importune.

Que ne m'aidez-vous plutôt à en sortir ? Essaye seulement. Il me semble que là dans le fond de mon être il y a un personnage meilleur, plus grand plus fort, qui m'apparaîtrait à moi-même si vous aviez moins de complaisance pour ce personnage vulgaire que je suis, et que je joue tous les jours. Me voilà comme un marbre brut entre vos mains. Pourquoi en tirez-vous une table d'offrande, un trépied boiteux, une urne de sacrifice ? Il y avait là peut-être la matière d'un demi-dieu. Usez-en donc plus durement avec moi, je vous prie ; je croirai que vous m'en estimez mieux. Me traiteriez-vous par hasard comme un être déchu dont vous n'espérez rien ?

Vous prenez une mesure ordinaire ; vous me toisez de haut en bas et vous dites : Voilà ta grandeur. — Je vous crois. Mais que n'avez-vous ajouté une coudée ? J'y aurais atteint peut-être par émulation. Car je ne suis pas une nature fixe, immuable ; je suis une nature multiple et changeante. Ma compagnie fait une partie de moi-même ; je me rapetisse avec les petits, je grandis avec les grands.

A quoi bon renverser sur la scène l'obstacle des vingt-quatre heures et celui des décorations, si mon âme ne profite pas de ces vastes espaces conquis pour se dilater avec la conscience universelle? Croyez-vous que je sois un enfant devant lequel vous ne puissiez parler des secrets importants de la famille humaine? Je vous assure que je suis plus capable qu'il ne semble d'entrer en communication avec les grandes choses, de m'émouvoir aux crises qui ont changé le monde. Ne pensez pas que je ne puisse plus m'accommoder que de sentiments bourgeois. Vous me rempliriez d'envie en songeant à nos pères qui, chaque soir, visitaient, entre deux rangées de fauteuils, Oreste ou Agamemnon.

Quoi donc! les Atrides, Prométhée, le vieil Horace, Rodrigue, ne sont-ils faits vraiment que pour un parterre de rois? Faut-il être prince du sang pour les entendre? Dans la plus étroite, dans la plus infime carrière, j'ai besoin, sept fois le jour, de hausser mon cœur au niveau de ces personnages. Les laisserai-je faire entre eux une caste? A Dieu ne plaise. Quand je m'élève à eux, je suis leur compagnon de tente. Ils me touchent alors d'infiniment plus près que mon voisin de chambre que vous faites monter sur la scène. Dans mon néant, j'ai besoin autant qu'eux de leur grandeur.

Prêtez-moi donc l'encouragement de vos personnages. J'attends dans ma chute un signe d'eux pour me relever. Qu'ils rendent le ton, l'accent à mon âme détendue. C'est pour cela que je viens les visiter. J'attends pour avancer qu'ils me montrent que le chemin des forts n'est pas impraticable. Qu'un seul être, fût-ce même un spectre, me précède dans cette région ; j'y poserai après lui mon pied avec assurance. Marchez devant moi, fantôme de vertu et d'amour ! je m'engage à vous suivre.

Qui peut dire jusqu'à quel point cette éducation de l'âme par le théâtre a contribué à tenir, dans la Révolution de 89, l'âme de la France dans la région des grandes choses ? Je veux bien que cet élan de l'art tragique ait fini par se perdre sur les nues dans un idéal forcé. Mais ne m'en avez-vous pas trop précipitamment fait descendre ? N'avez-vous pas trop rabattu de mon orgueil originel ? Vous me ramenez aujourd'hui avec une invincible énergie sur la scène, à ma condition, à mon temps, à mon métier, à ma correspondance interrompue. Vous m'enchaînez par exception à une date de circonstance, à mon jour de naissance, à la fête de mon patron. Ne savez-vous pas que j'ai horreur d'être rivé à un moment de hasard, moi qui convoite l'éternité ?

Les voilà rassemblés, sur le théâtre, tous les sophismes de mon cœur, et si j'en ai oublié, vous les avez aperçus. Mais c'est précisément à ce chaos sordide que je voudrais échapper pour me trouver moi-même. Car je sens que ce costume de rencontre n'est pas moi, que la parole qui exprime tout mon être n'a jamais pu sortir du bout de mes lèvres. Je viens à vous, pour que vous me montriez qui je suis. Sous cette dépouille de convention, je m'ignore ; je voudrais, avant de mourir, me sentir non pas tel que les choses, le hasard, la gêne du moment, la timidité de ma condition me font paraître ; je voudrais apercevoir, ne fût-ce qu'un instant, cet homme immortel que je porte en moi et que je ne puis atteindre. Donnez-moi cette joie de l'éternité pour prix de mes applaudissements. Je vous dispense du reste. C'est là ce que font les grands maîtres ; ils me découvrent à moi, dans ma propre substance. Les autres ne me prennent, il semble, que pour un personnage d'occasion, un fâcheux à éconduire, un costume qui va passer de mode. Cela m'humilie d'être considéré ainsi, moi dont la prétention est d'être une personne immortelle.

Le temps n'est pas loin, où toutes les grandes inspirations humaines étaient attribuées à la masse anonyme. La foule seule avait tout fait, l'Iliade, l'Odyssée, les marbres de Phidias et le reste ; les noms propres avaient disparu. Rendez-moi les grands hommes sans lesquels nous périssons !

Surtout ne me parquez pas dans un moment de la durée ; j'ai acquis le droit de cité dans tout le passé. Hier on m'enfermait dans l'antiquité ; aujourd'hui le moyen âge seul est autorisé ; demain à quelle époque sera le privilége ? O pitié ! je n'ai qu'un moment pour m'asseoir sur la terre, à ma place de théâtre, et vous voulez me cloîtrer dans un siècle, dans une décade ! Vous tirez le rideau sur la plus grande partie de ce passé si rapide pour une âme qui se défend de mourir ! Pourquoi faut-il que Pharamond ou Mérovée me tienne plus au cœur qu'Épaminondas ou Dion ? Si c'est l'éloignement qui le veut, où est la limite ? A quelle extrémité du temps poserai-je la borne où mon cœur peut atteindre ? Dix siècles, est-ce ma mesure, ou bien onze, ou bien neuf ? Est-ce cette arithmétique qui décidera de mon attachement pour ce qui n'est plus ?

Vous dites que l'antiquité est trop loin pour vous toucher. Mais combien faut-il de temps pour qu'une chose devienne antique ? Si tout n'est pas éternellement présent et vivant, tout est éternellement vieilli et suranné. Vous qui me parlez, prenez garde, à ce compte, d'être vous-même, dès ce soir, une antiquité ruinée, sans lendemain et sans témoins.

III

Je sais qu'il est imprudent d'exposer ainsi sa pensée au début de son ouvrage. C'est là ce qui s'appelle de nos jours manquer d'habileté ; car il est des temps où les hommes ne demandent à l'art que de les amuser, tant ils ont peur d'être ramenés sérieusement à eux-mêmes. S'ils s'aperçoivent que vous vous proposez autre chose que de les divertir, cela les met aussitôt sur leurs gardes ; ils se défient de votre œuvre, comme d'un piége tendu à leur indifférence. Mais pourquoi en toutes choses cette diplomatie profonde ? Le but vaut-il ce qu'on y sacrifie ? J'en doute.

Dans les grandes époques, ce qui fait le bonheur de l'écrivain, c'est qu'il lui suffit de suivre le courant moral de l'opinion, pour se trouver dans le chemin de la vérité immortelle. En marchant sur les traces de tous, il est sûr de rencontrer le bien. Plus il donne au sentiment public, plus il s'enrichit. On ne sait si l'écrivain suit la foule, ou si la foule suit l'écrivain.

Mais quand celui-ci s'aperçoit que la conscience générale se trouble, j'imagine que ce doit être la fin de l'époque heureuse des lettres. Car il faut que l'écrivain fasse alors sa route seul, sans guide, à ses risques et périls. Il faudrait même, à vrai dire, qu'il se jetât dans le gouffre pour le salut moral du peuple. Or, le gouffre pour lui, c'est l'isolement, l'indifférence ; et dans cet isolement, il finit par s'apercevoir d'une chose, qui doit être l'épreuve la plus douloureuse de l'esprit.

Dans les temps corrompus, en effet, ce qu'il y a de plus triste, le voici : c'est que les œuvres qui ne portent pas le sceau de la corruption semblent factices et le sont en partie. Le vice apparent ou caché devient le sceau du naturel. L'artiste, le poëte, ne peuvent paraître honnêtes gens sans paraître prétentieux. Toute vertu chez eux tient de l'affectation ; c'est pour eux qu'a été trouvé ce mot : « Tes paroles ressemblent aux « cyprès ; ils sont élevés et touffus, mais ils ne « portent pas de fruits. » A ne juger que le naturel, Martial, Pétrone et leurs compagnons d'infamies l'emporteront toujours en simplicité et en grâces, je ne dis pas seulement sur Sénèque et Lucain, mais sur le grand Tacite lui-même. Les premiers sont parfaitement à l'aise, dans le même temps où les autres sont à la gêne et se roidissent. Comment le langage ne se ressentirait-il pas de cette différence ? Les uns restent dans la vérité, quoique triviale, quand les autres touchent à la déclamation. Le goût et la morale se brouillent. L'art est d'un côté, la conscience de l'autre ; ainsi finissent les littératures et les sociétés.

Marchons-nous vers des temps semblables ? Touchons-nous à ce moment où la décadence des peuples se trahit d'une manière fatale, dans la parole et dans l'accent de l'écrivain ? Je refuse de le savoir. Sommes-nous redevenus païens pour obéir au Destin? Je me ris du Destin, la plus vieille, la plus sotte des Divinités écroulées.

Et pourtant, que signifie ce silence de l'esprit dans l'Europe entière? Est-ce le recueillement de la force? est-ce l'assentiment au déclin? Pareil silence de l'âme ne s'est jamais rencontré dans notre Occident. Assurément je crois au génie de notre race, à la destinée de mes semblables dans le plan de l'univers; et, malgré cela, je serais heureux, je l'avoue, d'entendre dans ce néant la voix d'un être animé, fût-ce d'une cigale ou d'un oiseau. Je voudrais, dans ce désert, sentir, en passant, la chaude étreinte d'un vivant. Cœurs faits de la même cendre que moi, hommes, mes frères, compagnons d'un moment sur cette terre, où êtes-vous? M'entendez-vous quand je vous appelle? Ces ombres que je rencontre et qui me fuient, sans voix, sans regard, sans pensée, est-ce vous? Aurore printanière qui précédiez la vie, ne reparaîtrez-vous pas? Soleil de l'intelligence, qu'ai-je fait pour ne plus voir ton lever sur ma tête?

C'est à vous, poëtes, de parler dans ce silence suprême. Je n'ai tenté de le faire que parce que vous vous taisiez. Vous qui savez le chemin des oreilles et des cœurs, vous, les guides acceptés et aimés, *duca mio !* parlez-nous !

Ne laissez pas la nature humaine s'accoutumer

à cette insensibilité, à cet endurcissement de la nature morte. Montrez-moi par un signe qu'une fibre bat encore dans la poitrine de mes semblables. Il faut si peu de chose pour empêcher un monde de mourir !

Dans les temps de cataclysme moral, quand la nature aveuglée menace de disparaître, on est tenté par contradiction, de devenir aussi pur que le premier rayon du monde.

Que ne m'emportez-vous, ô poëtes, sur la cime la plus élevée de la justice, là où le déluge n'arrive pas! Il reste là assurément une place pour un brin d'herbe ; je verrais, à mes pieds, la nature immense renaître de cet atome inviolé.

Chimère ! dites-vous. Jamais l'âme humaine ne fut enveloppée d'une si épaisse cuirasse d'indifférence. Ils se bouchent les oreilles. Qui se soucie, en Europe, de prose ou de vers ? Qui pense encore que la poésie, la philosophie, les lettres, soient une des conditions de la vie sociale ? Chacun s'arrange pour se passer de ces hôtes dont on a trop bien reconnu l'humeur incommode. La curiosité de l'esprit et du cœur n'existe plus chez personne. « Jupiter a changé en pierre le cœur de « ces peuples. »

Et voilà pourquoi il faut toucher ces pierres par la seule parole qui accomplisse les miracles. Gardons-nous de trop mépriser; il n'est pas de plus grand danger. De tous les sentiments, c'est celui dont il est aujourd'hui le plus difficile de se défendre, et c'est aussi celui qui stérilise le plus vite l'esprit de l'homme. C'est pour avoir trop méprisé que l'antiquité est morte. A la fin il ne restait plus chez elle que deux ruines : d'un côté, un groupe d'esprits hautains qui dédaignaient de vivre plus longtemps : c'était le Stoïcien ; de l'autre, un innombrable troupeau qui n'avait jamais vécu, ou qui l'avait oublié : c'était l'Esclave.

Un général polonais (1) m'a raconté que, dans l'une des dernières guerres contre la Russie, ayant conduit son corps d'armée sur les bords du Niémen, sans intention de le franchir, il voulut savoir pourtant si l'autre rive était restée polonaise. Pour cela il rassembla la musique de ses régiments, et il lui fit jouer un des vieux airs de la patrie. A peine les premiers sons eurent-ils traversé le fleuve, il s'éleva de la terre qu'on ne pouvait atteindre (c'était, je crois, Kowno) un murmure confus de voix qui consola le cœur du vieux soldat. Moi aussi, je suis séparé de la rive des aïeux par un fleuve infranchissable. Je frappe l'air de ma cymbale, mais je ne sais si une voix répondra.

EDGAR QUINET.

Bruxelles, 18 avril 1853.

(1) L'illustre général Dembinski.

LES ESCLAVES

PERSONNAGES.

SPARTACUS.
CINTHIE, prêtresse, femme de Spartacus.
STELLA, jeune fille esclave.
GÉTA, esclave germain.
GALLUS, esclave gaulois. } GLADIATEURS.
COTYS, esclave dace.
PALLAS, esclave grec.
PARMÉNON, affranchi.
CRASSUS.
GELLIUS, consul. } ROMAINS.

SCROPHAS, tribun.
LUCIUS, fils de Scrophas. } ROMAINS.
UN AUGURE.
LENTULUS, marchand d'esclaves.
L'ENFANT de Spartacus.
Chœur d'esclaves.
Chœur de femmes.
Chœur des prêtres romains de la Peur et de la Pâleur.
Sénateurs romains, prisonniers.

ACTE PREMIER

La scène est à Capoue, dans le vestibule du cirque des gladiateurs.

SCÈNE PREMIÈRE.

GÉTA, GALLUS, COTYS, SPARTACUS assis et muet pendant les deux premières scènes. Les autres gladiateurs se préparent au combat.

GÉTA, à Spartacus.

Viens, roi tombé, reprends ta couronne de chêne ;

Le peuple te fait grâce aujourd'hui de ta chaîne.
Pour nous voir égorger il affranchit nos mains :
Puissent les dieux payer la bonté des Romains !

(A Gallus et Cotys.)

Sans perdre injustement le temps à les maudire,
Amis, étudions notre dernier sourire.

COTYS.

Ainsi, pour amuser des femmes, des enfants,
On nous verra, dis-tu, contre nous triomphants,
De notre sang fardés, sous un masque de haine,
D'une mort d'histrion déshonorer l'arène ?
L'esclavage a changé les rois en bateleurs !
Le cirque rit déjà sous la pourpre et les fleurs !
Il suffit; j'y consens. Si le ciel est complice,
Que ce soir à son gré Rome se divertisse.
Mais la fête a souvent de tristes dénoûments ;
Peut-être un jour nos fils, cherchant nos ossements,
Secoueront leurs flambeaux sur les cités joyeuses,
Et dans la cendre assis un peuple de pleureuses,
Reste du peuple-roi sous la lance acheté,
Saura rendre à la mort l'antique majesté.

GALLUS.

D'un bon gladiateur fâcheux apprentissage !
Quels éclairs sur ton front promènent cet orage !
Le cirque n'aime pas les noirs pressentiments,
Et d'avance tu perds ses applaudissements.
D'un esprit plus léger, instruit par l'habitude,
Il faut pour l'amuser porter la servitude.
Chaque esclave d'abord sous son fardeau d'airain,
Les yeux cloués à terre, et dévorant le frein,
Semblable à Spartacus, en regrets se consume ;
Puis à porter son joug bientôt il s'accoutume ;
Et, chaque jour, les fers aiguisant les désirs,

Crois-moi, la servitude a ses âpres plaisirs.
Que la lance d'argent brille aux mains de l'athlète ;
Forêts du gui sacré, pays de l'alouette,
Cabane paternelle, enfants près du foyer,
Un battement de main peut tout faire oublier.
Le jour où de nos fers le maître nous délivre,
De son vin écumant la liberté m'enivre.
Je voudrais de mes mains ébranler l'univers ;
Je cherche un ennemi, je brave les enfers.
Quand au cirque à la fin le patron me déchaîne,
O joie ! ô volupté du ciel ! dans chaque veine,
Je sens couler en moi l'orgueil d'un demi-dieu.
Naître est souvent un deuil ! Mourir est un beau jeu !
Qu'est devenu l'esclave ? Il a fait place à l'homme ;
Le véritable esclave à la chaîne, c'est Rome,
Qui, penchée à demi, tremblante, l'œil hagard,
Sur le sable rougi suit mes pas, mon regard...
Et moi qui tiens le glaive et par qui le sang coule,
Je suis pour un instant le roi de cette foule.
Les belles, au sein nu, les bras tendus vers moi,
Pâlissant, tressaillant de plaisir et d'effroi,
M'aiment d'un fol amour : « Qu'il est beau ! » disent-elles.
« Est-ce un Dace, un Gaulois ? ô Vierges immortelles,
« Prolongez, épargnez sa vie encore un jour ! »
Je respire en passant ces paroles d'amour ;
Puis je frappe. Aussitôt du béant vomitoire,
Part un rugissement de la foule : « Victoire ! »
Je m'assieds près du mort. Tandis que de mon flanc,
Je regarde couler goutte à goutte mon sang,
Le licteur à mon front attache la couronne ;
Et déjà du tombeau la vapeur m'environne.
Triomphant, hors du cirque entraîné sur un char,
Chez les dieux souterrains je goûte le nectar.

O grands rois ! ce sont là les plaisirs de l'esclave;
Ils égalent, Cotys, ceux du maître qu'on brave.
Ailleurs que dans le cirque il n'est plus de héros.
Si je meurs par ta main, je te lègue mes os.

COTYS.

Je te lègue en retour ma dernière pensée,
Oracle d'un mourant, ou chimère insensée ;
Écoute, et sois après l'héritier de mes fers.

GALLUS.

Qu'espères-tu ?

COTYS.

L'esclave envahit l'univers.
Villas, palais de marbre et cabanes de chaumes,
Campagnes, ateliers, antres, cités, royaumes,
Lui seul il remplit tout, et même les tombeaux.
Comme les dieux cachés dans les lieux infernaux,
On l'entend respirer, sous terre, au fond des mines.
Sans lui, Rome est absente au pied des sept collines.
S'ils se comptaient un jour !... Si le servile essaim,
Las de livrer son miel et d'endurer la faim,
S'armait de l'aiguillon !... Demain, ce soir peut-être !...
Que deviendraient, dis-moi, les délices du maître ?

GALLUS.

Laisse là du tombeau les folles visions.
La peur te livre en proie à ses illusions.
Est-ce à nous, vil troupeau, de gourmander le pâtre ?
La liberté pour nous est dans l'amphithéâtre.
Tout le reste appartient aux astres ennemis.
Si c'est la dernière heure, embrassons-nous, amis.
Adieu, champs paternels, de l'ours heureux domaines !
Beau cirque au sable d'or ! Adieu, belles Romaines !
Déjà la prophétesse a consulté les sorts ;
Elle vient à Pluton offrir l'hymne des morts.

SCÈNE II.

Les mêmes, CINTHIE.

CINTHIE.

Où s'élève l'autel, quand déjà l'aube brille ?
Où sont les rameaux verts, unis à la faucille ?
Allez puiser l'eau sainte à l'urne des torrents !
Pour appeler les dieux au-devant des mourants,
Depuis quand suffit-il des soupirs d'une femme ?
L'urne vide, le chant tarit au fond de l'âme.

GALLUS.

Quels sont tes dieux, prêtresse ? il n'en est plus pour nous.
Eux-mêmes des vainqueurs embrassant les genoux,
Infidèles et sourds aux hymnes, aux prières,
Sitôt que le flamine a maudit nos chaumières,
Les nôtres ont quitté nos forêts, pur séjour,
Pour le temple banal, amant du carrefour.
Ces lâches courtisans, pour un grain d'ambroisie,
Dans Rome ont mendié le droit de bourgeoisie,
Et, laissant pour tous bien au pauvre leurs adieux,
Des peuples immolés ont déserté les cieux.
Que parles-tu d'autel ? Des chaînes, des entraves,
Des croix de bois, voilà l'offrande des esclaves ;
Leur cœur n'enferme point des paroles de miel :
Va ! tes dieux parmi nous ne vivraient que de fiel.

CINTHIE.

Quoi ! vous avez sitôt oublié la promesse
Que du fleuve sacré reçut la prophétesse,
Quand, les mains pleines d'ambre et ceintes de roseaux,
Les ondines, en chœur, s'assirent sur les eaux ?

De son bec augural, le pic-vert des auspices
Consultait le vieux chêne au bord des précipices ;
Signe qu'un grand État, sur l'abîme incliné,
Va choir entre vos mains, par vous déraciné.

GALLUS.

Prêtresse, il est trop tard pour raconter des songes.
Retranche au bois sacré ces stériles mensonges,
Et, tel qu'un faux devin, chasse le souvenir.
Tu veux prophétiser ! que nous fait l'avenir ?
Triste oreiller du fou qui sur lui se repose !
Qu'il soit d'or ou de plomb, c'est pour nous même chose :
Un mot vide et trompeur qu'on jette à des cieux sourds.
Si tu veux de tes mains nous prêter le secours,
Prépare avec tes sœurs nos tombeaux en silence.
Quand le peuple repu loin du cirque s'élance,
Alors, ensevelis, sans larmes dans les yeux,
Ceux qui vont s'affranchir des hommes et des dieux.

(Gallus, Cotys, Géta, sortent.)

SCÈNE III.

CINTHIE, SPARTACUS, plongé dans une rêverie qui tient de l'égarement.

CINTHIE.

Et Spartacus aussi renonce-t-il à vivre ?
Attend-il en rêvant qu'un songe le délivre ?
Est-il vrai qu'aux enfers son esprit descendu
Habite loin de lui ?

SPARTACUS.

Femme, que me veux-tu ?

CINTHIE.

Te sauver. Souviens-toi du pays des ancêtres ;

Revois les sommets bleus et les troupeaux sans maîtres,
Et la maison de terre aux pilastres de bois,
Sous le mélèze assise. Au seuil entends la voix
Des chevaux qu'a nourris le démon des batailles.
Rappelle-toi le jour des saintes fiançailles,
Quand tu mis dans ma main, toi-même, Spartacus,
Pour présent du matin les anneaux des vaincus.
Partons ! Allons chercher, à travers Rome entière,
Sous les foudres des dieux, notre toit de bruyère.
Les petits des oiseaux nous diront les chemins.
Viens !

SPARTACUS.

Moi ! je suis esclave ; ils m'ont lié les mains.

CINTHIE.

Tu portes dans ces mains la fortune enchaînée ;
Ton âme est souveraine et fait la destinée.

SPARTACUS.

Je suis esclave.

CINTHIE.

Au moins, lève les yeux vers moi ;
Jupiter apaisé m'envoie auprès de toi.
Quand il veut à la fin qu'une cause prospère
L'occasion sourit où l'homme désespère.

SPARTACUS.

Je suis esclave.

CINTHIE.

O ciel ! trois fois, en un moment,
L'enfer a répondu.

SPARTACUS.

Va ! c'est le ciel qui ment !

(Après un silence.)

Pardonne... car ta voix connue à mon oreille
Chez les dieux infernaux m'arrive, me réveille.

Où suis-je ? D'où viens-tu ? Comment ? par quels sentiers ?
Si tu vis, montre-moi les chaînes de tes pieds.
Oh ! parle ! aide mes yeux, mon esprit, ma mémoire.
Un nuage répand sur moi son ombre noire.
Que veulent-ils de toi dans leurs cirques ? Fuis ! pars !
Viens-tu rassasier la faim des léopards ?

CINTHIE.

Ami, je t'appartiens. Plus fière que les reines,
Je viens chercher ici la moitié de tes chaînes,
Par mes enchantements, d'un seul coup les briser,
Si je ne puis les rompre, avec toi les user.

SPARTACUS.

Qui peut appartenir à l'esclave ? Personne.
Il ne possède pas les larmes qu'on lui donne.
Sans femme, sans enfants, sans famille, sans loi,
Rien ne peut être à lui.

CINTHIE.

   Mais je t'appartiens, moi !

SPARTACUS.

Les morts possèdent-ils les vivants, ô prêtresse ?
Sans être descendu chez la noire déesse,
Regarde ! je suis mort ! Ton serment t'est rendu.
Garde-t-on la parole à l'esclave vendu ?
Les mots sacrés ont-ils un vrai sens dans sa bouche ?
On le raille ; sa main souille ce qu'elle touche.

CINTHIE.

Et moi je dis tout haut, mon maître et mon seigneur,
Qu'en toi le monde a mis sa vie et son honneur.
Rends-moi le demi-dieu, salut de notre race !

SPARTACUS.

Tu cherches Spartacus ! Spartacus est en Thrace.
Je suis une ombre, moi ! Pour me railler, dit-on,
Esclave des enfers, ils m'ont donné son nom.

CINTHIE.

Doute (car dans ton mal je veux bien te complaire)
Du soleil des vivants qui te voit et t'éclaire !
Que tout soit à tes yeux fantôme, esprit moqueur;
Mais du moins ce cri sourd, étouffé dans le cœur,
Et ces larmes de plomb si pesantes à l'âme,
Et la plainte de tous par la voix d'une femme,
Ce n'est pas un mensonge, ami, j'en fais serment.
Si tu m'entends enfin, raconte-moi comment,
Dans quel piége tombé, tu connus l'esclavage...

SPARTACUS.

Esclavage ! Déjà tu changes de visage;
Ta langue hésite encore à prononcer ce mot.
En connais-tu le sens ? Tu le sauras trop tôt.
C'était hier, je crois... Que dis-je ?... Des années
Ont marqué ces longs jours de croix empoisonnées.
L'étoile du berger brillait ; loin du sentier,
L'herbe haute des bois me couvrait tout entier.
Je suivais les troupeaux de bisons dans la plaine.
De l'immense forêt je respirais l'haleine.
Mais, sitôt que, rampant par de secrets chemins,
Des hommes nés de terre ont lié ces deux mains,
Mon oreille a cessé d'écouter et d'entendre,
Mes yeux de regarder, mon esprit de comprendre.
Longtemps je me cherchai, sans pouvoir me trouver.
Quel démon à moi-même est venu m'enlever ?
J'appelai Spartacus : je n'osai me répondre.
Vivant, parmi les morts je me sentis confondre.
Si du moins ils n'avaient enchaîné que mes bras !
Mais ces trésors divins que les yeux ne voient pas,
Orgueilleux avenir, dieu caché sous la saie,
Lutte avec le centaure où le héros s'essaie,
Mépris de l'impossible, instinct, pressentiment,

Ces voleurs d'hommes m'ont tout pris en un moment.
Quand même tu pourrais, par un hymne suprême
(Car je sais que ta voix commande aux astres même),
Vainqueur, me ramener au pays des aïeux,
Près du feu des bergers couchés, silencieux,
Que défendent leurs chiens des morsures de Rome ;
Quand même tu saurais changer la brute en homme,
Non, dans ce cœur flétri que je ne connais plus
Ton art ne pourrait pas retrouver Spartacus.
Moi qui sur la montagne où le torrent résonne,
Où le pin chevelu sous la neige frissonne,
Devançais les chevaux engendrés par le Vent !
Moi qui touchais du front le ciel en me levant,
Qui régnais avec l'aigle au milieu des bruyères,
Sans jamais rencontrer murailles ni frontières,
Que suis-je devenu dans ces noires cités ?
Apprends-le par un mot, et pleure à mes côtés.
Le dernier, le plus vil des hommes, s'il est libre,
Me fait baisser les yeux. Dans mon cœur chaque fibre
Tressaille comme si du fond du bois sacré
Un demi-dieu sortait, d'un nuage entouré ;
Et d'infernales voix partent de la poussière :
Baisse-toi ! courbe-toi ! Spartacus, ver de terre !
Et je rampe ! Et le jour se voilant aux regards,
Je sens les dieux d'airain m'écraser sous leurs chars.
Je suis comme un enfant qu'on mène à la lisière ;
Et pas un mot ne sort de ces lèvres de pierre.
Désespoir !... apprends-moi quel philtre ils m'ont versé,
Par quels enchantements mon esprit s'est glacé,
Où j'ai bu le venin, sans que je m'en souvienne.
Peux-tu rompre d'un mot ce sort, magicienne ?

CINTHIE.
Je puis te révéler ce que mes yeux ont vu.

Mon cœur est ébloui de présages. J'ai lu
Les runes flamboyants au livre des étoiles,
Témoin de l'avenir qui te cache en ses voiles.
Un soir que tu penchais la tête sur ta main,
Je vis un noir serpent aux écailles d'airain,
Qui, roulant ses anneaux autour de ton front blême,
De ses magiques nœuds te fit un diadème ;
Et d'horreur avec moi la forêt a tremblé.
En signes plus vivants l'avenir m'a parlé.
Une nuit, je versais l'ambre et l'or sur la myrrhe ;
La torche dans la tour avait cessé de luire ;
J'évoquais tous les dieux en les nommant trois fois,
Quand de terre surgit lentement une croix
Immense, rayonnante et pleine de mystère,
Que dressaient des soldats sur un mont solitaire.
Au milieu des vautours, un esclave inconnu,
Les bras cloués, était à ce bois suspendu.
Les tempêtes déjà se partageaient sa robe ;
Cependant de son front jaillit la nouvelle aube.
Lui-même, je le vis, qui, déliant ses mains,
De sa croix descendit sur le front des Romains ;
Et partout j'entendis un brisement de chaînes ;
Jusque dans les tombeaux, les cendres souterraines
Se levèrent disant : Voici notre sauveur !
Chaque esclave aussitôt affranchi de la peur,
Libre, suivait les pas du prince des esclaves.
Ce grand libérateur qui brise les entraves,
Ce fils de l'avenir qu'invoque l'univers,
Ce roi que les bannis choisissent dans les fers,
Qui peut-il être ? Toi, si tu connais ta force.
Les chênes ont écrit ton nom sur leur écorce ;
Partout interrogés, la verveine et le gui
Couronnant Spartacus, ont répondu : C'est lui !

SPARTACUS.

Je ne sais quel démon se rit de mes supplices.
Quand tu parles, d'abord, j'ai foi dans les auspices.
Mais à peine ta voix se tait ou s'interrompt,
Les ombres des enfers repassent sur mon front.
Le silence, bientôt, dans mon esprit ramène
Mes hôtes familiers, le désespoir, la haine,
Le dédain de moi-même et l'incrédulité.
Si les dieux me rendaient un jour la liberté,
Qu'en ferais-je? Où porter l'ennui qui me surmonte?
Que devenir? Où fuir? Où dérober ma honte?
Quand même en ce moment la couronne des rois
Sur ma tête viendrait se poser à ta voix,
Quiconque me verrait, lisant jusqu'en mon âme,
Sous le roi triomphant reconnaîtrait l'infâme.
Libre! Que servirait de l'être? Quoi! j'irais
Traîner un bout de chaîne au fond de nos forêts
Pour que le monde crie, en me voyant paraître:
« C'est lui, c'est Spartacus; il a volé son maître;
« C'est l'esclave échappé du marchand Lentulus. »
Car, pour marquer au front le troupeau des vaincus,
Faut-il broyer leur chair sous la dent des tenailles?
Non! non! dans mes regards, jusque dans mes entrailles
Dans mon air et mon geste, à chacun de mes pas,
Dans mon ombre rampante, ici, ne vois-tu pas
Quelque chose d'étrange, une brûlante empreinte
Que laisse le fer chaud avec sa vile étreinte?
Comme un feu mal éteint, qui sait si chez les morts,
Quand tout est dissipé du souvenir des corps,
Cet opprobre vivant, dans la demeure sombre,
Ne suit pas aux enfers l'esclave après son ombre?

CINTHIE.

La terre des vivants n'espère plus qu'en toi.

SPARTACUS.

Terre libre et sans tache, elle a besoin d'un roi
Qui jamais n'ait courbé la tête sous la foudre.
J'ai trop vécu d'un jour ; qui pourra m'en absoudre ?
Le grand fleuve dormant dans l'antre du glacier,
Que dis-je ? le brin d'herbe et la fleur du sentier,
Refuseraient mon joug, si le troupeau des hommes
Me prenait pour pasteur dans la honte où nous sommes.

CINTHIE.

Puisqu'à tous mes accents tes esprits restent sourds,
J'appelle malgré toi les dieux à mon secours.
O dieux de mon pays que la tempête assiége !
Jupiter pluvieux au blanc manteau de neige !
Dieux pauvres ! si jamais j'ai de lait et de miel
Empli l'urne de terre au seuil de votre ciel,
Si jamais j'apportai d'avance leur pâture
A vos chevaux sacrés, errant à l'aventure,
Par le feu des naseaux, par la corne du pied,
Par le bois de la lance et l'or du bouclier,
Dieux d'argile, dieux bons, venez, je vous supplie
Quittez le panthéon où l'on vous humilie.
Sortez du camp romain et venez parmi nous.
Dieux indigents, aimez ceux qui n'ont rien que vous.
Sur vos chars étoilés d'où descend l'allégresse,
Visitez cet esprit dans sa noire tristesse ;
De vos sceptres brisez les invisibles fers
Que lui-même il se forge, artisan des enfers !

SPARTACUS.

S'ils venaient parmi nous tes dieux lares d'argile,
Sans toit et sans foyer, quel serait leur asile ?

CINTHIE.

Le cœur de Spartacus.

SPARTACUS.

Riche temple, en effet!
Pour nourrir les serpents, certes, il est bien fait.
Il est un jour maudit que chaque jour ramène :
Quand, en proie aux regards de la louve romaine,
J'ai suivi sans mourir, du Tibre au Quirinal,
L'ornière du vainqueur sur son char triomphal ;
Parle! que faisais-tu dans ce jour de détresse ?
Marchais-tu près du char? me suivais-tu, prêtresse?

CINTHIE.

Je marchais conduisant notre enfant sur tes pas.

SPARTACUS.

Ces grands hommes ont-ils aussi lié ses bras ?

CINTHIE.

Je lui disais ton nom, et, relevant la tête,
Sous les haches de Rome, il riait de la fête.

SPARTACUS.

Mon fils esclave aussi! Ses yeux se sont ouverts
Pour voir son père esclave amuser l'univers.

CINTHIE.

Laisse au peuple, au sénat leur butin de fumée.

SPARTACUS.

Mon enfant me méprise !

CINTHIE.

Il sait ta renommée.

SPARTACUS.

Mon nom me fait rougir.

CINTHIE.

Ton nom, l'ignores-tu?
Est un enchantement qui surpasse en vertu
L'or et l'encens mêlés au sang divin des plantes,
Dans la coupe magique où boivent les bacchantes.
A peine on le prononce, un long éclair le suit.

J'entends les dieux parler dans l'horreur de la nuit ;
Et loin des fils du jour, glissent dans leurs repaires
Les nornes sur leurs chars attelés de vipères.

SPARTACUS.

Qui ! moi ! Quelqu'un voudrait m'aimer ou me haïr !
Se peut-il qu'un esprit consente à m'obéir ?

CINTHIE.

Le mien guide après lui les astres sur nos têtes ;
A mes hymnes sacrés j'enchaîne les tempêtes ;
Je commande aux flots noirs qui brisent les vaisseaux ;
Mais je te suis soumise au milieu de tes maux.

SPARTACUS.

Ainsi je ne suis pas pour toi le ver de terre,
Que le char du consul écrase en son ornière ?

CINTHIE.

Merci, grands dieux ! j'ai vu le héros s'éveiller.
L'avenir sur ton front recommence à briller ;
Dis un mot. Mille échos t'attendent sur le Tibre.
Affranchis-toi : ce soir, la terre sera libre.
Cette foule sans nom que Rome ne voit pas,
Ce muet univers qui marche le front bas,
Nourrit au fond du cœur une sainte étincelle.
Le monde esclave attend quelque bonne nouvelle ;
Et plus près qu'on ne croit des sublimes sommets,
Il grandit... Sans parler, il mûrit ses projets.
Pousse un cri, tu verras surgir de la poussière
Hors du chaos servile un monde de lumière.

SPARTACUS.

Tu m'as vaincu, prêtresse ! Enfin je reconnais
L'oracle souverain ! Je cède, je renais.
Tes incantations étouffent le blasphème.
Que ton philtre est puissant ! Il me rend à moi-même !

CINTHIE.

C'est à toi d'achever la victoire des dieux !
Autrefois j'entraînais, sur de pâles essieux,
La lune au char d'argent criant dans la bruyère ;
Aujourd'hui si j'ai pu rappeler sur la terre
L'esprit de Spartacus errant parmi les morts,
C'est l'ouvrage des dieux. Soyez bénis, dieux forts !

(Elle sort.)

SCÈNE IV.

SPARTACUS.

Est-ce moi qui l'ai dit ? Libre ? parole étrange !
En l'écoutant vibrer, tout resplendit, tout change !
Libre ! deux fois ma langue ici l'a prononcé,
Ce mot que j'avais cru par la rouille effacé.
Eh quoi ! ce que je fus, je pourrais encor l'être !
Le vermisseau rampant redeviendrait !... peut-être.
Pourquoi non ? Qui l'empêche ou des dieux ou de moi ?
Eux qui m'ont fait esclave, après m'avoir fait roi,
Ont-ils rien pu m'ôter qu'il ne faille me rendre,
Si jusqu'entre leurs mains j'ose aller le reprendre ?
Ces pieds ne m'ont-ils pas porté sur des sommets
Que les Olympiens ne foulèrent jamais ?
Le sang ne bout-il plus dans ce cœur, dans ces veines ?
Ce sein n'enferme-t-il que des colères vaines ?
Moi captif, délier les mains des nations !
Ouvrir d'ici la route à leurs ovations !
Quel jour !... voici ce jour ! il s'allume, il se lève !
J'entends surgir des flots le soleil de mon rêve !

SCÈNE V.

SPARTACUS, SCROPHAS, TRIBUN; LENTULUS, MARCHAND D'ESCLAVES.

SCROPHAS, à Lentulus.

Le peuple, Lentulus, compte aujourd'hui sur toi ;
Il attend un combat digne de lui, de moi,
Qui des Thraces vaincus consacre la mémoire.
Que la fête en un mot soit ce qu'est la victoire.
Je te prête ce soir mes clients, mes licteurs ;
Mais où donc est le chef de tes gladiateurs ?

LENTULUS, montrant Spartacus.

Le voici, sous tes yeux.

SCROPHAS.

Et que vaut ce grand homme ?

LENTULUS.

Cent mines.

SCROPHAS.

C'est beaucoup, s'il survit... Il se nomme ?

LENTULUS.

Spartacus.

SCROPHAS.

De Sparte ?... Oui ; le nom ne messied pas.
Est-ce un petit-neveu du Grec Léonidas ?

LENTULUS.

C'est un Thrace.

SCROPHAS.

Comment ! le petit roi barbare ?

LENTULUS.

Lui-même.

SCROPHAS.

Mais on dit que son esprit s'égare.
Il est fou, je le sais.

LENTULUS.

Ceux qui sont comme lui,
Front pâle, yeux plombés, pleins d'un sauvage ennui,
Marchandant moins leur sang, amusent mieux l'arène.
Au-devant de l'épée un démon les entraîne.
Rêvant de leur pays, nus et sans boucliers,
Leur tristesse est plaisante aux yeux des chevaliers.
Rien ne vaut dans le cirque un roi qu'on déshonore.
Il meurt au moins deux fois, et Rome entière adore
Quiconque peut fournir des spectacles si beaux.
Le moindre candidat y gagne les faisceaux ;
Car le sang bien versé fait la plèbe idolâtre,
Et les voix du Forum se vendent au théâtre.

SCROPHAS.

S'il est ainsi, c'est bien ; je ne marchande plus.

(A Spartacus.)

Salut donc, ô héros ! demi-dieu, Spartacus !
J'incline les genoux, roi, devant ta fortune.
Ta noblesse me plaît, et d'une main commune,
Tu ne peux recevoir le couteau dans le sein.
D'une âme magnanime épouse mon dessein.
Je t'ouvre mes trésors, n'épargne pas la somme.
Choisis, achète un roi dans le butin de Rome,
Qui puisse sans blesser, chez toi, la majesté,
Donner le coup mortel à ton éternité.

SPARTACUS.

Je n'attendais pas moins de ta munificence,
Tribun. Repose-toi sur ma reconnaissance.
Mais pour fêter ta gloire est-ce assez d'un mortel ?
Veux-tu te contenter d'un vulgaire duel,

Pour qu'on dise de toi : « Son insipide fête
« Avare de combats ressemble à sa conquête :
« Des promesses, du vent, et des mots; point d'effets ? »
Non, non, pour égaler le cirque à tes hauts faits,
Il te faut y verser à pleines mains la foule.
Que le sang à tes pieds ainsi qu'un fleuve coule.
Que des peuples entiers obstinés à périr,
Viennent te saluer avant que de mourir.

LENTULUS.

Chacun de ses discours appartient à l'histoire.

SCROPHAS, à Spartacus.

Que ta majesté vive au temple de mémoire !
Ce soir, je te fais roi des Gaulois, des Germains.
De l'Orient je mets le sceptre dans tes mains.
Que te faut-il encore ? Un masque ? un diadème ?

SPARTACUS.

Des glaives.

SCROPHAS.

   Ils sont là. Farde un peu ce teint blême
Avant que de régner. Dans une heure, en mon nom
Tu baiseras le bord du manteau de Pluton.
Si tu meurs en riant, j'affranchis ta grande âme,
Et j'achète après toi ton fils avec ta femme.
Adieu, pasteur des rois !

SPARTACUS.

   Adieu, libérateur !

(Scrophas et Lentulus sortent.)

SCÈNE VI.

SPARTACUS, GALLUS, COTYS, GÉTA, PALLAS, PARMÉNON,
Foule d'esclaves.

SPARTACUS.

C'est bien ! La tragédie attend le spectateur.
Venez, amis ; ce sont des glaives, non des chaînes,
Que la fortune sème au champ clos des arènes.
Entre nous partageons ce fer qui nous sourit.

(Les esclaves se distribuent les glaives.)

Le fer aime l'esclave.

GALLUS.

En tuant il guérit.

(A Spartacus.)

Que des maux à venir ce glaive te délivre !

SPARTACUS.

Mourir ! Pourquoi plutôt n'essayez-vous de vivre ?
La nuit m'a conseillé.

GALLUS.

Vraiment, elle a parlé ?
Pour sourire attendons que le sang ait coulé.

SPARTACUS.

Il est un autre dieu que la mort pour l'esclave.

GALLUS.

S'il est un autre dieu, dis-lui que je le brave.

COTYS.

Le temps manque à l'oracle. Est-ce ton testament ?
Que faut-il faire, enfin ?

SPARTACUS.

Profiter du moment ;
Dans le cirque puiser une immortelle vie,

Sur son banc de théâtre où Rome vous convie,
La forcer d'applaudir à son dernier instant,
Au milieu de ses jeux l'écraser en chantant,
Jeter sa cendre vile aux sifflets de la Thrace.
Ce qu'il faut? Regarder tout homme libre en face,
Tourner les glaives nus contre les légions,
Sous leur masque étouffer les peuples histrions,
Et rendre leurs déserts aux louveteaux du Tibre.

GÉTA.

L'esclave regarder en face l'homme libre!
Des yeux le mesurer et s'égaler à lui!
Certe, il est plus aisé de mourir aujourd'hui.
Ami, ne sais-tu pas qu'au troupeau qui va paître,
Le joug est moins pesant que le regard du maître?
Sa parole nous tue avant qu'il ait frappé;
D'un nuage d'encens il est enveloppé.
Devant l'œil du patron tout esclave recule,
Des dieux eût-il reçu l'héritage d'Hercule.

SPARTACUS.

Consultez donc vos bras, s'il vous manque le cœur!
Dans la pourpre habillés, les maîtres vous font peur?
Otez-leur ce manteau qui fait leur renommée,
Et voyez ce qui reste après tant de fumée.
Qu'ont-ils donc plus que vous tous ces beaux demi-dieux?
De l'encens à leurs pieds, du nard à leurs cheveux.
Comme eux, n'avez-vous pas un cœur qui sent l'injure,
Deux yeux pour mesurer l'endroit de la blessure,
Deux pieds prêts à bondir au-devant des Romains,
Et pour frapper, comme eux, n'avez-vous pas deux mains?
Hercule a déposé sa massue en vos âmes;
Mais tous ces grands héros, ces hommes sont des femmes!

GALLUS.

Ce ne sont pas leurs bras, ni leurs glaives d'airain,

Qui leur donnent sur nous le pouvoir souverain.
Mais leur dieu les a faits d'une meilleure argile ;
Il a choisi pour nous un moule plus fragile ;
Il leur a dit : Régnez ; à nous : Obéissez.
Acceptons notre lot, l'œil et le front baissés.
Voulons-nous corriger les destins ? Quoi qu'il fasse,
Vêtu de fer, l'esclave est nu sous sa cuirasse.
Toujours contre lui-même il tourne son poignard.
Du suicide aveugle il fait sa loi, son art ;
Et sauvant ce qu'il hait, détruisant ce qu'il aime,
Jamais il ne saura bien tuer que lui-même.

SPARTACUS.

Aux glaives j'ouvrirai le chemin. Suivez-moi.
Venez ! je me souviens que Spartacus fut roi.

GÉTA.

Maître, je te suivrai, car j'ai besoin d'un maître.
Mais si la terre s'ouvre, et si l'on voit paraître
Les serviles Titans qui, sous un ciel de fer,
Tiennent Odin captif de l'éternel hiver ?...
On dit que l'homme libre est au-dessus du glaive,
Qu'un rempart invisible autour de lui s'élève,
Que nos traits conjurés se tournent contre nous.

SPARTACUS.

Sachez vouloir ! Je mets le monde à vos genoux.
Au nouvel avenir ouvrez votre pensée,
Votre œil à la lumière, et Rome est renversée.

PARMÉNON.

Quel malheur qu'un grand homme ait perdu la raison !
Il a laissé la sienne au fond de sa prison.
Pauvre fou Spartacus ! C'est pitié de l'entendre,
De grands mots enivré qu'il ne saurait comprendre,
Évoquer les lambeaux d'un génie avorté.
J'avais toujours prédit, quand il fut acheté,

Qu'il finirait ainsi, devin, rêveur, prophète,
D'ailleurs méchant esclave, et cœur privé de tête.
Gardez-vous d'obéir aux rêves d'un fiévreux.
Non! non! Tout ce que peut l'esclave sérieux,
C'est d'apprendre d'abord à ramper avec grâce,
Et céder son soleil à toute ombre qui passe,
Courtiser le patron en ses moindres désirs,
Partout s'insinuer au fond de ses plaisirs,
Gémir, s'il dort meurtri par le pli d'une rose,
Cesser d'être homme, enfin, pour être quelque chose.
Voilà comment on plaît, par quel art réfléchi,
Endormi dans les fers, on s'éveille affranchi.
De Parménon, le Grec, croyez l'expérience.
Ramper pour être libre est toute une science;
Et c'est peu de l'apprendre, il faut la deviner;
Mais un barbare seul a pu s'imaginer
Que le glaive grossier défaisant son ouvrage,
Lui-même dénouerait les nœuds de l'esclavage.

PALLAS.

Ces nœuds si complaisants, pourquoi les dénouer?
Fêter la liberté, n'est-ce pas se jouer?
Cette vieille déesse à la vide mamelle,
Nous la connaissons trop pour rien espérer d'elle.
Peut-elle nous donner ce qui manque à son ciel,
Cirques, vins couronnés de safran, pains de miel?
Laissons-la dans son temple, attendant l'ambroisie,
Vivre du brouet noir qu'on nomme poésie.
A tout considérer, que voulons-nous, amis?
Que tous portent le bât, au même frein soumis,
Que nul esprit ne soit plus haussé que les nôtres,
Qu'aucun épi gourmand ne dépasse les autres,
Sous la meule foulés que tous également
Rendent sans avarice un semblable froment.

Dites, n'est-ce pas là notre espoir, notre rêve ?
Sans heurter les destins, permettez qu'il s'achève.

COTYS.

Nous voilà partagés, sans avoir combattu ;
Je trouve en leurs discours une égale vertu,
Et mon esprit flottant, à lui-même contraire,
Se trouble ; je ne sais que résoudre, que faire.

SPARTACUS.

Si les mots corrompus couvrent l'avis des cieux,
Faisons silence, amis, nous entendrons les dieux.
Suivez les actions, non les mots dans l'arène ;
Laissez parler le fer après les Grecs d'Athène ;
Jamais il ne mentit. A moi, Daces, Germains !
Préparons leur pâture aux lions africains.
Venez, c'est par ici que l'on retourne en Thrace !

COTYS.

Le sort en est jeté ! marchons ! suivons sa trace !

(La foule des esclaves s'apprête à le suivre.)

SCÈNE VII.

Les mêmes, LENTULUS.

LENTULUS.

Gladiateurs, entrez ! Rome entière est ici.
Le consul a donné le signal.

SPARTACUS.

Nous voici !

(Il sort l'épée à la main ; tous le suivent dans le cirque en se précipitant contre les licteurs et les gardes consulaires.)
(Le théâtre s'ouvre ; on voit au fond de la scène le peuple assis sur les gradins ; il prend la fuite et se disperse devant les esclaves gladiateurs.)

SCÈNE VIII.

CHŒUR D'ESCLAVES.

L'esclave est roi ! Gloire à l'esclave !
Il est entré ; Rome a pâli.
Le volcan a jeté sa lave ;
Le vieux monde est enseveli.
Le bœuf promis au sacrifice,
Avant que son sang ne jaillisse,
Renverse le prêtre et l'autel.
Liberté, fille du mensonge,
Ton peuple-roi n'était qu'un songe ;
L'esclave seul est immortel.

Le cirque autour de lui s'écroule ;
Les cités scellent leurs tombeaux ;
La foule disperse la foule ;
Des morts s'éteignent les flambeaux.
Seul il survit à toute fête,
Aux temples frappés par le faîte,
Aux nations et même aux dieux.
Toujours le même, quand tout passe,
De son front où rien ne s'efface,
Il porte la voûte des cieux.

Vidons la coupe de l'empire,
A son festin asseyons-nous.
Dans sa pourpre qui se déchire,
Rome se traîne à nos genoux,
Captif de la loi qu'il se donne,
Obéissant quand il ordonne,

L'homme libre adore son frein.
Sur lui que la cité périsse !
L'esclave a pour loi son caprice ;
Des déserts il est souverain.

Postérité, vide fumée,
Aïeux qu'on ne reverra plus,
Songe d'une ombre, renommée,
Salaire qu'il laisse aux vaincus !
Au lieu du rêve, il tient les choses,
Au bord de l'amphore, les roses,
Au fond du temple, le butin.
Au sépulcre il prend la guirlande,
A l'autel affamé l'offrande,
Et découronne le Destin.

Assis sur les chaises d'ivoire,
Dans la coupe mêlant le miel,
Sans lendemain et sans mémoire,
Goûtons un présent éternel.
Voyez au loin ramper le Tibre !
Il demande son peuple libre
A ses déserts muets d'effroi.
Le sombre chœur des dieux serviles,
En brisant du marteau les villes,
A répondu : « L'esclave est roi ! »

ACTE II

La scène est à Capoue, au milieu des ruines d'un cirque et d'un temple.

SCÈNE I.

CINTHIE, STELLA.

CINTHIE.

Oui, parle-moi, Stella, comme à ta sœur aînée.
Au milieu des chansons, de myrte couronnée,
Tu pâlis, tu rougis en un même moment.
Est-ce tristesse, peur, ou noir pressentiment ?
Quand l'ivresse montait au cerveau de la foule,
Que l'esclave riait du monde qui s'écroule,
Tu pleurais ; sans parole, assise sur le seuil,
Dans la fête de tous, veux-tu porter le deuil ?
Chère enfant, réponds-moi. Tu trembles, tu frissonnes ;
Tes doigts, comme en un rêve, effeuillent les couronnes.
Quand nos mains d'une eau pure étanchaient le saint lieu,
J'ai vu tes pleurs tomber dans la coupe du dieu.
Le gynécée est loin où tu vivais captive.
Crains-tu que l'économe à ton œuvre attentive,
T'accuse de sourire, avant que le fuseau
N'ait achevé sa tâche empruntée au roseau ?
Pourquoi ces noirs habits de pleureuse ? Peut-être
As-tu peur que ces murs ne redisent au maître
Qu'un long jour s'est passé sans le pleurer absent ?
Il est loin de ces murs, le maître tout-puissant.

Il ne reverra pas ses pénates de pierre
Lui sourire au retour sous leur bandeau de lierre.
Du vain bruit de ses pas cesse de t'effrayer ;
Ses lares ameutés l'ont chassé du foyer.

STELLA.

Et tu veux que mon âme habite dans la joie,
Tu veux qu'à leurs festins, en riant je m'assoie,
Quand la maison déserte insulte le patron ?
Ah ! plutôt visiter l'odieux Achéron !
Pourquoi contre le maître ont-ils tourné leurs armes ?
Mes larmes sont à lui ; je n'ai rien que mes larmes.
Va ! laisse-moi pleurer comme on pleure les morts !
Adieu, maison du maître ! asile d'où je sors !
Longs portiques croulants, murs promis aux broussaill
Salles vides ! silence ! écho des funérailles !
Adieu ce que j'aimais de mon unique amour !
La nuit s'est répandue à la face du jour.

CINTHIE.

Ainsi tu veux pleurer ta prison ?

STELLA.

J'y suis née.

CINTHIE.

Tes fers ?

STELLA.

Mon seul amour me tenait enchaînée !
N'appelle pas prison la rustique villa,
Où près de la matrone a grandi ta Stella,
Les murs du gynécée où l'on filait la laine,
Le jardin clos de buis, semé de marjolaine,
L'atrium où chantaient les oiseaux prisonniers,
Le vivier frissonnant au pied des châtaigniers !
C'était là mon pays. J'aimais jusqu'au dieu Terme
Par qui le seuil ouvert en criant se referme.

Que ne puis-je y rentrer! que ne puis-je revoir
Les béliers conduisant les troupeaux au lavoir!
Je m'assiérais à terre auprès de la cigale,
Afin qu'avec son chant ma plainte aussi s'exhale.

CINTHIE.

Si ton cœur reste épris de quelque pan de mur,
Souviens-toi du patron. Que son joug était dur!
L'as-tu donc oublié?

STELLA.

Ne parle pas du maître,
Comme tu fais, Cinthie, avant de le connaître.
Son esprit n'est pas loin; il entend nos discours,
Et, fût-il sous la terre, il commande toujours.
Ainsi que Jupiter, assis sur les nuages,
Partage les soleils, les vents et les orages,
Il régnait, dieu mortel, dans toute la maison,
Lui-même mesurant la tâche à la saison,
La charrue à l'automne, à l'été la faucille;
Et ses hôtes divins nous nommaient sa famille.
Où sont les jours heureux quand, après les combats,
Les bouviers escortaient le tribun des soldats?
Au milieu des grands socs renversés dans les landes,
Il rentrait tout armé sous un toit de guirlandes.
Sa femme dénouait son lourd casque d'airain;
Son enfant conduisait son cheval par le frein.
Moi-même j'apportais une corbeille pleine
Des travaux de la nuit, nattes, habits de laine,
Long pallium tissu des tresses des chevreaux.
J'étendais ces présents sous les pieds du héros.
Car, souvent dans la nuit, reprenant mon aiguille,
J'avais recommencé la tâche de sa fille.
Et lui me regardant, il me disait: C'est bien!
Ayez tous pour l'ouvrage un cœur semblable au sien.

Et toute la maison ouverte à l'allégresse
Chantait: Salut! ô Paix! salut, bonne déesse!
Ah! qu'est-il devenu, le maître que j'aimais?
Apprends-moi si mes yeux le reverront jamais.
Et sa divine épouse, et sa fille?

CINTHIE.

L'épée
Dans le sang d'aucun d'eux ne s'est encor trempée.

STELLA.

Le jeune Lucius voit-il aussi le jour?
Lui, le fils préféré du maître, son amour!
Sans le beau Lucius toute maison est veuve,
Et de pleurs éternels la pleureuse s'abreuve!

CINTHIE.

Tes maîtres sont vivants, sois tranquille! Ils pourront
Te remettre les fers au pied, le joug au front.

STELLA.

Ils vivent! c'est assez! ô parole bénie!
Le dieu de leur maison est un puissant génie.
Il les ramènera par le même sentier,
Et rendra l'héritage aux mains de l'héritier.

CINTHIE.

Ah! prends garde, Stella, d'en dire davantage.
Quoi! dans la liberté, tu pleures l'esclavage!

STELLA.

Mais toi, qu'appelles-tu de ce mot liberté?
Et quel est donc ce bien par vous tous si vanté?
Se peut-il qu'à ce fruit la lèvre s'accoutume?
Je n'en ai jusqu'ici goûté que l'amertume!
Comment porter le poids du jour sans le patron?
Cela se comprend-il? Dès que le bûcheron
Met la cognée au pied du chêne et le terrasse,
Le lierre survit-il au vieux tronc qu'il embrasse?

Que devient la couvée au bord des nids joyeux,
Portés par les cent bras du chêne dans les cieux,
Quand tombe le géant, orgueil de la colline?
Tout un monde avec lui périt dans sa ruine ;
Les petits passereaux dans leur duvet rampants,
Se traînent hors du nid, au-devant des serpents.

CINTHIE.

Et quels sont les serpents dont tu crains les morsures?
Mais non ! j'ai vu trop bien où saignent tes blessures...
Les esclaves sont là, qui sortent des banquets.
Ils viennent. Fuis, loin d'eux, va cacher tes regrets.

(Elles sortent.)

SCÈNE II.

SPARTACUS, GÉTA.

GÉTA.

L'ennui trône avec moi sur les chaises d'ivoire.
Vainqueurs, que faut-il faire, enfin, de la victoire?

SPARTACUS.

Prendre une âme royale.

GÉTA.

     Oui, je l'entends ainsi ;
Le conseil est facile à suivre, Dieu merci !
Le monde est renversé ; nous occupons le faîte.
Imitons les patrons en tout, hors la défaite.
Leur rendre tous les maux que nous reçûmes d'eux ;
En inventer encor d'inconnus à nous deux ;
Pendant qu'ils combattront ensemble, à notre place,
Comme eux rire aux éclats de leur sang qui se glace;

12.

Faire signe du doigt qu'il est temps de mourir ;
Et voir l'âme aussitôt par la plaie accourir ;
C'est là, dans le butin faisant la part égale,
Pour parler comme toi, prendre une âme royale.

SPARTACUS.

Mon orgueil va plus haut ; et ce ne serait rien,
Après ce que je suis, d'être un patricien.
Je m'estimerais peu de refaire la tâche
De ceux que j'ai brisés au tranchant de la hache.
Depuis hier le monde a changé de chemin ;
La chute serait grande à n'être qu'un Romain.
N'avons-nous donc frappé que d'aveugles murailles ?
Voulons-nous relever les morts des funérailles ?
Recommencer si tôt la tâche des vaincus,
Est-ce vaincre, Géta ?

GÉTA.

Tu rêves, Spartacus.

SPARTACUS.

Quoi ! rien n'aurait changé sur la terre qu'un homme,
A la place d'un autre ! et j'aurais détruit Rome
Pour devenir Romain ! Cela ne sera pas.
Quoi ! j'aurais renversé leurs villes sous mes pas,
Pour ramasser leur masque avec leur laticlave,
Changeant l'esclave en maître et le maître en esclave ?
Je jouerais après eux, chaussé du brodequin,
Le personnage usé de quelque vieux Tarquin ?
Non, jamais !

GÉTA.

Ah ! tu fais la victoire trop sombre.
Veux-tu lâcher la proie en poursuivant son ombre ?
Quel que soit entre nous ton dédain affecté
Pour les biens, les hochets de la vieille cité,
Les titres qu'elle donne avec la renommée

Nous chatouillent le cœur d'une noble fumée.
Tu peux être consul. Le veux-tu ? Les licteurs
Ouvriront devant toi le flot des sénateurs.
Grand prêtre, aimes-tu mieux, vêtu de la robe ample,
Planter le clou sacré dans la porte du temple ?
Tu le peux. Et déjà les esclaves nouveaux,
Couronnés d'infamie, attachent leurs bandeaux.

SPARTACUS.

Des esclaves encor ! Tu ne rêves qu'esclaves !
Regarde bien ; ton âme a gardé les entraves
Qui manquent à tes mains. Assez de ces faux noms,
Consuls, patriciens, sénateurs et patrons,
Vieux piliers sur lesquels le vieux monde repose,
Qui, différents entre eux, disent la même chose,
Bassesse des petits, insolence des grands,
Édifice d'orgueil fondé sur tous les rangs.
Si je prenais pour moi ces noms par habitude,
Je croirais revêtir l'ancienne servitude.
Laissons ce qu'a fait Rome et faisons autrement ;
Elle eut son siècle d'or, ayons notre moment.
Écoute-moi, Géta, si tu veux me connaître.
J'entrevois tout un monde impatient de naître,
Sans stigmates au front, et sans chaînes au cou ;
On n'y connaîtrait plus d'esclaves.

GÉTA.

Es-tu fou ?

SPARTACUS.

Plus d'hommes achetés par des hommes.

GÉTA.

Tu railles.

SPARTACUS.

La mort nivellerait partout les funérailles,

Chaque enfant au berceau connaîtrait ses parents,
Et les petits auraient des droits comme les grands.
GÉTA.
Ce monde est impossible.
SPARTACUS.
Et c'est là ma patrie.
Sublime vision !
GÉTA.
Honteuse raillerie !
SPARTACUS.
Non, ce n'est pas railler que fonder la cité
Et la vouloir bâtir sur la seule équité,
Qu'en élargir l'entrée et maintenir la porte
Ouverte toute grande au bon droit qui l'emporte.
Plus d'esclaves, te dis-je ! Il n'en faut plus souffrir.
GÉTA.
Et c'est là le butin que tu veux nous offrir ?
Plus de maîtres sans doute ! admirable équilibre !
Comment puis-je savoir que c'est moi qui suis libre,
Si je ne vois personne, esclave comme nous,
Ramper, prier, pleurer, gémir à nos genoux ?
Et comment être sûr que j'ai vaincu les autres,
S'ils ne portent au cou mes chaînes et les vôtres ?
Mon triomphe à ce prix ne serait qu'un affront.
Puis, sans colliers au cou, sans stigmates au front,
Qui voudrait moissonner pour me donner la gerbe,
En ne gardant pour soi rien que la mauvaise herbe ?
S'il fallait à ce point avoir peur d'abuser,
Qui voudrait à la fin mourir pour m'amuser ?
Eh ! qu'a besoin de lois la nouvelle patrie ?
Ton esprit va chercher trop loin son Égérie ;
Tu la mets au-dessus du monde où nous passons :
La nôtre est tout entière en ce mot : Jouissons.

Pour essayer nos cœurs aux douceurs souveraines,
Donnons-nous avant tout le plaisir des arènes ;
C'est aux maîtres tombés d'y descendre à leur tour.
Nous jugerons les coups sans haine et sans amour.

SPARTACUS.

Rebâtir de nos mains si tôt l'amphithéâtre !
Le briser en granit pour le refaire en plâtre.
Ramener les lions que j'ai chassés d'ici,
N'est pas mon premier vœu, ni mon premier souci.
Je crois que nous pouvons tenter d'autres miracles ;
Et, pour te l'avouer, ce sont d'autres spectacles
Que Spartacus vainqueur promet à l'univers.
Tout noble qu'est le sang d'un lion des déserts,
Qui poursuit dans le cirque un homme et qui le broie,
Le monde s'en dégoûte ; il veut une autre joie.
Des plaisirs des vaincus, pas un ne me séduit ;
J'étouffe en leurs palais où l'opprobre me suit.

GÉTA.

Ainsi tu vas bâtir ta cité dans la nue ?

SPARTACUS.

Je fuis une cité qui m'est trop bien connue.
Ici je lis ma honte écrite sur les murs ;
Je doute, en les voyant, si les peuples sont mûrs,
Et je ne crois à rien qu'à l'ancienne infamie.
Vainqueur même, au foyer de la race ennemie,
Quand je m'assieds tout seul, là-bas sur ce degré,
Où le pied du patron dans la pierre est entré,
Je crois sentir le froid des anneaux de ma chaîne,
Pénétrant mon esprit, glacer jusqu'à ma haine.

GÉTA.

Mais tu pourrais d'ici régner sur l'univers !

SPARTACUS.

Mais je m'y souviendrais que j'y traînai des fers.

GÉTA.

Grand roi, tu dormirais dans la pourpre et l'ivoire.

SPARTACUS.

J'y rêverais du maître au sein de ma victoire.
O monts de la Dacie ! ô neiges ! pics altiers,
Incorruptibles monts que lavent les glaciers,
Trône de Spartacus, jeté sur les abîmes,
Que le chemin est long qui ramène à vos cimes !
Quand vous verrai-je enfin ? Que ces villes de bruit,
Ces temples où les dieux sont toujours dans la nuit,
Et sur ses piédestaux ce grand peuple de pierre,
Qui, nu comme les morts et privé de paupière,
Semble toujours railler, quand nous le regardons,
Et nous dit sans parler : Passez ! nous attendons !
Que ce monde de marbre, et d'or, et de porphyre
Est encore insolent au moment qu'il expire !
Qu'il me pèse et me nuit ! Tout s'y change en poison.
J'étouffe en ma victoire ainsi qu'en ma prison.
La fumée échappée au toit d'une cabane
Perdue au fond des bois de Thrace où l'aigle plane,
Est plus belle à mes yeux que tous les dons amers
De la belle Tarente assise sur deux mers.
Ne vois-tu pas ici l'esclave en toute fête ?
Je traîne emprisonné dans ma propre conquête,
La tunique du dieu consumé sur l'Œta.
Il est temps d'en finir. Sortons d'ici, Géta.

SCÈNE III.

Les mêmes, GALLUS.

GALLUS.

Arrête, Spartacus. Les prisonniers demandent

A saluer en toi le vainqueur.
>SPARTACUS.
>>Qu'ils attendent !
>>>GALLUS.

A quel honneur plus grand prétendit un mortel ?
Pieds nus, et mendiant le feu, le pain, le sel,
Les premiers du sénat devant toi vont paraître.
De leur douleur enfin tu pourras te repaître ;
Ils viennent t'adorer.
>SPARTACUS.
>>D'autres soins plus pressants

M'appellent.
>GALLUS.
>>Goûte au moins une fois leur encens

Avant de les jeter mourants au vomitoire.
>SPARTACUS.

Il vaut mieux, j'imagine, achever la victoire.

>>>(Spartacus et Gallus sortent.)

SCÈNE IV.

GELLIUS, consul ; SCROPHAS, UN AUGURE, GÉTA ; Gardes ; FOULE DE SÉNATEURS ROMAINS PRISONNIERS ; ils ont tous les fers aux mains.

>GÉTA, pendant que les prisonniers entrent.

Son peu d'impatience à fouler les vaincus
Est étrange... Mais quoi ! soupçonner Spartacus !...
La prêtresse l'a-t-elle enivré d'un breuvage ?
Comme il s'enveloppait dans un obscur nuage !
Reculer d'un moment le plaisir d'être roi ?
Se peut-il ?... S'il voulait trafiquer de sa foi !

>>>(En sortant.)

N'attendons pas que l'ombre enfante les tempêtes.
(Aux gardes.)
Gardes, vous répondrez des captifs sur vos têtes.
(Il sort.)

SCÈNE V.

GELLIUS, SCROPHAS, UN AUGURE, Sénateurs prisonniers, Gardes.

SCROPHAS.

Un augure ! un consul ! La moitié du sénat
Esclaves d'un esclave ! infâme assassinat !

GELLIUS.

Ah ! la faute est à vous, tribuns ! Dans vos harangues
Le frein a disparu qui régissait les langues.
Vous déchaîniez le peuple, et vous êtes surpris,
Ce travail achevé, d'en recueillir le prix.
Sur vos pas le bon grain a germé dans la glèbe.
Avenir, liberté, mots jetés à la plèbe,
Et d'échos en échos, de degrés en degrés,
Tombant toujours plus bas et plus déshonorés;
Du front de Jupiter jusqu'à l'aveugle masse,
Dans l'égout des Tarquins l'esclave les ramasse.
On fait un Marius du moindre plébéien;
Il se croit propre à tout lorsqu'il n'a tenté rien.
Vous ne voulez que lui dans les magistratures;
Pour lui vous déchirez le voile des augures;
Et vous vous étonnez, après cela, qu'un jour,
Votre esclave imagine être un homme à son tour !

L'AUGURE.

Le consul a dit vrai. Le mal, c'est la faiblesse.

Dans les temples fermés, quand l'ancienne noblesse
Avait le privilége acquis aux immortels
De parler seule aux dieux voilés sur les autels,
Les cieux ouvraient l'oreille aux prières des villes.
La Peur et la Pâleur, divinités serviles,
Avec l'esclave impur rangeaient le plébéien ;
On ménageait alors le nom de citoyen.
L'interdit enchaînait les pas du prolétaire ;
Partout il rencontrait un abîme, un mystère ;
Et la hache veillait à côté de la loi,
De peur qu'en l'épelant pour l'attirer à soi,
Il ne prît comme nous sa part des destinées.
C'était là les grands jours, et mes vertes années
Ont vu luire un débris de cet âge d'argent.
Mais depuis que dans Rome un sénat indulgent
Au peuple a concédé le droit des sacrifices,
Depuis qu'aux plébéiens on ouvre les auspices,
Les dieux ont repoussé l'offrande de leurs mains,
Et le siècle de fer pèse sur les Romains.
Qu'a servi de livrer le droit des funérailles,
Le gâteau consacré des chastes épousailles,
A des hommes nouveaux, engendrés sans parents ?
Ils ont tout profané, confondant tous les rangs,
Troupeau vil qui se rue aux étables de Rome.
Et maintenant l'esclave, autre bête de somme,
Convoitant à son tour un empire affaissé,
Est entré par la brèche où le peuple a passé.

SCROPHAS.

Tant de maux à la fois ne sont pas notre ouvrage.
C'est assez de malheurs, n'y joignons pas l'outrage.
Je ne m'en défends pas, tribun, j'ai soutenu
Le peuple ; quand la loi le laissait pauvre et nu,
Je l'ai souvent couvert des plis de ma parole.

J'étais son bouclier ; il était mon idole.
Mais si dans son abîme un peu de jour a lui,
Quel lien trouvez-vous entre l'esclave et lui?
Sur ce point, écoutez : voici ce qui me touche.
Parmi tant de discours échappés de ma bouche,
Est-il un mot, un seul pour l'esclave? Jamais.
Ai-je entendu ses cris perçants dans vos palais?
Ai-je admis qu'il soit homme à ses pleurs? Je le nie ;
Si quelqu'un me dément, eh bien ! il calomnie.

L'AUGURE.

Enfin tu te repens, Scrophas. Il est trop tard,
La couleuvre en ton sein a réchauffé son dard.
Tribuns, vous éleviez des temples aux tempêtes ;
Adorez maintenant leurs éclats sur vos têtes.

SCROPHAS.

Du haut de la tribune, au cœur de la cité,
Quand j'évoquais pour tous la sage liberté,
Quel homme eût pu songer que là-bas dans le gouffre,
Une foule sans nom, une brute qui souffre
M'écoutait, attelée aux serviles travaux?
Faut-il nous défier aussi de nos chevaux,
De mon chien qui m'entend, vautré sous le portique,
Et du ver qui se tord sur la place publique?
L'esclave était aveugle et sourd. Au nom des dieux,
Qu'ai-je fait pour ouvrir son oreille et ses yeux?
Que de fois sur le seuil de la bonne Fortune,
J'ai vu ce Spartacus, caché par la tribune,
Accroupi sur la pierre, ignoble rémouleur!
Pendant que le Forum saluait l'orateur,
Lui seul restait muet. Haletant, sans pensée,
Dans l'ombre il achevait sa tâche commencée ;
Et ses yeux, sur le peuple égarés au hasard,
Ne voyaient que sa meule aiguisant son poignard.

Ainsi qu'une statue entend le bruit des villes,
Il entendait mugir les tempêtes civiles.
Comment pouvais-je croire, en le voyant ainsi,
A terre, sous mes pas, dans sa honte endurci,
Qu'un mot d'un homme libre, une parole fière,
Pût entrer et germer dans ce cerveau de pierre?

L'AUGURE.

On eût pu le prévoir, si l'on eût bien voulu.

SCROPHAS.

Toujours le lendemain l'augure a tout prévu.

L'AUGURE.

Près de vos grands esprits que valent les oracles!
Un tribun se perdrait s'il croyait aux miracles.

GELLIUS.

Puisque du prolétaire on fait un sénateur,
Qui sait si mon cheval, effréné novateur,
Affranchi du licou de la démagogie,
N'ira pas réclamer son droit de bourgeoisie?
Vous en ferez sans doute un consul à la fin?
Car, depuis qu'il a pris pour conseiller la faim,
Le peuple a mis la gloire au-dessous de la proie;
Et l'ivresse commande à la raison qui ploie.

SCROPHAS.

Le salut est tout près dans la main du hasard.
Croit-on que Spartacus soutiendra mon regard?
Il vient. Laissez-moi seul avec lui, puisqu'il ose.
Je veux revendiquer cet homme; c'est ma chose.
Je sais les mots qu'il faut à l'esclave échappé
Pour qu'il rende à son maître un butin usurpé.
Ne me maudissez pas tandis que je vous sauve.
Allez! j'aurai bientôt dompté la bête fauve.

(Les prisonniers sortent suivis des gardes.)

SCÈNE VI.

SCROPHAS, SPARTACUS.

SCROPHAS.
Approche! Sans témoin j'ai voulu te parler.
Mais d'abord, je ne sais de quel nom t'appeler,
S'il faut dire consul, tribun, préteur, augure ;
Car je ne voudrais pas ici te faire injure,
En te donnant le nom que tu portais hier.

SPARTACUS.
Mon nom est Spartacus.

SCROPHAS.
                Quoi! tu n'es pas plus fier
Aujourd'hui que la veille après les bacchanales?
Tu sais que la victoire aime les saturnales ;
Tu prends pour ce qu'il est ton masque dans ta main,
Et ne crois pas porter le sort du genre humain?
C'est bien de respecter tous les freins légitimes ;
Mais dis-moi, que veux-tu? Des dépouilles opimes?
Fais les conditions. Je signe le traité.
Réponds-moi. Des banquets veux-tu la royauté?
Le peuple par ma voix d'avance te l'accorde.
Comme Achille, veux-tu, pour bannir la discorde,
Quelque belle achetée au marché de Sidon?
Dis un mot seulement ; le sénat t'en fait don.
Oubliant, oublié, retiré de la lutte,
Veux-tu dormir au chant des joueuses de flûte?

SPARTACUS.
Dormir encore? oh! non! après un long sommeil,
La chanteuse est moins douce au cœur que le réveil.

SCROPHAS.

Quels sont donc tes désirs? Tu ne veux pas, je pense,
Commander?

SPARTACUS.

 Pourquoi non?

SCROPHAS.

      Le monde t'en dispense;
C'est un trop grand souci. Je n'imagine point
Que tu veuilles lasser tes esprits à ce point
De prendre au sérieux ta fortune nouvelle,
Jusqu'à chercher des lois au fond de ta cervelle.
Ce soin est au sénat; il veut te l'épargner.
Si tu savais combien il est dur de régner,
Quels troubles dévorants, quelles ardentes veilles!
Tout entendre, tout voir, par ses yeux, ses oreilles!
Toujours craindre, espérer, attendre, prévenir!
Refouler le passé, convoiter l'avenir!
Quel dévoûment il faut pour commander aux autres!
A leurs seuls intérêts nous immolons les nôtres.
Et c'est peu; car il faut aux dieux capitolins
Arracher le secret des livres sibyllins.
Avoue, en méditant ce que ton bien m'inspire,
Que ton front est déjà fatigué de l'empire.
Laisse le fer; prends l'or. M'entends-tu?

SPARTACUS.

        Je t'entends,
Et j'ai, grâces aux dieux, compris depuis longtemps.
En te laissant ainsi parler, sans te reprendre,
J'ai voulu voir jusqu'où le Romain peut descendre.
Je le sais maintenant. Va! tu me fais pitié.
Garde pour tes pareils ta superbe amitié.
Voilà donc ce qu'ils ont dans leur cœur pour l'esclave,

Ces vendeurs de discours plus brûlants que la lave,
Ces tribuns de mensonge, en leurs phrases drapés,
Du bien du genre humain nuit et jour occupés !
Faut-il de tes serments que l'écho retentisse ?
Pour qui donc parlais-tu quand tu criais : Justice !
Pour qui donc parlais-tu quand tu montrais les cieux,
Quand tu disais qu'à Rome on se passe d'aïeux,
Que pour l'homme de cœur ce n'est pas tout de naître,
Que chacun porte en soi son esclave ou son maître ?
Les Rostres indignés, pour qui donc parlais-tu,
Quand le peuple montrait ses épaules à nu ?
Du fouet patricien tu comptais les morsures
Et tu faisais saigner devant nous les blessures.
Bon peuple ! En t'écoutant il se croyait guéri !
Du levain de ton cœur ne m'as-tu pas nourri ?
L'écho ne m'apportait qu'un mot de ta harangue ;
J'en vivais tout un jour, en enchaînant ma langue.
Tu voulais donc jouer ! misérable ! Et pourquoi ?
Dis ! que t'avions-nous fait, pour tromper notre foi ?
Aujourd'hui même encore, après cette infamie,
Tu mets le fer brûlant sur ma plaie endormie ;
Tu veux me poignarder de ton rire moqueur,
Dernière arme laissée à qui n'a plus de cœur.
Car ces hommes de bien, hôtes du Capitole,
Sitôt qu'ils sont priés de tenir leur parole,
Ils répondent à tout par un ricanement
Hideux et sépulcral comme un bruit d'ossement
Dans l'urne où l'on agite une cendre attiédie.
Je ne sais pas ainsi jouer la comédie.
Ris encor si tu veux de ma simplicité ;
Ce qui sort de ma bouche est pour moi vérité ;
Et je te dis sans fard que c'est un rôle infâme
De mentir du Forum aux peuples qu'on enflamme,

Que l'univers est las de vous, de vos licteurs,
Et qu'il veut arracher leurs masques aux acteurs.
            SCROPHAS.
Si l'univers est las de nous, de notre empire,
Je ne m'oublierai pas jusqu'à te contredire ;
Cependant, sans vouloir réveiller tes ennuis,
C'est moi qui fus ton maître.
            SPARTACUS.
                      Et c'est moi qui le suis.
Tu possédais mes bras, et moi je tiens ton âme
Rampante sous mes pieds.
            SCROPHAS.
                      Pourtant je te réclame ;
C'est moi qui t'achetai cent mines.
        SPARTACUS, il jette de l'or aux pieds de Scrophas.
                              Les voici !
Tiens, tribun, baisse-toi. Je me rachète ainsi.
            SCROPHAS.
Crois-tu donc en un jour grandir d'une coudée ?
            SPARTACUS.
Je crois que pour grandir il ne faut qu'une idée.
            SCROPHAS.
Quitte pour le butin l'ombre sans marchander.
Tu risques de tout perdre en voulant tout garder.
            SPARTACUS.
Je risque, en effaçant les dieux du Capitole,
De soulever le monde avec une parole.
            SCROPHAS.
Laquelle ?
            SPARTACUS.
    Liberté !
            SCROPHAS.
        Tu veux changer les lois !

Douze tables d'airain ! Beau prix de tes exploits !
Qu'un homme vive libre aux colonnes d'Hercule,
Spartacus enfle-t-il d'un denier son pécule ?
De tous ces vains combats qui pourra te payer ?
Pourquoi tenter la mort ? Tu n'as point de foyer,
De lare familier qui vaille un sacrifice.

SPARTACUS.

Mon foyer est partout où brille la justice.

SCROPHAS.

Tu n'as point de patrie à qui tu dois ton bras.

SPARTACUS.

Ma patrie est partout où la tienne n'est pas.

SCROPHAS.

Tu n'a point de parents.

SPARTACUS.

Chaque esclave est mon frère.

SCROPHAS, avec ironie.

O famille innombrable !

SPARTACUS.

O défi téméraire !

SCROPHAS.

Mais tu n'as point de dieux armés pour ton dessein.

SPARTACUS.

Je porte en moi mes dieux qui grondent dans mon sein.
Ils s'indignent de voir que je daigne répondre,
Quand un geste suffit ici pour te confondre ;
J'aurais peur, à la fin, de les faire éclater,
Si je ne m'imposais de ne plus t'écouter.

(Il sort.)

SCÈNE VII.

SCROPHAS, seul ; Gardes.

Gloire ! foyer ! patrie !... Ainsi le ciel conspire !
L'esclave a dérobé les secrets de l'empire.
Il sait les mots ailés qui changent les destins.
C'était peu d'enlever les étendards latins,
D'apprivoiser des yeux nos aigles abattues,
De dépouiller la gloire en brisant les statues ;
Rome pouvait avec la toile des tombeaux,
De ses vieux étendards recoudre les lambeaux,
Et, retrouvant le marbre au sein de la carrière,
Retrouver dans le bloc ses grands hommes de pierre.
Mais si des mots sacrés on pille le trésor,
Si l'esclave prend l'âme et s'il rejette l'or,
S'il s'élève au niveau des héros, s'il les touche,
Si, confident des dieux, il apprend de leur bouche
Les paroles d'airain qui forcent d'obéir,
Que faire ?... En me parlant, il m'a vu me trahir.
Ma honte se cachait en vain sous l'ironie.
D'invisibles faisceaux protégeaient son génie.
Que dis-je !... un mot de plus et je baissais les yeux
Devant la majesté de l'esclave !... Grands dieux !
Un moment j'ai senti mon maître dans cet homme,
Lui, l'esclave public, le vil jouet de Rome !
Mon maître ! Lui ! Comment suis-je tombé si bas
Qu'il dompte mon esprit aussi bien que mon bras ?

(Il sort.)

SCÈNE VIII.

LE CHŒUR DES PRÊTRES DE LA PEUR ET DE LA PALEUR.

UN PRÊTRE DU CHŒUR.

Pendant que le temple s'écroule,
Sous les marteaux retentissants,
Quand le dieu, comme l'eau, s'écoule,
Où porterai-je mon encens ?

LE CHŒUR.

O Peur ! vierge muette, à la bouche béante,
C'est toi que nous louerons. Tu grandis, ô géante,
Par toi-même enfantée à l'ombre de ton nom !
Quand tous les dieux ont fui, tu nous restes fidèle,
   Et tu peux d'un coup d'aile
   Refaire un Panthéon.

Par toi, le monde tremble au tomber d'une feuille ;
Par toi, chez les vautours l'augure se recueille,
Et l'univers pâlit sous l'aile du corbeau.
O Peur ! que te faut-il pour qu'un peuple frissonne ?
   Une herbe qui résonne
   Séchée en un tombeau.

Que fais-tu dans les bois, assise sur la terre,
Avec la feuille morte où germe le mystère,
Semant l'horreur divine au pied des arbres sourds ?
Les cheveux blanchissant d'angoisse au fond des grottes,
   Est-ce toi qui sanglotes
   Dans les antres des ours ?

Ton trône, c'est l'esprit des hommes, ô déesse !
Rentre dans ton palais envahi par l'ivresse ;
Tremblante, rassieds-toi sur tes tremblants autels.
Comme en une ruine un hibou se lamente,
      Jette un cri d'épouvante
      Dans l'âme des mortels.

Sur le seuil des cités d'où l'avenir s'élance,
Ramène la Pâleur aveugle et le Silence.
Aux cent voix de la gloire attache ton bâillon.
La plèbe adore encor le char quand il la foule ;
      Dans le cœur de la foule
      Darde ton aiguillon.

Aussitôt les vainqueurs, rejetant leur conquete,
Sous les pieds des vaincus iront porter leur tête ;
Et la paix renaîtra sur tes genoux d'airain.
Tels les chevaux errants, la nuit, dans les décombres,
      Effrayés de leurs ombres,
      Redemandent le frein.

ACTE III

La scène est à Capoue, dans les ruines d'un cirque et d'un temple.

SCÈNE PREMIÈRE.

GALLUS, COTYS, STELLA.

GALLUS, à Stella.
Où manquent les concerts, il n'est pas d'homme libre.
Qu'as-tu fait de ta lyre?... Ah! la voici qui vibre.
(Il prend la lyre et la remet à Stella.)
Redis-nous les chansons qui caressaient le cœur
Des maîtres. Après toi nous formerons le chœur.
Puisse l'écho nombreux éveiller leur pensée
Comme le souvenir d'une joie effacée !
Car de la servitude on sent mieux le poison,
Quand l'hymne bat de l'aile aux murs de la prison
STELLA.
Moi! chanter ! que dirai-je?
GALLUS.
Un hymne d'allégresse.
STELLA.
Je ne sais pas chanter pendant les jours d'ivresse.
GALLUS.
Eh bien, dis une fable et jette-nous des fleurs.
STELLA.
Au moins pardonnez-moi si j'y mêle des pleurs.

Vous savez que souvent le chant trompe la lyre.
Tel qui va sangloter commence par sourire.

GALLUS.

Les pleurs sont pour l'esclave et nous ne pleurons plus.

STELLA.

Ésope racontait cette fable à Xanthus :

(Elle chante.)

Le noir serpent disait à l'alouette :
Que vas-tu faire à la cime des cieux ?
Te crois-tu donc fille de la chouette
Qui suit Minerve à la maison des dieux ?

Imite-moi ! vois ! j'embrasse la terre ;
Saisis ta proie en te roulant ainsi.
Des vieux États je ronge la poussière ;
Quitte la nue et viens ramper ici.

Dans un sillon, comme il sifflait encore,
Un moissonneur l'écrase sous son char.
L'oiseau joyeux qui réveille l'aurore
Buvait au ciel un reste de nectar.

COTYS.

Enfant, ajoute encor, si la fable est complète :
Le serpent, c'est Géta ; Spartacus, l'alouette.

GALLUS.

Ne cherche pas le sens, si loin de la chanson;
Ce n'était rien qu'un jeu de la lyre, un vain son.

SCÈNE II.

GALLUS, COTYS, STELLA, elle tresse des couronnes; PALLAS, GÉTA.

GALLUS.
Déride-toi, Géta, tu n'es plus dans l'arène.
Eh! Pallas! loin de nous quel noir souci t'entraîne ?
PALLAS.
Je crains de soupçonner à tort...
COTYS.
Qui?
PALLAS.
Spartacus.
COTYS.
Ah! de lui je réponds,
GALLUS.
Autant que de Gallus.
PALLAS.
C'est là ce qu'en mon cœur je me dis à moi-même ;
Car enfin Spartacus est mon héros, je l'aime.
COTYS.
C'est trop peu de le dire ; il faudrait le prouver.
PALLAS.
Je cherche la lumière et crains de la trouver.
COTYS.
Quand on a dans ses rangs découvert un grand homme,
Il faut qu'on le respecte, ainsi qu'on fait à Rome ;
Et c'est montrer peut-être un œil trop soucieux
De chercher au soleil des taches dans les cieux.
PALLAS.
Vous l'appelez grand homme!... Un autre pourrait dire

Que c'est mettre trop bas les marques de l'empire.
Soit! ne marchandons pas! grand homme, j'y consens.
Allons! prosternez-vous!... Esclaves! de l'encens!
Quoi! vous n'adorez pas votre maître? Que dis-je?
Vous restez là debout en face du prodige!

GALLUS.

Prenons garde en effet de le trop admirer.

COTYS.

Sans en faire une idole, on le peut honorer.

PALLAS.

L'idole est dans le cœur... Que tardez-vous? Courage!

(Après un silence.)

Mais enfin, qu'a-t-il fait qui ne soit votre ouvrage,
Cet Hercule? Comptons ses douze grands travaux.

(Montrant Géta et Gallus.)

Moi, sans sortir d'ici je lui vois deux rivaux.

GÉTA.

Il est vrai que nos mains ont aidé son génie.

GALLUS.

J'ai mis mon grain de sable à son œuvre.

PALLAS.

Il le nie.

Son plan était grossier, vous l'avez corrigé.

GÉTA.

Je l'ai du moins suivi quand il m'a dirigé.

GALLUS.

Avant lui, j'avais eu longtemps la même idée.

COTYS.

Comme un secret d'État, tu l'as toujours gardée.

GALLUS.

Quand il a commencé j'allais l'exécuter.

PALLAS, à Gallus.

Il t'a pris ta pensée, on n'en saurait douter.

J'en étais sûr d'avance.
GALLUS.
Et le projet, peut-être,
N'eût pas perdu beaucoup...
PALLAS.
A se passer d'un traître.
Oui, le mot est lancé, je ne m'en dédis pas.
N'est-ce pas trahison de marcher sur vos pas,
Et piller la moisson que vous avez semée ?
N'a-t-il pas usurpé lui seul la renommée ?
(On entend des cris au dehors.)
Écoutez ! que dit-on ?... Spartacus ! Spartacus !
Toujours lui ! rien que lui !... Vous êtes les vaincus.
Mais qui connaî. Gallus ou Géta ? Qui les nomme ?
Le monde n'aura-t-il des yeux que pour cet homme ?
Voulez-vous que vos noms périssent dans le sien ?
GALLUS.
Je voudrais du naufrage au moins sauver le mien.
GÉTA.
C'est justice.
(Les cris du dehors redoublent.)
PALLAS.
Entendez la grande voix qui roule.
GÉTA.
Pourquoi ne nomme-t-on que lui seul dans la foule ?
PALLAS
Pourquoi le faites-vous plus grand que le destin ?
Mais c'est peu que la gloire, il vous prend le butin.
Que vous sert de tenir dans vos mains l'Italie
Pour coiffer son Janus du bonnet de Phrygie ?
Montrez-moi quel salaire a payé vos travaux.
Pas une joie au cœur, et des combats nouveaux ;
Harasser vos esprits à suivre ses pensées ;

Tout réserver pour lui, même les gynécées.....

GALLUS.

C'est vrai ; nul des captifs n'est sorti de ses mains.

PALLAS.

Il veut vous les voler pour les vendre aux Romains.
Comment ! vous n'avez pas entre vous un esclave ?
Vous l'êtes donc vous-même encor ! Mais il vous brave !

GALLUS.

Je le crois comme toi.

GÉTA.

Va ! tu m'ouvres les yeux.

PALLAS.

Voulez-vous en un jour vous faire des aïeux ?
Voulez-vous que ce soir votre règne commence ?

GALLUS.

Sans doute.

PALLAS.

Eh bien, laissez le Thrace à sa démence
Faites-vous un esclave afin d'avoir un droit.

GALLUS.

C'est cela.

PALLAS.

Les captifs sont près de cet endroit;
Géta, cours les chercher. Comme la loi l'ordonne,
Qu'ils soient tous à l'encan vendus sous la couronne

(Géta sort.)

GALLUS.

O véritable ami ! tu nous aimes pour nous.
Qu'il me tarde de voir un Romain à genoux !

SCÈNE III.

Les mêmes, GÉTA, GELLIUS, SCROPHAS, LUCIUS, L'AUGURE, PARMÉNON, UN PRÉTEUR; foule de sénateurs prisonniers; ils ont tous les fers aux mains.

GALLUS, pendant que Géta ramène les prisonniers.
Qu'ils se rangent en cercle ; ainsi le veut l'usage.
Nous ne prenons pour nous que les chefs.

PALLAS.

C'est plus sage.

GALLUS.
Le reste du sénat sera pour le troupeau.

(A Stella.)

Toi, chanteuse, prépare à chacun son bandeau.
Vous le savez aussi, la coutume demande
Qu'ils soient interrogés avant qu'on les marchande.

PALLAS.
Agis en notre nom, pour mieux nous accorder.

GALLUS, il s'approche du cercle des captifs·
(A Gellius.)

Que sais-tu faire, toi, proconsul ?

GELLIUS.

Commander.

GÉTA, à part.
Il se croit au Sénat, assis au bord du Tibre.

GALLUS, à l'augure.
Et toi ?

L'AUGURE.
Parler aux dieux.

GALLUS, à Scrophas.
Toi ?

SCROPHAS.

Rendre un homme libre!

GALLUS, au Préteur.

Préteur !

LE PRÉTEUR.

Je fais la loi.

GALLUS, à Lucius.

Toi, que sais-tu ?

LUCIUS.

Mourir.

GALLUS.

Bel art qui peut se perdre et ne peut s'acquérir!
Craignons de l'oublier étant ce que nous sommes.

GÉTA.

Ces hommes ne sont pas comme les autres hommes ;
Les fers pèsent sur eux sans courber leurs esprits.

GALLUS.

As-tu peur d'eux ? C'est là ce qui hausse leur prix.

(A Parménon l'affranchi.)

Ah! voilà Parménon! Et lui, que sait-il faire?

PARMÉNON.

Moi, je suis affranchi, donc je suis votre frère,
Et la faute est aux dieux si je me trouve ici.
Mon père fut esclave, et je le fus aussi ;
Je suis un des vainqueurs. Vous êtes ma famille.
Du fer chaud à mon front, voyez! le signe brille.

GALLUS.

Il dit vrai. Viens ici partager le butin.
Pourtant nul ne t'a vu, le combat incertain!

(Parménon sort du cercle des captifs et se place entre Pallas et Géta, qui lui ôtent ses fers. Gallus prend un casque, et il y jette des sorts.)

Maintenant dans ce casque où je mêle ces signes,
Chacun, tirons au sort les dépouilles insignes.

(Ils tirent au sort.)

PALLAS.

Le préteur m'appartient.

GÉTA.

Le consul est à moi.

GALLUS.

En me laissant l'augure, on m'a laissé le roi.

COTYS.

Amis, n'oublions pas la divine chanteuse
Qui mêle au vin amer une chanson mielleuse.
La lyre sonne encor sous les doigts de l'enfant.
Donnons dans le butin les prémices au chant.

PALLAS.

Il a raison. C'était l'usage des ancêtres.

COTYS.

Pour ton lot que veux-tu, Stella?

STELLA.

Mes anciens maîtres.

GALLUS.

O justice! ton jour brille donc en effet?
Tu vas leur rendre, enfant, tout le mal qu'ils t'ont fait.
Prends-les. Ils sont à toi. Jouets de ta faiblesse,
Conduis par les chemins ces forts lions en lesse.
En les voyant passer les peuples en riront;
Avant tout, va poser ces bandeaux sur leur front;
C'est le signe moqueur qui couronne l'esclave
Du diadème impur qu'aucune onde ne lave.
Nous fûmes rois ainsi; qu'ils le soient après nous.

(Stella prend les couronnes; elle s'approche du cercle des captifs; en voyant ses maîtres, Scrophas et Lucius, elle laisse tomber toutes les couronnes à leurs pieds.)

GÉTA.

Mais que fait cette enfant? Elle a peur. Voyez-vous?
Elle a laissé tomber à leurs pieds les couronnes,

Comme aux pieds des grands dieux les pieuses matrons

GALLUS.

Qu'importe? Ils paraîtront dans nos jeux palatins.

(D'un côté sortent Stella, Scrophas, Lucius. De l'autre les prisonniers suivis des gardes.)

SCÈNE IV.

GALLUS, COTYS, GÉTA, PALLAS, PARMÉNON.

GALLUS.

C'est l'heure maintenant de régler les destins.
Asseyez-vous, amis, sur les chaises curules,
Et que Minerve ici se montre aux incrédules !
Nous sommes le conseil. Les avis sont ouverts.
Chacun en nous parlant s'adresse à l'univers.
Ton avis, Parménon !

PARMÉNON.

Le voici sans faiblesse :
Il nous faut un sénat, plus bas une noblesse,
Ensuite l'ordre équestre armé de l'éperon,
Pour mettre au peuple un frein dans la main du patron.

GALLUS.

Du pouvoir, avant nous, tu fis l'apprentissage,
Et je crois, affranchi, ton avis le plus sage.
Pourtant mets ta pensée au niveau de nous tous ;
Et dis-moi qui voudrait être peuple chez nous ?

PARMÉNON.

Nos compagnons d'hier, dont un jour nous sépare,
Ce grand troupeau sans nom, ce cyclope barbare
Qui n'ayant rien qu'un œil, dans son antre endormi,
Ne peut se relever et vivre qu'à demi.

Qu'avez-vous de commun avec eux, je vous prie?
L'origine, dit-on ? Vain hasard ! duperie !
Vous-mêmes, savez-vous quel fut votre berceau?
Peut-être que les dieux l'ont marqué de leur sceau.
Injustement perdus dans la foule grossière,
Une voix vous disait : Tu vaux mieux que ton frère.
En vous marquant hier de l'empreinte des forts,
Le ciel a réparé l'injustice des sorts.
Il vous a retirés du milieu de la foule :
Voulez-vous y rentrer, ou briser votre moule?
Si la masse avec vous grandit, vous n'êtes rien.
Sans garder votre rang, vous reprenez le sien.
Qui se souvient ici qu'il fut esclave? Dites :
Le fûtes-vous vraiment? non ! paroles maudites !
Vous esclaves ! jamais ! Me nieriez-vous ceci?
C'était déjà régner que de servir ainsi.

GALLUS.

Tout à l'heure pourtant tu montrais tes stigmates.

PARMÉNON.

En me les rappelant, sois sûr que tu me flattes.

GALLUS.

Tu nommais tes parents nos compagnons d'hier.

PARMÉNON.

C'est dans leur intérêt qu'il faut les renier.
Quand le pouvoir chez nous débordera, sans doute,
Il sera temps alors d'en verser une goutte
A terre, dans la foule, au front des nations ;
Je leur promets alors d'amples libations.
Mais d'abord il faut rompre avec les misérables.

COTYS.

Rompre avec nos aïeux ! ô conseils exécrables !

PARMÉNON.

Allons ! je le vois bien ! c'est moi qui me trompais ;

Et j'avais tort ici de troubler votre paix.
Je voulais au sénat prendre sa politique,
Et la porter chez vous sur la place publique,
Vous livrer les ressorts que mon œil a surpris,
Sur la chaise curule asseoir mieux vos esprits.
Folle espérance ! Il faut ici d'autres pensées ;
Les miennes, je le vois, sont chez vous déplacées.

GÉTA.

Ne désespère pas si tôt de tes leçons.
Nous étions des enfants ! mais vois ! nous grandissons.
Il en est parmi nous qui peuvent te comprendre.

PARMÉNON.

J'avais tort de vouloir ici me faire entendre ;
C'est aux patriciens que je croyais parler,
Et vous avez bien fait de me le rappeler.

GÉTA.

Leur esprit n'est pas fait autrement que le nôtre.

PARMÉNON.

Ils ont leur politique et vous avez la vôtre.

GALLUS.

Tu les connais si bien ! montre-nous leurs secrets.

PARMÉNON.

Non pas ! si vous changiez, je le regretterais.

GALLUS.

Faut-il te supplier ? Prête-nous ta science.
Nous sommes, nous, le bras, et toi, l'expérience.

PARMÉNON.

Mais pourquoi donc changer de conduite après tout?
Je vous conseille, moi, de pousser jusqu'au bout.
Tant de prospérités au fond de l'ergastule,
Tous vos aïeux mourant d'une mort ridicule,
Et tous vos siècles d'or se traînant à genoux,
Ce sont là des témoins qui déposent pour vous !

Non, vraiment, pour grandir vous êtes trop bons frères.
Léguez à vos enfants le bonheur de leurs pères.
Politique d'églogue aux candides pipeaux !
Bergers arcadiens, abreuvez vos troupeaux.
Dans la coupe de buis présent de Galathée
Nourrissez-vous du lait de la chèvre Amalthée.
Sur la flûte chantez les vergers, les moissons,
Les satyres velus, riant dans les buissons.
Mais, de grâce, laissez, de peur que tout n'empire,
A de moins innocents le crime de l'empire.

GALLUS.

Affranchi ! nous saurons nous élever à toi.

PALLAS.

Depuis que je suis né, je partage ta foi.

GÉTA.

Je condamne à la croix quiconque me rappelle
Que je naquis esclave ; et je le tiens rebelle.
Comment êtes-vous nés, vous autres ? Chez les dieux,
Au sommet de l'Ida, je choisis mes aïeux.
Je descends de Bacchus.

GALLUS.

    Junon est ma maîtresse.

PALLAS.

Moi, j'appelle ma sœur Diane chasseresse.

GÉTA.

Et nous verrons bientôt les peuples à genoux
Dans nos temples.

PARMÉNON.

    Mais qui sera sur l'autel ?

GÉTA.

        Nous !

PARMÉNON.

Je t'avertis, Géta, que le pouvoir enivre.

Prends garde à ta raison; tu pourrais lui survivre.
GÉTA.
Qui nous empêchera d'être nos déités ?
Voyez-vous quel encens surgit à nos côtés ?
Combien de petits rois, dans leur île inconnue,
Qui valaient moins que nous, sont montés sur la nue!
PARMÉNON.
Encore un coup, Géta, c'est un funeste jeu
De contrefaire ici la figure d'un dieu.
Le vertige vous prend à manier la foudre;
Redescends sur la terre avant de rien résoudre.
GÉTA, s'exaltant.
Hier, en me voyant vers son antre accourir,
La Sibylle trois fois a dit: Je veux mourir.
Pan est mort! a redit la voix autour des îles,
Et le deuil des grands dieux se répand dans les villes.
Eh bien, qu'ils meurent tous! nous les remplacerons.
Jeunes Olympiens, c'est nous qui verserons
La joie à pleines mains sur le monde!
PARMÉNON.
Il délire.
GÉTA, il prend des dés et les jette à terre, à ses pieds.
Sur un seul coup de dés, je joue ici l'empire.
GALLUS.
Les dés sont pour Géta! Salut à l'empereur!
PALLAS.
Est-ce un jeu?
COTYS.
Je ne sais.
PARMÉNON.
C'est un jeu qui fait peur.
GÉTA.
Décrétons aujourd'hui l'âge d'or.

GALLUS.

Oui ! qu'il vienne !
Sinon, avant ce soir, la roche Tarpéienne !

GÉTA, s'exaltant de plus en plus, jusqu'à l'égarement.

Le dieu ! voici le dieu ! c'est moi qui deviens dieu !
Versez, pour moi, l'encens et le vin dans le feu !
Conduirai-je le char du jour dans l'Empyrée,
Où suivrai-je aux enfers la ménade égarée?
Qui suis-je? Ah ! je le sais. Je m'appelle Bacchus
Et je traîne après moi les centaures vaincus.
Je déroule les cieux dans ma robe étoilée
Frappez du thyrse ! encor ! la terre est ébranlée.

(Aux esclaves.)

Hommes, que faites-vous ici ? Suivez mes pas.
D'où venez-vous ? Pourquoi ne m'adorez-vous pas ?
Moi, je vous reconnais. Vous êtes mes esclaves,
Et vous avez caché sous l'autel vos entraves.
Prêtres ! ils sont à moi pour être mon jouet ;
Évohé! qu'on les lie et les frappe du fouet.

COTYS.

Ainsi le dieu punit ceux qui prennent sa place ;
Il renverse du char leur raison qui se glace.

PALLAS.

Tel enivré d'encens a péri Phaëton.

GÉTA, délirant.

Ménade, emplis ta coupe et buvons à Pluton !
Pose-moi sur ce roc où le vertige habite;
L'abîme, en tournoyant, me sourit ; il m'invite.

PARMÉNON.

Un pouvoir trop subit, chez les hommes nouveaux,
Souvent de ces vapeurs obsède leurs cerveaux.

GALLUS, à Géta.

Reviens à toi, Géta. L'Olympe dégénère.

GÉTA, en revenant à lui.

Ah! je suis fatigué de porter le tonnerre.

GALLUS.

C'est nous.

GÉTA.

Bacchante, assez! ton vase était trop plein.

(En se réveillant et cherchant autour de lui.)

Où donc est la ménade à la robe de lin?

GALLUS.

De qui veux-tu parler? Nous n'avons vu personne.

GÉTA.

Prêtez l'oreille! Au loin sa cymbale frissonne...
Quoi! vous n'avez pas vu la ménade ici?

GALLUS.

Non.

GÉTA.

Entendez donc l'écho l'appeler par son nom.
Du moins, vous avez vu, traîné par deux panthères,
Passer le jeune dieu, conducteur des mystères?
Il était là, vous dis-je!

GALLUS.

Où donc?

GÉTA.

Sur ce chemin;
Et son cortége avait des thyrses à la main.

PALLAS.

C'est étrange pourtant.

GALLUS.

Oui, je crains un blasphème.

COTYS.

D'une mystique horreur je frissonne moi-même!

PALLAS.

Qui pourrait assurer que ses yeux n'ont rien vu?

COTYS.

Souvent un dieu jaloux se montre à l'imprévu.
Visible pour un seul, malheur à qui le nie!

PARMÉNON.

Qu'entends-je? de Géta vous suivez la manie!

GALLUS.

Les nobles n'ont pas seuls la visite des cieux.
Pourquoi n'aurions-nous pas commerce avec les cieux?
L'aigle de Jupiter enleva Ganymède;
Qu'était-il? un berger, esclave du roi mède.
Laissons-nous emporter après lui. Moi je sens
Dans l'air, ici, partout un vestige d'encens.

COTYS.

Du cortége sacré je revois la poussière.

PALLAS.

Évohé! moi du char j'ai retrouvé l'ornière.

PARMÉNON.

Ainsi donc le vertige est ici souverain!
L'invisible bacchante a déchaîné le frein!

GALLUS.

Tout le monde n'est pas, quand il veut, incrédule.

PARMÉNON.

Et vous ne craignez pas, grands rois, le ridicule?

PALLAS.

Il faut des dieux au peuple.

PARMÉNON.

     Il en faut même aux fous.
Eh bien, faites-vous donc un Olympe entre vous.

(Parménon sort.)

SCÈNE V.

Les mêmes, CINTHIE, STELLA, Chœur de jeunes filles esclaves qui portent un trépied.

GÉTA.

La prêtresse! Elle vient dans le moment propice.

(A Cinthie.)

Salut! Toi seule ici manquais au sacrifice.
Prends ta faucille d'or. Nous voulons te donner
Dans le champ de l'esclave un peuple à moissonner.
Vois! Te préparons-nous des fêtes solennelles?

(Géta écarte le voile de la porte du cirque. On aperçoit au loin deux larges voies romaines plantées nouvellement de croix jusqu'à l'extrémité de l'horizon.)

CINTHIE.

Qu'ai-je vu? les chemins plantés de croix nouvelles!
Horreur! Quel peuple ici veut-on crucifier?

GÉTA.

L'ancien monde. Il saura, ce soir, pour expier,
S'il est doux de mourir sur l'arbre de l'esclave.
Du sommet de ces croix que le patron nous brave!
Toi, foule le trépied et dis-nous l'avenir.
Le règne de l'Esclave est-il près de finir?

(Les esclaves entraînent Cinthie sur le trépied.)

CINTHIE.

Où mènent ces chemins?

GÉTA.

   Au triomphe.

CINTHIE.

       Au supplice.
Jupiter Tarpéien vous pousse au précipice.

Horreur des bois sacrés ! Ma langue à mon palais
Se glace. Vous m'avez surprise en vos filets.
LES ESCLAVES.
Prophétise !
LE CHŒUR DES JEUNES FILLES.
Cueillez le gui sur le vieux chêne ;
Vierges, cueillez aussi dans les champs la verveine.
STELLA, à Cinthie.
Reçois l'épi sacré, couronné de bluets.
CINTHIE, sur le trépied.
Malheur ! Dans la forêt les arbres sont muets.
Je cherche en vain le sang du dieu sous cette écorce.
Avec les immortels vous avez fait divorce.
Quelqu'un a profané les mystères. Malheur !
Vous avez desséché l'avenir en sa fleur.

(Elle rejette le gui et la verveine.)

LE CHŒUR DES JEUNES FILLES.
Jeunes filles, cueillez le gui sur le vieux chêne ;
Vierges, cueillez aussi dans les champs la verveine.
CINTHIE.
Regardez ! la faucille a perdu son tranchant ;
Je ne moissonne ici qu'ivraie en votre champ.
Avez-vous donc pillé la moisson dans son germe ?
Sous ses portes d'airain l'avenir se renferme.
Douleur ! il ne veut plus se confier à moi.
STELLA.
Voici les vases saints.
CINTHIE, repoussant les vases.
Regarde au fond. Je voi
Deux vipères ramper dans ces urnes sanglantes.
Ah ! vous souillez vos cœurs de passions rampantes,
Et vous cachez ici quelque méchant dessein.
Mordrez-vous donc toujours votre nourrice au sein ?

Montrez vos glaives.
LES ESCLAVES, en lui présentant la pointe des glaives.
Tiens !
CINTHIE.
Du sang ! Mais c'est le vôtre
Vos veines l'ont nourri. Vous n'en versez pas d'autre
Esclaves, croyez-vous qu'on fonde les États
Seulement sur l'envie et sur les attentats ?
Voyez-vous ces vautours, présage de torture ?
Que cherchent-ils ? C'est vous qu'ils veulent pour pâture
Élevez, élevez les croix sur le chemin ;
Vos corps sans sépulture y pourriront demain.
LES ESCLAVES.
L'oracle ment !
LE CHŒUR DES JEUNES FILLES.
Cueillez le gui sur le vieux chêne ;
Vierges, cueillez aussi dans les champs la verveine.
GÉTA.
Sibylle, que veux-tu pour toi ?
CINTHIE.
Je veux mourir ;
Car les cieux endurcis refusent de s'ouvrir ;
L'avenir ne veut plus de moi pour sa prêtresse.
Pleurez, ô compagnons, pleurez la prophétesse.
O douleur ! puissiez-vous ne jamais l'éprouver !
Chercher en soi les dieux et ne plus les trouver.
(Elle descend du trépied.
Trépied, d'où je voyais l'avenir dans sa gloire,
Je ne monterai plus par tes degrés d'ivoire.
Loin de toi que ferai-je ? Où fuir ? dans les cités
On raille les devins que les dieux ont quittés.
La cymbale brisée, on la foule sans crainte.
Comme le rossignol, quand sa voix s'est éteinte,

J'irai cacher mon deuil aux antres des grands bois.
O pins mélodieux! ô prophétiques voix!
Mais non; il faut mourir. Reprenez les offrandes,
Le bâton de l'augure, entouré de guirlandes.
Je ne garde pour moi que la faucille. Adieu.

STELLA.

O mes sœurs, gémissons!

CINTHIE, au chœur des jeunes filles.

Oui, rappelez le dieu,
Et puissiez-vous avoir les victimes propices!
Je ne réglerai plus l'ordre des sacrifices.
Hélas! peut-être, un jour, sous un maître inhumain,
Assises sur la terre et le front dans la main,
Le dur anneau de fer que Némésis apporte
Vous liera près des chiens qui veillent à la porte.
Alors, on oubliera qu'hier, sur ces trépieds,
Votre sœur abaissait les astres à vos pieds.

(Elle s'éloigne.)

GÉTA.

Bah! nos prospérités démentent tes présages.

CINTHIE.

Au fond de vos douleurs, je voyais moins d'orages.

GÉTA.

Prophétesse de mort, tu maudis le succès.

CINTHIE.

Quand le malheur viendra, je le suivrai de près.

(Elles s'éloignent. Les torches s'éteignent.)

COTYS.

La nuit descend ici. Présage de tempêtes,
Quand le souffle d'en haut s'éteint chez les prophètes.

GÉTA.

Eh non! Ne vois-tu pas que, maîtres du butin,
Nous sommes désormais l'oracle et le destin?

ACTE IV

Un promontoire du détroit de Messine. D'un côté la ville de Rhégium ; de l'autre les côtes de la Sicile. Le camp de Spartacus. Dans le lointain, les tentes du camp de Crassus.

SCÈNE I.

SCROPHAS, LUCIUS, enchaînés ; **STELLA.**

SCROPHAS.
Voilà donc tes plaisirs, dieu railleur, ô Saturne !
Tu changes à ton gré les sorts au fond de l'urne ;
Un enfant mène en lesse un proconsul romain,
Et tu mets l'avenir dans la plus faible main.
LUCIUS.
Mon père, arrêtons-nous dans ce lieu solitaire !
STELLA.
O mes maîtres chéris, vous pouvez sans mystère
Regarder et parler. Vous êtes sans témoins.
Est-ce vous que je vois ? Un dieu troublerait moins
Mon esprit ! Oui, c'est vous que j'entends, que j'embrasse.
Que ne puis-je porter vos fers à votre place !
Car vous n'êtes pas nés comme moi pour souffrir ;
Et la douleur chez nous est plus prompte à guérir.
Venez, asseyez-vous, seigneurs, sur cette pierre,
Et de vos pieds sanglants j'essuierai la poussière.
(Elle étend son manteau sous leurs pieds.)
LUCIUS.
Ainsi, c'est toi, Stella, qui vas nous mettre en croix,

Les dieux l'ont décidé; demain, si je les crois...

STELLA.

Ah! ne prononcez pas les mots de triste augure ;
Je n'ai point, ô seigneur, mérité cette injure.

LUCIUS.

Va! c'était pour railler.

STELLA.

Après tant de malheurs,
O maître, il ne faut plus jouer avec les pleurs.
Contre ces jeux le ciel est peut-être en colère.
Mais qu'ai-je dit? j'ai tort et je vais vous déplaire.
Les conseils de l'esclave offensent, je le vois,
Hélas! que suis-je ici pour élever la voix?
Ombre d'une ombre, enfant aux loups abandonnée!

LUCIUS.

D'un vieux sang plébéien tu pourrais être née ;
Le même sein nous a nourris du même lait.
Aux lares tu dressais l'autel de serpolet ;
Ils te favorisaient ; et te voyant si grave,
Pour la vierge pieuse, ils oubliaient l'esclave.

STELLA.

Je m'en souviens toujours. O famille! ô maison!
O vieille mère assise au foyer!... trahison!
Où sont vos jeunes sœurs et votre fiancée,
Veuve, hélas! Lucius, avant d'être épousée?
J'avais brodé le voile ; et déjà les flambeaux
Dans mes mains s'allumaient : c'était sur des tombeaux!

LUCIUS.

Les mains pleines de noix, dans la même journée,
Tu devais nous chanter : Hymen! ô hyménée!

SCROPHAS, à Stella.

Oui, les dieux t'ont laissé les vertus de l'enfant ;
Tu tiens la foi jurée au patron triomphant.

Dans ton cœur transparent nulle ombre ne se cache.
Dis-moi donc avant tout ce qu'il faut que je sache :
Ce chemin, où va-t-il ? Quelle est cette cité ?

STELLA.

Rhégium est son nom, et, de l'autre côté,
Si j'en crois la rumeur, c'est la blanche Messine.

SCROPHAS.

Ainsi, ce bras de mer, où l'isthme se dessine ?

STELLA.

C'est l'endroit où Charybde a dévoré Scylla.

SCROPHAS.

Enfant, c'est bien ; j'ai vu. Nos corsaires sont là.
Mais ce camp ombragé sous ces figuiers sauvages ?

STELLA.

C'est le camp de Crassus qui ferme les rivages.

SCROPHAS, à Lucius.

Ses deux ailes d'airain s'étendent aux deux mers.
Grande idée ! Elle peut corriger les revers.

(A Stella.)

Que dit-on de Crassus ?

STELLA.

Que pour l'effroi du lâche,
Lui-même a décimé ses soldats par la hache.

SCROPHAS.

De Rome ?

STELLA.

Qu'éperdue, elle donne à Crassus
Ses deux derniers Romains, Pompée et Lucullus.

SCROPHAS.

Que vois-je ? une forêt marcher comme une armée.

STELLA.

Ce sont des légions couvertes de ramée,

SCROPHAS.

Où vont-elles ?

STELLA.

Au pied de ce mur commencé,
Consumer la nuit sombre à creuser un fossé.

SCROPHAS.

Est-il déjà profond ?

STELLA.

Du côté de l'aurore
On dit que les chevreaux le traversent encore.

SCROPHAS.

De l'une à l'autre mer, Crassus veut les murer.
Projet digne d'un dieu qui put seul l'inspirer !

(A Lucius.)

As-tu compris, mon fils? C'est là qu'est l'embuscade ;
Ici, reconnais bien le lieu de l'escalade.
Rome a donc retrouvé son vieil instinct guerrier !
Comme on prend un renard au fond de son terrier,
Ils sont pris dans le gîte au fond de l'Italie.
Le bon droit se relève et la fortune plie.

(A Stella.)

Esclave, maintenant, regarde ton seigneur,
Et pèse, comme il faut, chaque mot dans ton cœur.
Ce soir tu veilleras dans ces îlots de sable,
Où les corsaires grecs ont amarré leurs câbles.
Sitôt que tu verras tous les chemins déserts,
Tu monteras vers nous : tu limeras nos fers.

STELLA.

Oui, seigneur.

SCROPHAS.

Tu m'entends ? Et tu feras en sorte
Qu'un guide soit ici qui nous ouvre la porte...

STELLA.

Oui, seigneur.

SCROPHAS.

Qu'avant nous il tente les sentiers ;
Heureux si nous trouvons nos pénates entiers !

LUCIUS, à Stella.

Plutôt que l'on t'arrache un seul mot, un murmure,
Tu sauras endurer jusqu'au bout la torture.

STELLA.

Je le saurai.

SCROPHAS.

S'il faut mourir ?

LUCIUS.

Suprême honneur !

SCROPHAS.

Pour sauver ton patron, tu mourras ?

STELLA.

Oui, seigneur.
(Elle sort.)

SCÈNE II.

SCROPHAS, LUCIUS, SPARTACUS.

SPARTACUS.

Pour un moment, tribun, je dépose ma haine ;
Toi, dépose à ton tour l'insolence romaine ;
Et fondons, entre nous, sur ce roc tarpéien,
Moi le bien de l'esclave et toi du plébéien.
La liberté de l'un vaut la chaîne de l'autre.
Sous un nom différent, votre sort est le nôtre.
Débiteurs éternels aux pieds du créancier,

La faim vous tient liés par sa chaîne d'acier,
Si bien que votre chair, d'avance mise en gage,
Appartient à celui qui veut qu'on la partage.
Est-ce assez d'infamie, ô fils de Romulus ?
Vous nous faites pitié ; que voulez-vous de plus ?
Vous n'avez du Romain que le nom sans la chose.
Entre nous mêmes vœux, même instinct, même cause ;
Comme nous, vil bétail, parqué dans les cités,
Vous connaissez la loi par ses iniquités.
Si nos maux sont pareils entre nous et la plèbe,
Si nous sommes liés tous à la même glèbe,
Pourquoi nous déchirer, stupides instruments ?
Unissons pour un jour nos longs ressentiments,
Opprobres plébéiens, serviles flétrissures,
Cris de l'âme et du sang jailli de nos blessures.
De deux métaux formons un plus noble métal.
Comme un homme qui prend un couteau sur l'étal,
Pour immoler un bœuf à ses dieux tutélaires,
Soulevons, aiguisons ensemble nos colères ;
Et, la vieille cité croulant de toutes parts,
L'injustice verra s'abîmer ses remparts.
Me comprends-tu ? Vainqueur, je t'offre l'alliance ;
Mais, pour mieux entre nous marquer l'intelligence,
Formons une famille ; ayons même foyer,
Même pain, même coupe et même bouclier ;
Signe que la victoire entre nous est commune.
Ce n'est pas tout encor : la mauvaise fortune
Dans le cœur des petits fait germer le soupçon ;
A l'injustice on paye une injuste rançon.
Ils ne croiront jamais l'alliance sincère,
Ni que devant la hache un Romain est leur frère,
Si nous ne mêlons pas, esclaves-citoyens,
Le sang qu'on dit servile au sang des plébéiens.

Nous le pouvons, tribun. Des noces solennelles
Marieront, sous le dard, nos deux races jumelles,
Si nous voulons unir à l'enfant que voilà,
A ton fils Lucius ma fille, à moi, Stella.
Je l'appelle ma fille et lui tiens lieu de père ;
Assise à mon foyer, tout me rit, tout prospère.
Minerve l'instruisant elle-même au berceau,
A rouler dans ses doigts l'aiguille et le fuseau,
Avant tout lui donna la sagesse ingénue,
Et sur son front versa son âme toute nue.
Les dieux qui l'ont bercée à travers les barreaux,
L'ont conservée enfant pour le cœur des héros.
Même quand les soucis amènent le délire,
Elle sait les soumettre au pouvoir de la lyre.
Telle les dieux l'ont faite ; et pourtant je veux bien
Qu'elle soit entre nous le virginal lien
Qui, pour mieux étouffer les divorces immondes,
Nous unissant tous deux, unisse aussi deux mondes.

SCROPHAS.

Qu'en dis-tu, Lucius ? Parle, il s'agit de toi !
Je t'ordonne, mon fils, de répondre pour moi.

LUCIUS.

Épouser une esclave ! ô père ! quelle injure !
Non ! ce n'est pas de moi qu'il s'agit, je vous jure.
Une esclave, dit-il ! A ce mot, nos aïeux,
Tels que dans l'atrium je les vis de mes yeux,
Sur leur blanc piédestal, secouant leur paupière,
S'apprêtent à maudire avec leurs mains de pierre.
Comment fuir leur courroux ? Suis-je assez descendu ?
Stella, c'est la beauté ; Stella, c'est la vertu,
C'est Minerve filant sous les traits d'une femme.
Je le sais. Mais que sert la vertu chez l'infâme ?
Non ! c'ost assez d'honneur pour ces divinités,

Que d'abaisser un jour les yeux sur leurs beautés.
Plutôt mourir cent fois, captif sur ce rivage,
Qu'en épousant l'esclave, épouser l'esclavage.

SCROPHAS.

Nos aïeux attendaient ce mot en frémissant,
Mon fils ; et moi j'aurais redemandé ton sang,
De cette même main qui va presser la tienne...
Mais non. Tu gardes bien leur gloire avec la mienne.

SPARTACUS.

O sagesse romaine ! ô sainte adversité !
Est-ce là le grand cœur qui bat dans la cité ?
Vous vous calomniez, hommes, amis ou frères
(Prenez le nom qui plaît aux tribuns populaires).
Vos mères ne sont pas les louves des forêts
Qu'un centaure aux longs crins fait hurler sous ses traits
Une femme vous a nourris de sa mamelle ;
Elle enseigna vos yeux à sourire comme elle.
Vous avez comme nous un cœur dans votre sein,
Qui bondit au-devant d'un généreux dessein.
Vous êtes hommes. C'est ma faute et je me blâme,
Si je n'ai su trouver le chemin de votre âme.
Pour la première fois, je regrette votre art,
Romains ; prêtez-le-moi. J'ignore trop le fard,
Et crois avoir tout dit lorsque j'ai dit la chose.
Examinez-la donc, comme je la propose,
Simplement, en foulant aux pieds la vanité,
Pour ne considérer ici que l'équité.
Il s'agit d'allier le fer brut à la lave :
A l'esclave la plèbe, à la plèbe l'esclave,
D'affranchir tous les deux, par un effort commun,
Grand but, si je m'en crois, et digne d'un tribun.

SCROPHAS.

O Jupiter Stator ! Qu'oses-tu bien me dire ?

Ce n'est donc pas assez de renverser l'empire !
Il faut du genre humain anéantir les lois ;
Tu veux que le chaos succède à tes exploits.
Il est des mots sanglants qui creusent un abîme.
Pourtant, écoute-moi, si ce n'est pas un crime
De regarder ainsi dans le fond du volcan.
On n'a pas mis encor Rome entière à l'encan.
Si vers toi je faisais un seul pas dans ton gouffre,
Si j'attachais un droit à tout être qui souffre,
Sans demander son nom, sa caste, sa cité ;
Ce même prolétaire ivre d'égalité,
Qui m'a fait son tribun, pour appauvrir le riche ;
Ce maigre laboureur dont la terre est en friche ;
Ce débiteur meurtri, tout couvert de haillons ;
Restes de Marius, ces pâles bataillons
Par la faim recrutés au fond des centuries,
Qui du patricien lassent les barbaries ;
Si j'allais après toi, couvert d'un nom fameux,
Leur dire que l'esclave est un homme comme eux,
Sais-tu bien, Spartacus, quel serait mon salaire ?
N'as-tu donc jamais vu de grand peuple en colère ?
Eh bien, il faut le dire une fois pour toujours :
Ces hommes demi-nus, nourris de mes discours,
Vétérans qu'a vomis la guerre sociale,
Tout à coup s'indignant d'un nom qui les ravale,
De leur bouche sanglante arracheraient le pain,
Et pour sauver l'honneur, oublieraient qu'ils ont faim.
On les verrait d'abord, assiégeant les comices,
Étaler leur noblesse avec leurs cicatrices ;
Puis aux champs, les bouviers, parmi les demi-dieux,
Iraient à la charrue évoquer leurs aïeux.
En vain je montrerais, au fond, les lois agraires :
Ils ne verraient partout qu'esclaves belluaires

Sous la peau du renard envahissant l'État.
Que dis-je ? pour venger ce public attentat,
Le peuple dans l'oubli met ses propres injures ;
Du sénat et des grands il lèche les morsures ;
Et pleurant son divorce avec ses oppresseurs,
L'agneau bêlant s'enfuit chez les loups ravisseurs.
Va ! je connais le peuple, et sais ce qu'il peut faire.
Un noble vit caché, sous chaque prolétaire.
Les Gracques, Saturnin, Drusus m'ont enseigné
Qu'un tribun est perdu quand l'orgueil a saigné.
Est-ce ainsi, diraient-ils, que Scrophas nous adore
L'avons-nous donc nommé pour qu'il nous déshonore
Puis, ma tête coupée, illustrant mes revers,
Irait balbutier ma réponse aux enfers.

SPARTACUS.

Notre amitié peut tout.

SCROPHAS.

Ah ! je crains moins ta haine.

SPARTACUS.

Mais en nous unissant, la victoire est certaine.

SCROPHAS.

J'aime mieux la défaite.

SPARTACUS.

Esclave et plébéien,
En quoi diffèrent-ils ?

SCROPHAS.

L'un est tout, l'autre rien.

SPARTACUS.

La Parque vous a fait des maux pareils aux nôtres.

SCROPHAS.

Légitimes chez vous, injustes chez les autres.

SPARTACUS.

On vous a vus pleurer.

SCROPHAS.

On nous a vus mourir ;
Mais les dieux vous ont faits seulement pour souffrir ;
Ils nous ont épargné les serviles alarmes.

SPARTACUS.
Pourquoi donc ont-ils mis dans vos yeux tant de larmes?

SCROPHAS.
Ce sont des pleurs de sang qui ruissellent des cieux.

SPARTACUS.
Que les cieux pleurent moins et qu'ils vous aident mieux!
Oui, tu fus allaité par la louve du Tibre ;
Cependant comme nous, je puis te faire libre.
Songes-y.

SCROPHAS.

Comme vous ! Trop de fois acheté,
Tu peux donner la mort, mais non la liberté.

(Scrophas et Luciu sortent.)

SCÈNE III.

SPARTACUS, GÉTA, PALLAS, COTYS, GALLUS, PARMÉNON,
CHŒUR D'ESCLAVES.

SPARTACUS.
Cœurs durs ! peuples vieillis dont l'orgueil fait la force !
Le figuier ruminal n'a plus rien que l'écorce.

(Aux esclaves.)

Amis, vous n'êtes pas comme sont ces Romains,
Décrépits en naissant, usuriers, publicains.
Vous avez avant tout faim et soif de justice,
Et vous frappez la terre afin qu'il en jaillisse
Un nouveau droit pour tous qui croisse par degrés.

15.

Vous traînez après vous l'ombre des monts sacrés.
Un sang jeune, immortel, circulant dans vos veines,
Rajeunit l'univers. De vos âmes trop pleines
Débordent les pensers qui dormaient avant vous.
O délices ! cet air que j'aspire est à nous !
Ce brin d'herbe est à moi, pendant que je le foule ;
Il est à nous, le flot qui gronde et qui s'écoule.
Je partage les cieux avec toi, Jupiter,
Sans qu'un maître insolent vienne me disputer
Mon lambeau de soleil dans ta robe azurée !
Sans doute c'est beaucoup pour une âme enivrée,
Que deux consuls détruits aussitôt qu'aperçus ;
Gellius et Caton renversés sur Crassus ;
Au Vésuve, à Modène, en Pouille, en Lucanie,
Les champs partout comblés de leur ignominie ;
Nos bouviers attelant au joug le peuple-roi ;
Plébéiens, sénateurs confondus par l'effroi,
Quand, le fils de l'esclave enchaînant leur armée,
J'ai fait par leurs licteurs fouetter leur renommée.
Beau triomphe ! il est vain si nous n'achevons pas.
L'Italie est à nous. Traversons-la d'un pas ;
Et dans Rome, en courant, décapitons l'empire ;
Mais craignons-le toujours, tant qu'un Romain respire.
Par-dessus l'Alpe même allons tendre la main
Au Gaulois chevelu qui dort près du Germain ;
Grands peuples vagissants dans leurs berceaux de glaces
Il ne faudra qu'un cri pour éveiller ces races.
Sur leurs fronts engourdis nous suspendrons nos fers,
Qui gémiront, la nuit, au souffle des hivers.
Nous dirons : Levez-vous ! Descendez, avalanches !
Peuples vierges encor, tels que les neiges blanches !
Ils descendront. Dès lors plus de verges, de fouets,
Et plus d'hommes servant aux hommes de jouets,

Car nul ne craindra plus que retrouvant son glaive,
Rome sur son séant un jour ne se relève.
De la postérité je vous vois adorés :
Ce sont là mes projets, vous les accomplirez.

PALLAS.

Chez la postérité Spartacus nous convie ;
Et, foulant sous ses pieds les biens de cette vie,
Ce soir il nous invite à souper chez Pluton ;
Voilà son grand projet, eh bien, le suivra-t-on ?

COTYS.

Évitons avant tout la discorde au teint blême ;
Nos ennemis sont près, et cette heure est suprême ;
En nos propres pensers sans trop nous confier,
Il faut au bien commun beaucoup sacrifier.

PALLAS.

C'est juste ! Un mot pourtant. Assis dans le prétoire,
Spartacus veut-il seul user de la victoire ?
Qu'il réponde à ce mot et je suis satisfait.

GALLUS.

Il a raison. Nos mains sont vides en effet.
Oui, réponds, Spartacus.

COTYS.
          Garde-toi de répondre.

PALLAS.

Je ne veux rien qu'un mot qui serve à me confondre.
Qu'il nous dise pourquoi, reculant l'avenir,
L'âge d'or tant promis est si lent à venir ?
Pourquoi, nouveau Tantale, errant au bord du fleuve,
Je ne trouve que cendre où lui-même s'abreuve ?
Nos maux n'ont pas changé. Que veut-il ? qu'attend-il
Pour arracher l'esclave à l'éternel exil ?
Prétend-il corriger enfin nos destinées ?

SPARTACUS.

Un jour ne change pas l'ouvrage des années.

PALLAS.

Vous l'avez entendu.

SPARTACUS.

Vous l'entendrez encor.
Quand suffit-il d'un jour pour faire un siècle d'or?

GÉTA.

Un jour! nous ne pouvons attendre davantage.
Le vieux monde n'est plus. Ouvre-nous l'héritage.

SPARTACUS.

Quand vit-on la moisson mûrir en un moment?
Frères! le laboureur, en semant son froment,
Dans la nuit du sillon, diligent, le renferme;
Loin de déraciner le grain pour voir s'il germe,
Il se fie au printemps qui marche sur ses pas.
Laissez le droit germer, pour qu'il n'avorte pas.

GÉTA.

Un droit! Qu'est-ce qu'un droit? Il parle comme un maître,
Et ce sont là des mots que je ne puis connaître.
Nous avons trop souffert, trop compté les instants,
Pour vouloir sur le seuil attendre plus longtemps.
Par delà nos souhaits, jardin des Hespérides,
Palais de la sirène au fond des Atlantides,
Calices enivrés d'ambroisie et de nard,
Il faut tout aujourd'hui; demain serait trop tard.

SPARTACUS.

Le temps, qui détruit tout, crée aussi toutes choses.
N'est-ce donc rien déjà que ces métamorphoses
De troupeaux garrottés devenus souverains;
Nos chaînes se forgeant en glaives dans nos mains;
Tant d'esprits aveuglés revoyant la lumière;
Le ver émancipé du joug de la poussière,

Monarque parvenu qui ne veut pas souffrir
Que son règne immortel tarde un jour à s'ouvrir?
Ingrats! n'est-ce rien?

LE CHŒUR DES ESCLAVES.

Non!

GÉTA.

Tu ne peux nous convaincre.

SPARTACUS.

Donnez-moi donc trois jours pour achever de vaincre.

LE CHŒUR.

Non.

SPARTACUS.

Donnez-m'en deux.

LE CHŒUR.

Non.

GÉTA.

Pas un seul. Ah! tu veux
Jusqu'au bout nous payer de promesses, de vœux!
En vain tu contrefais l'ancien patron. N'importe!
Nous t'avons fait le chef pour nous ouvrir la porte
Des songes bienheureux. Allons! que tardes-tu?
Qu'attends-tu donc de nous?

SPARTACUS.

Un moment de vertu.

PALLAS.

Mot des patriciens, tout rongé par la rouille,
Qu'ils jettent en avant dès que leur jeu se brouille!

LE CHŒUR.

N'accorde rien, Pallas! Il voudrait te gagner.

PALLAS.

Nous avons faim et soif, et nous voulons régner,
Sans faire à l'avenir crédit d'une seule heure.

SPARTACUS.

Obéissez ce soir, et que demain je meure !

PALLAS.

Pour croire au lendemain, il nous faut le tenir ;
L'instant où nous parlons est pour nous l'avenir.
De nos sueurs de sang nous voulons le salaire,
Divine toison d'or, vision populaire,
Qui s'est montrée à nous dans nos rêves ardents,
Quand la famine en deuil nous mordait de ses dents.

LE CHŒUR.

C'est cela ! Le salaire ou bien la sépulture,
Afin qu'à nos petits nous donnions la pâture.

GÉTA.

Demandez le salaire avec le donatif.
Il voudrait vous traiter comme on traite un captif.
Voyez ; il feint déjà de ne pas vous entendre.

LE CHŒUR.

Que veux-tu, Spartacus est riche ! il peut attendre.

SPARTACUS.

Je suis riche en effet des biens que je n'ai pas.
J'interdis l'or, l'argent, la pourpre. Mettez bas
Ces colliers de rubis où s'enchaînent vos âmes ;
Quittez ces bracelets et les rendez aux femmes ;
Plus de bagues, d'anneaux, si ce n'est aux vaincus ;
Il ne faut que du fer autour de Spartacus.

GALLUS.

Qu'en penses-tu, Cotys, toi qui le déifie ?

COTYS.

C'en est trop à la fin ; vraiment il nous défie.

GALLUS.

Est-il donc plus que nous pour régner en effet ?

GÉTA.

Refusons d'obéir ; c'est nous qui l'avons fait.

Qu'à sa place aujourd'hui chacun de nous commande.
LE CHŒUR.
Non ! plus de chefs. Voilà le bien que je demande.
SPARTACUS.
N'attendez pas ici, tant votre règne est neuf,
Que Crassus, en marchant, vous écrase dans l'œuf.
GÉTA.
Nos boucliers d'osier, couverts de peaux de bêtes,
Supporteraient les cieux, s'ils croulaient sur nos têtes.
GALLUS.
Bah ! Spartacus a peur ; voilà tout le secret ;
Il craint un mur qui marche !
PALLAS.
                        Il suit son intérêt :
Il veut jouir des biens conquis sur nos misères.
Soigneux de nous détruire, orgueilleux mercenaires,
Voilà quels ils sont tous, ces riches parvenus.
Que nous fait après tout Spartacus ou Crassus ?
Querelles de patrons qui s'entendent pour vendre
Le troupeau des clients qu'ils ont l'air de défendre !
GÉTA.
Moi, j'aime mieux Crassus.
PALLAS.
                    Eh ! sans doute il le vaut.
GÉTA.
C'est du moins un grand homme !
PALLAS.
                        Un maître comme il faut.
GÉTA.
Qui n'est pas échappé du fond d'un ergastule.
PALLAS.
Qui n'a volé personne en pillant son pécule.

GÉTA.
Et c'est honte vraiment que de ployer le cou...
PALLAS.
Sous un Ilote impur, sorti je ne sais d'où.
PREMIÈRE PARTIE DU CHŒUR.
Vivent Géta! Pallas! Aux crocs le belluaire!
SECONDE PARTIE DU CHŒUR.
Spartacus aux lions! en croix! au Spoliaire!
(Les esclaves tirent leurs épées et entourent Spartacus en le menaçant.)
LE CHŒUR.
Vois-tu ces glaives nus? Ils ont soif de ton sang.

SPARTACUS, il s'avance sur les glaives. A mesure qu'il marche, les esclaves reculent.

Je vous les ai donnés; percez-m'en donc le flanc.
Oui, puisque Spartacus ainsi vous importune,
Tuez-le; je veux bien; mais prenez sa fortune.
Vous cherchez ses trésors? Regardez; ils sont là,
Dans ce cœur, dans ce sein, dans ce front que voilà.
Comment! vous n'osez pas? Laissez les craintes vaines.
Courage! allons, frappez; venez, fouillez ces veines.
Ici vous trouverez ce qui vous manque ailleurs,
L'espérance, et peut-être aussi des dieux meilleurs.

(Les esclaves ont reculé jusqu'au seuil.)
UN ESCLAVE.
Comme il sait bien mourir.
GALLUS.
Oui! c'est un brave, en somme.
COTYS.
Ah! malédiction que de tuer cet homme!
UN ESCLAVE.
Avez-vous vu quel feu de sa bouche est sorti?
COTYS.
Marque d'un demi-dieu qui jamais n'a menti.

GALLUS.

Autour de lui j'ai vu, légions immortelles,
Ses victoires d'airain le couvrir de leurs ailes.

COTYS, au chœur.

Afin qu'il nous pardonne, approchons-nous de lui.
Qu'allions-nous faire, ô ciel, si ce rayon n'eût lui !

LE CHŒUR tombe aux pieds de Spartacus.

Pardonne : vois nos pleurs. Nous couvrirons de cendre
Nos habits. Daigne encor jusqu'à nous redescendre.
Vois, nous te supplions par tes sacrés genoux :
Accepte nos remords, ô Dieu !

SPARTACUS.

Retirez-vous.

(Tous sortent, excepté Spartacus et Parménon.)

SCÈNE IV.

SPARTACUS, PARMÉNON.

SPARTACUS.

Toi, demeure, affranchi : c'est sur toi que je compte.
Mélange monstrueux de grandeur et de honte,
Tu me comprendras mieux, sans doute que Scrophas.
Chez toi notre sang crie ; oui, ne t'en cache pas.
L'affranchi, c'est Janus, ayant double visage,
L'un pour la liberté, l'autre pour l'esclavage.
Armés du double front, vous pouvez, sans combats,
D'en haut tendre la main à ceux qui sont en bas,
Et de l'abîme sourd où la masse fourmille,
Après vous arracher votre immense famille.

PARMÉNON.

Que dis-tu ? Des ingrats qui méritent leur sort !

Un ramas de brigands affamés de ta mort,
Qui dans la liberté voient la fainéantise,
Et que pour la sportule un Géta fanatise !
Bientôt, tu vas nier qu'ici, lâches pillards,
On les a vus tourner contre toi leurs poignards.

SPARTACUS.

Ils pleurent sur le crime avant de le commettre;
Leurs vertus viennent d'eux, leurs vices de leur maître.

PARMÉNON.

Eh bien, ils te perdront. C'est un malheur, crois-moi,
Quand s'égare chez eux un homme tel que toi.
Le ciel t'avait-il fait pour ces grossiers génies ?
Veux-tu donc jusqu'au bout les suivre aux gémonies ?
Dans quel but ? à quoi bon ? pour la gloire ?... ah ! j'enten
Le sacrifice est beau quand il vient en son temps :
Celui des Curtius n'est plus du tout le nôtre,
Et c'est d'un faible esprit que d'imiter un autre.
La vertu surannée est un vice, à son tour.
Que les Parques bien mieux auraient filé ce jour,
Si tu n'avais brouillé toi-même leur ouvrage !
Le progrès s'amassait dans l'urne du suffrage.
Client d'un bon patron, de sa moelle enrichi,
Déjà je te voyais au banc de l'affranchi,
Presque libre, sourire, attendant qu'on te craigne.
Notre classe, après tout, est la classe qui règne.

SPARTACUS.

As-tu donc oublié d'où tu sors ?

PARMÉNON.

Je le sais.

SPARTACUS.

L'esclave est ton parent....

PARMÉNON.

C'est pourquoi je le hais.

SPARTACUS.

Tes entrailles, ton sang, ton ombre, ton image !

PARMÉNON.

Je te l'ai déjà dit, je l'en hais davantage ;
Il se souvient trop bien que je naquis chez vous.

SPARTACUS.

Cependant ton vieux père !.... il servit comme nous.

PARMÉNON.

Mon père fait ma honte, à moi, je le renie ;
Pourquoi m'a-t-il légué ce faix d'ignominie ?

SPARTACUS.

Mais son nom, c'est le tien.

PARMÉNON.

Le patron m'a prêté
Un nom couvert d'encens et d'immortalité.

SPARTACUS.

Rougir de son père !... Ah ! tu m'ouvres des abîmes.

PARMÉNON.

Un grand homme à ses pieds met ses douleurs intimes :
Laissons dans leurs tombeaux nos aïeux asservis...
Mais je vois la prêtresse ; elle amène ton fils.

(Parménon sort.)

SCÈNE V.

SPARTACUS, CINTHIE, LEUR ENFANT.

CINTHIE.

Que veulent-ils ? On dit qu'ils demandent ta vie ;
Où sont-ils ? Me voici de notre enfant suivie.
Qu'ils nous frappent tous trois, si notre premier-né
Ne charme, avec ses pleurs, le lion déchaîné,

SPARTACUS.

Femme, rassure-toi ; légers comme l'arène,
Un souffle les abat, un souffle les entraîne.

(Il prend la main de Cinthie et celle de l'enfant.)

Famille de l'esclave ! abri ! recueillement !
Dieux Lares, faites-moi jouir de ce moment.
O femme, loin du monde où l'avenir se voile,
Quand verrai-je tes mains en paix tisser la toile,
Au pied du sombre Hémus, dans ma maison de bois,
Visité seulement du vieux cerf aux abois ?

CINTHIE.

Alors il sera beau, près d'un feu de broussailles,
De t'entendre conter à l'enfant tes batailles.

SPARTACUS, à l'enfant, en le prenant entre ses bras.

Oui, douce créature, approche, souris-moi.
La liberté se cache ; enfant, elle est chez toi,
Tout entière en tes mains, retirée en ta garde.
Où la vais-je chercher, lorsque je te regarde ?
Je la vois, dans tes yeux, qui rit à l'univers.
Ces bras n'ont pas connu les outrages des fers.
Point de marques à ces pieds, à ce front nulle empreinte,
Hors le signe divin où l'innocence est peinte.

(Il le soulève dans ses bras.)

O douce haleine ! viens ; dans ton âme en sa fleur
Respirent les parfums d'un monde sans douleur.

CINTHIE, à l'enfant.

Garde en ton cœur, mon fils, chaque mot de ton père,
Comme s'il te parlait à son heure dernière.

SPARTACUS, à l'enfant.

Seras-tu fier un jour d'avoir mon bouclier ?
Vois, enfant, comme il pèse.

LES ESCLAVES.

L'ENFANT, essayant de porter le bouclier.

Ah! quand donc, sans plier,
Pourrai-je le porter?

SPARTACUS.

Essaye aussi mon glaive.

L'ENFANT.

Mère, regardez-moi ; déjà je le soulève.

SPARTACUS.

Quand ma vieillesse aura fait place à ton printemps,
Que l'univers dira quel je fus en mon temps,
Mes veilles, mes travaux, où ton berceau remonte,
Es-tu bien sûr, enfant, de n'avoir pas de honte?

L'ENFANT.

Quoi !

SPARTACUS.

De ne pas rougir en m'entendant nommer?

L'ENFANT.

Père !

SPARTACUS.

En me reniant tu peux me diffamer.
Ils te raconteront, les lâches, moi, que sais-je?
Que ton père, autrefois, ne fut qu'un sacrilége ;
Un brigand que dans l'ombre un licteur a frappé;
Quelque loup ravisseur de sa cage échappé;
Un fugitif : vois-tu ? dans ce mot c'est tout dire.
Que feras-tu, mon fils? Voudras-tu me maudire ?
Montre-moi ta réponse en tes yeux transparents.

L'ENFANT.

Qui donc a pu jamais maudire ses parents ?
Le petit du lion marche après la lionne ;
L'agneau suit la brebis que le pâtre aiguillonne,
Et le faon suit la biche au sommet du rocher.
Où marchent leurs parents, ils passent sans broncher.

A mon tour, je ferai comme font tous les autres ;
Je poserai mon pied où je verrai les vôtres.

SPARTACUS.

Bien ! Ta mère, ô mon fils, t'a nourri de son lait :
Par ta bouche d'enfant la prêtresse parlait.
Que tes jours soient nombreux comme au ciel les étoiles !
Puisse un faune, un berger, t'enveloppant de voiles,
T'emporter dans son antre au-dessus des combats,
Loin des chiens altérés qui marchent sur nos pas !...

(Après un silence.)

Mais quoi ! quelle pensée empoisonne ma joie ?...
Toi !... que des chiens plutôt tu deviennes la proie !
Grands dieux ! suis-je son père ou bien son assassin ?

CINTHIE.

Quelle douleur nouvelle est entrée en ton sein ?

SPARTACUS.

Ne m'interroge pas.

CINTHIE.

Que ton silence effraie !

SPARTACUS.

Garde-toi d'arracher la flèche de ma plaie.

CINTHIE.

Dis ta pensée, ô roi !

SPARTACUS.

Je ne puis

CINTHIE.

Je la sais.

Tu vois ton fils captif.

SPARTACUS.

L'ai-je dit ?

CINTHIE.

Oui.

SPARTACUS.

Jamais.

CINTHIE.

Tes yeux parlent : les mots n'ont plus rien à m'apprendre ;
Tu vois ton fils esclave et vendu sur ta cendre.
Ai-je bien deviné ?

SPARTACUS.

Femme, puisque tu lis
Les secrets infernaux dans l'ombre ensevelis,
C'est vrai ; je dirai tout. Oui, cette peur me glace,
La sueur des mourants se répand sur ma face,
Quand je songe que lui !... Dieux ! s'il devait, un jour,
Ce que j'ai supporté l'endurer à son tour ;
S'il devait amuser après nous les arènes ;
Si ses fragiles mains devaient porter mes chaînes ;
Si d'avance flétri...

CINTHIE.

Cela ne sera pas.

SPARTACUS.

Ainsi, son père mort ?...

CINTHIE.

L'enfant suivra nos pas.

SPARTACUS.

Tu sauras l'affranchir ?

CINTHIE.

Aussi bien que moi-même.

SPARTACUS.

Des affronts de la croix ?

CINTHIE.

Du servile anathème.

SPARTACUS.

Jure-le.

CINTHIE.

Je l'ai fait.

SPARTACUS.

Redis par quels serments.

CINTHIE.

Par la Nuit, par la Terre, et par nos ossements !

SPARTACUS.

Plutôt qu'il soit esclave et vive de bassesses,
Emportez-le, grands dieux !

CINTHIE.

Et vous, bonnes déesses.

SPARTACUS.

Vous, démons souterrains.

CINTHIE.

Et toi, pâle Erinnys.

L'ENFANT.

Où me conduiront-ils ?

CINTHIE.

Où nous serons, mon fils.

(Cinthie et l'enfant sortent.)

SCENE VI.

SPARTACUS, seul.

Où vas-tu, Spartacus ? Crois-tu seul être sage ?
L'esclave a réparé lui-même l'esclavage.
Rivaux d'ignominie, ardents à se tromper,
Quand les petits aux grands s'unissent pour ramper,
Que les hommes nouveaux, singeant la vieille race,
Se disputent le joug pour le changer de place,
Veux-tu donc affranchir l'univers malgré lui ?

Qui t'a commis ce soin? Qui t'en prie aujourd'hui?
—Moi-même.—Et de quel droit?—Du droit d'une grande âme.
—Et s'il aime à dormir sur le chevet infâme;
S'il affiche l'opprobre au lieu de s'en cacher,
Qui t'a fait si hardi que de l'en arracher?
Ne peut-il, à son gré, vouloir qu'on l'emprisonne?
La liberté te plaît? Mais qui la veut? Personne.
Sous son large étendard tu crois tout rallier?
Le démagogue a peur de se mésallier.
Ton triomphe, grand homme, est-il une ironie?
Écoute! après ton char, quel chant d'ignominie
S'élève en ricanant par-dessus les clairons?
Après les serviteurs, que disent les patrons?
Toujours le même mot retentit: Servitude!
L'écho te le renvoie ici par habitude.
Esclave! c'est le cri des cieux et des enfers;
Esclave! c'est le mot qui créa l'univers.
Il part en gémissant du sein de chaque chose,
Sitôt que sur la terre un pied d'homme se pose:
Partout l'esclave traîne un esclave après soi,
Chaîne immense, attachée aux pieds du peuple-roi.

(Après un silence.)

Mais non!... Vers l'inconnu, marchons tête baissée,
Laissant au front des dieux l'importune pensée.

(Au moment de sortir, il s'arrête sur le seuil.)

Quel présage! à mes pieds deux hommes endormis!
Ils rêvent. Écoutons ce que les cieux ont mis
Dans leurs bouches. Souvent par ses portes d'ébène,
Le sommeil fait passer la vérité sereine.
Voyons, que disent-ils? Où tendent leurs esprits?

UN ESCLAVE, couché sur le seuil et endormi.

Des esclaves!

UN AUTRE ESCLAVE, endormi.

Mes fers !... Le maître m'a repris...
Pitié ! Maître !... Pardonne... arrête la torture...
Ah !... tu fouettes un mort. Donne la sépulture...
Bourreau, tu m'as tué... Maître, tiens ! prends mes jours...
Quoi !... déjà chez Pluton ?... Esclave encor ?... Toujours.

(Spartacus sort.)

SCÈNE VII.

LE CHŒUR DES ESCLAVES.

O sommeil, vrai Dieu de l'esclave,
Oubli des jours et des travaux !
Maudit soit celui qui te brave,
Et sur ton front serein et grave
Flétrit la touffe de pavots !

Seul, tu n'attends pas la prière,
Dieu complaisant pour les mortels.
En souriant, sur leur paupière,
Tu viens poser ton doigt de pierre,
Avant qu'ils t'aient fait des autels.

Sur ton lit de myrte ou de cendre,
Où dort l'aveugle Éternité,
Oublier tout, ne rien attendre,
Sans penser, sans voir, sans entendre,
N'est-ce pas la félicité ?

En revoyant le crépuscule,
Nous retrouvons le souvenir,

Maîtres ingrats, travaux d'Hercule,
Jours dévorés dans l'ergastule ;
Dieu bon, assoupis l'avenir.

Écarte d'ici jusqu'aux songes
Dont l'aile bat autour de moi ;
Et loin de l'ombre où tu nous plonges,
Enchaîne l'essaim des mensonges.
Sommeil, nous n'adorons que toi !

Reviens, mais sans la troupe noire
Des fantômes fils de la Nuit
Qui ressuscitent la mémoire.
En ouvrant la porte d'ivoire,
Une larve fait trop de bruit.

ACTE V

Un promontoire du détroit de Messine. Une porte du camp de Spartacus.
Avant le lever du soleil.

SCÈNE I.

SCROPHAS, LUCIUS, PARMÉNON, STELLA.

STELLA, elle tient une quenouille et un fuseau.
Voici le jour ! fuyez ; le jour est près d'éclore !
La cigale éveillée a salué l'aurore.
Adieu, maîtres, adieu !... Mais rendez-moi ces fers.

(Elle leur ôte leurs chaînes.)

L'œil du jour qui voit tout s'ouvre sur l'univers.
Partez, et que les dieux vous prêtent leur égide !

SCROPHAS.

Puissent-ils t'écouter ! Quel sera notre guide ?
Est-ce toi ? car jamais ton grand cœur n'a fléchi ;
Ou bien nous fierons-nous à ce vieil affranchi ?

PARMÉNON.

Vous pouvez me fier sans crainte votre vie :
Je connais mieux la route et l'ai déjà suivie.

(A Stella.)

Enfant, pour endormir le soupçon sur nos pas,
Toi demeure en otage et ne t'éloigne pas ;
Mon avis est aussi que pour tromper l'attente,
Tu files ton fuseau, debout devant ma tente.

STELLA.

Souviens-toi, Lucius, que Stella va mourir.

LUCIUS.

Tu parles comme ceux qui sont las de souffrir.
Invoque, en nous quittant, Minerve filandière;
Sa chouette a crié trois fois dans la bruyère.
Belle Parque, à l'ouvrage! au lieu des jours maudits,
File-nous d'autres jours d'or et de soie ourdis.

STELLA.

Soyez heureux! Déjà le jour boit la rosée.
Maîtres, souvenez-vous de moi dans l'Élysée,
Si l'on y laisse entrer nos ombres après vous.
Adieu! j'embrasse encore une fois vos genoux.

(Scrophas, Lucius, Parménon, sortent.)

SCÈNE II.

STELLA, filant sa quenouille.

Minerve filandière, ô déesse, tu cueilles
Les blancs fils du printemps voltigeant sur les feuilles,
Dans les bois, dans les prés tout parfumés de thym,
Pour tisser sur les monts la robe du matin;
Toi qui tiens la quenouille au-dessus du nuage,
Sous tes yeux commencé, regarde cet ouvrage.
Fais que ce fil errant qui tombe de mes mains
Guide les fugitifs à travers les chemins.
Toi qui sais endormir les fuseaux pleins de laine,
Endors aussi mon cœur et retiens mon haleine.
Mets ta paix dans mes yeux, ta force sur mon front:
Déesse, assiste-moi! Quand les bourreaux viendront,
Dans ma bouche retiens le cri de la torture;
Ne livre pas mon corps aux oiseaux en pâture.

SCÈNE III.

STELLA, CINTHIE.

CINTHIE.

Bienheureuse Stella, ton cœur est dans la paix;
Des prémices du jour tu goûtes les bienfaits :
Les fuseaux diligents, emplissant ta corbeille,
Tu célèbres l'aurore, avant qu'elle s'éveille
Parmi les aloès sur son lit virginal.
Tu mêles l'hymne saint au travail matinal.
Mais qu'il me tarde à moi que ce long jour finisse!
Comme un taon qui s'acharne aux flancs de la génisse,
Dans mes songes errante, au milieu de la nuit,
Le noir pressentiment m'assiége, me poursuit.
Où fuir? ou m'arrêter? L'ardente prophétie
En sursaut dans mon cœur se lève et balbutie.
Que ne puis-je à ta place, achevant ton fuseau,
Enchaîner comme toi mon âme à ce roseau!

STELLA.

L'âme n'est pas toujours enchaînée à l'ouvrage,
Ni le cheval au char, le bœuf au labourage.

CINTHIE.

Saluons donc les dieux qui ne dorment jamais.

STELLA.

Ils nous voient l'une et l'autre, assis sur les sommets.

CINTHIE.

Par ces rameaux chargés de laine printanière,
Supplions le Soleil d'abréger sa carrière.

STELLA.

Qu'à tous les voyageurs qui vont à l'Orient

Il montre jusqu'au bout un visage riant !

CINTHIE.

Trop lente à cheminer au bord du précipice,
Qu'il prenne sur son char l'immuable Justice !

STELLA.

Aux pâles fugitifs qu'il rouvre leur foyer !

CINTHIE.

Nos vœux sont entendus... Mais pourquoi t'effrayer?...
O ciel!... Je vois au loin s'élever la poussière,
Du combat qui la suit sanglante avant-courrière !
Où va ce char ailé qui fuit loin des remparts ?
Quelle épée a brillé sous ces myrtes épars?

STELLA.

C'est le feu qu'un berger rallume à son haleine.

CINTHIE.

N'entends-tu pas hennir des chevaux dans la plaine?

STELLA.

J'entends mugir les bœufs qu'on mène à l'abreuvoir.

CINTHIE.

Ce n'est pas un troupeau qui mugit. Veux-tu voir?
C'est le camp des Romains assis sur la falaise ;
Il s'émeut comme l'eau qui bout dans la fournaise.
Quel essaim bourdonnant autour des étendards !
Sur les noirs boucliers étincellent les dards.
Les voilà ! ce sont eux ; jetons le cri d'alarmes :
Frères, amis, debout! éveillez-vous ! aux armes !

SCÈNE IV.

Les mêmes, PALLAS, GÉTA.

PALLAS.

Que nous veulent ces cris de femmes et d'enfants ?

CINTHIE.

Je vois déjà marcher les tours des éléphants.

PALLAS.

Ici que faites-vous ? Est-ce un piége où nous sommes ?
Vous semez l'épouvante au fond du cœur des hommes.
Prêtresse de malheur, qu'annonces-tu ?

CINTHIE, montrant au loin le camp de Crassus.

Voyez !

GÉTA.

Cela ? C'est la tortue aux mille boucliers,
Lourde écaille d'airain qui rampe sur la rive.
Bah ! le jour sera clos avant qu'elle n'arrive.

PALLAS.

Nous cherchons le tribun. Est-il vrai qu'il a fui ?
Toi, prêtresse, réponds. Qu'avez-vous fait de lui ?
Si Spartacus n'est pas le traître qu'on suppose,
S'il n'est pas acheté pour livrer notre cause,
Montrez-nous enchaînés Scrophas et Lucius.
Le peuple est défiant. On dit que Spartacus
Les a de cette tente introduits dans la vôtre,
Pour arrhes du marché délivrés l'un et l'autre ;
Qu'emportés sur un char à l'ombre des forêts,
Ils vendent à Crassus nos intimes secrets.
Voilà ce que l'on dit, témoin toute l'armée ;
Ce n'est rien qu'un faux bruit, sans doute, une fumée.

D'accord; tout le premier, je m'en veux réjouir.
Mais enfin, il en est qu'on ne peut éblouir
Comme moi par un nom, tant ils sont pleins de haine.
Que l'on nous montre ici le tribun à la chaîne,
Et les plus mutinés rentrent dans le devoir.

GÉTA.

Le tribun! Le tribun! Qu'on nous le fasse voir!
Par nos soins aussitôt s'apaise le tumulte.

CINTHIE, à Stella.

Leur demande n'a rien qui ressemble à l'insulte;
Il la faut accorder; qu'avons-nous à cacher?
Le tribun est chez nous : Stella, va le chercher.

PALLAS.

Attendons.

CINTHIE, à Stella.

Obéis.

GÉTA.

Que tarde-t-elle encore?

STELLA.

Le tribun est parti ce matin dès l'aurore.

CINTHIE.

Qu'entends-je?

GÉTA.

Il est en fuite!

CINTHIE.

O jour trois fois maudit!

GÉTA.

O noire trahison!

PALLAS.

Eh bien, qu'avais-je dit?
Va! de la trahison ce n'est qu'une partie.

STELLA.

Écoutez-moi d'abord, Pallas, et vous, Cinthie:

Tout ce que vous ferez après sera bien fait.
Le tribun et son fils sont libres en effet.
Pourtant ne dites pas : Spartacus est un traître !
C'est un héros. Scrophas était mon ancien maître ;
Mes mains l'ont délivré. Je le jure.

PALLAS.

Tais-toi.

STELLA.

Moi seule j'ai tout fait ; oui, vengez-vous sur moi.

PALLAS.

Par Minerve ! tu mens. Dis, quels sont tes complices ?
Spartacus en est un ; parle, ou cours aux supplices.
Tu gardes ton secret ? C'est bien ; va ! le bûcher
Par la main du bourreau saura te l'arracher.

STELLA.

Oui, ces mains, je l'ai dit, ont tout fait.

PALLAS, s'élançant vers Stella.

Imposture !

STELLA.

C'est moi.

CINTHIE.

Pitié !

STELLA.

C'est moi.

GÉTA.

Gardes !

PALLAS.

A la torture.

(Les gardes entraînent Stella.)

SCÈNE V.

Les mêmes, GALLUS, esclaves.

PALLAS.

Soyez juges, vous tous ; à vous je m'en remets.
Hier avais-je tort ? dira-t-on désormais
Qu'effronté courtisan du lion populaire,
Je noircis mes amis pour flatter sa colère,
Louche esprit, ombrageux, qui médit du soleil ?
Dans le complot tramé pendant votre sommeil,
Stella c'était le bras, et Spartacus la tête.
Pour l'avoir dit trop tôt, étais-je un faux prophète ?

CINTHIE.

Non, vous ne croirez pas...

PALLAS.

Je te condamne aussi :
De quel front oses-tu nous défier ici ?
Va chez ton Spartacus fabriquer tes oracles,
Il a dans ce moment besoin de tes miracles.

GALLUS.

Comment ? Que dites-vous ?

PALLAS, à Gallus et aux Esclaves.

L'ignorez-vous encor ?
Il a remis Scrophas aux Romains à prix d'or.
L'infâme ! On lui donnait l'héritage d'Attale,
Avec le droit du glaive.

GALLUS.

Ambition fatale !

GÉTA.

C'est l'acheter bien cher, qu'en faire un petit roi.

Que voulait-il ? Ramper dans un sordide emploi.
GALLUS.
Plût au ciel que le sort l'eût exempté de naître !
PALLAS.
Le contrat est signé ; chacun peut le connaître.
GALLUS.
Les témoins ?
PALLAS.
Tout le monde. Oui ; ne vous trompez pas;
Suspectez l'ombre même attachée à vos pas :
Peut-être jusqu'ici la trahison se glisse.
Pencher vers Spartacus, c'est être son complice ;
Et je tiens criminel qui le juge innocent.
GALLUS.
Une preuve ! une seule !
PALLAS.
On vous en montre cent :
Dans le cirque, avec nous, la première entrevue ;
Rome sur les gradins se levant à sa vue ;
Puis avec les captifs son nocturne entretien ;
L'heure, le lieu choisi, sans qu'on en sache rien ;
Les vertus des vieux temps à nos dépens jouées ;
Pour lui l'ovation, et pour vous les huées ;
Que sais-je ? mille faits, indices évidents ;
Ce faux œil d'épervier qui regarde en dedans ;
Tout enfin ; et j'allais oublier chez le traître,
Les prisonniers changés en espions du maître.
GALLUS.
Après ce dernier trait, les mots sont superflus ;
A mon tour, je vois clair et ne résiste plus.
CINTHIE.
Pour moi, tant de forfaits m'obligent de sourire !
Je ne sais si les cieux voudront me contredire ;

Mais quand la terre aux cieux s'unirait pour tromper,
Je sais que mon mari n'est pas homme à ramper ;
Qu'il est un demi-dieu sous qui rampent les autres ;
Que sa tête, en tombant, fera tomber les vôtres.

PALLAS.

De sa chute, ce dieu dût-il nous accabler,
Pourtant, il faudra bien, prêtresse, l'immoler,
Non pas honteusement, dans l'ombre, par derrière,
Mais en face, à l'autel, le front chargé de lierre,
Comme on fait un parjure au glaive abandonné.
Il t'appartient ! Qu'il soit par tes mains moissonné.
Les peuples à tes flancs ont ceint ce fer qui brille ;
Aiguise, moissonneuse, aiguise ta faucille :
L'épi lève trop haut sa tête dans les champs.

GÉTA.

Ceins le bandeau de cuivre et commence tes chants.
Spartacus fut toujours notre mauvais génie ;
Il a jeté sur nous un sort.

PALLAS.

Ignominie !
Nous le vouons aux dieux.

CINTHIE.

Frères, y pensez-vous ?
Moi, prêtresse, immoler Spartacus, mon époux !

PALLAS.

Es-tu prêtresse ? Enfin, il est temps qu'on le voie.

CINTHIE.

Immoler ! Qui ?

GÉTA.

Regarde.

PALLAS.

Un démon te l'envoie.

SCÈNE VI.

Les mêmes, SPARTACUS, COTYS.

GÉTA.

C'est toi qui l'as voulu, Spartacus, sois content ;
Aux mains des moissonneurs la faucille t'attend.

CINTHIE.

Ils t'accusent, ô roi, de trahir les esclaves.

GÉTA.

Nous t'avons dévoué.

SPARTACUS.

Je vous cherchais, ô braves !
Il nous reste un moment, courons à l'ennemi ;
Qu'il ne surprenne pas Spartacus endormi.

PALLAS.

Arrêtez, arrêtez ; c'est un piége qu'il dresse :
Pour vous vendre, il s'entend avec la prophétesse.

GALLUS.

Au moins, défends-toi donc ici de nous trahir.

SPARTACUS.

Si je me défendais, il faudrait vous haïr.

COTYS.

Mes yeux ont vu mourir Stella dans les supplices ;
Sa bouche a refusé d'inventer des complices.

SPARTACUS.

Les ennemis sont là, démasqués à moitié.
Hâtons-nous ; aujourd'hui je veux combattre à pied.
J'ai tué mon cheval ; tuez aussi les vôtres :
Vainqueurs, dans le butin nous en trouverons d'autres ;
Vaincus, est-il besoin d'un cheval chez les morts ?

PALLAS.

Ah! tu veux, poings liés, nous livrer sans remords?
Stratagème innocent! Mais, sans doute, tu railles;
Nous te connaissons trop.

SPARTACUS.

Venez dans la bataille;
Là je vous répondrai.

GALLUS.

Je te crois, je te suis.

PALLAS.

Il te perd, insensé; quitte-le!

GALLUS.

Je ne puis.

COTYS.

Suivons le cri perçant du démon de la guerre.

PALLAS.

Cri de la trahison que j'annonçai naguère!

(Tous sortent, excepté Pallas et Géta.)

SCÈNE VII.

PALLAS, GÉTA.

PALLAS.

Trop crédules toujours, trop aisés à tromper!
Ils partent. Je les suis... Mais c'est pour le frapper.

GÉTA.

Avec Rome, en effet, s'il est d'intelligence,
Debout, derrière lui, nous serons la vengeance.

(Ils sortent.)

SCÈNE VIII.

CINTHIE, CHŒUR DE FEMMES ESCLAVES.

(On entend au loin le bruit du combat.)

CINTHIE.

Femmes, autour de nous, qu'on range ici les chars,
Et le joug détaché, faites-en des remparts.
Coupez vos longs cheveux, offrandes sépulcrales ;
Suspendez les lacets aux timons des cavales.
Ici, nos époux morts, comme eux sachons mourir.

UNE FEMME DU CHŒUR.

Que faut-il faire encore ? O maîtresse ! où courir ?

CINTHIE.

Près du taureau d'airain chantons l'hymne du glaive.

LE CHŒUR.

Que sur l'aile des vents dans la nue il s'élève !
Sur les lèvres des morts, qu'il descende aux enfers !

CINTHIE.

Fouettez les chariots du fléau de vos fers.

LE CHŒUR.

Dis-nous le signe heureux qui réjouit l'armée.

CINTHIE.

C'est quand le bouclier épousant la framée
Retentit en cadence à l'ombre des aïeux.

C'est un signe meilleur, quand d'une voix farouche,
Tout un peuple en marchant, le glaive sur la bouche,
    Fait monter son cri dans les cieux.

Levez-vous ! arrivez, forts lions des arènes.
La louve et ses petits vont hurlant sous les frênes ;
La sueur de l'épée inonde les genoux.
Nos époux sont vaillants, ils ont ceint leurs armures ;
Et nos lèvres, ce soir, presseront leurs blessures.

LE CHŒUR.

Un vent de mort passe sur nous.

CINTHIE.

Hommes, entendez-vous les hurlements des femmes ?
Nous irons, le sein nu, remplacer les infâmes,
Et les vieillards dont l'âge accuse le déclin.
Marchez où va le chef. Si vous êtes des lâches,
A vos femmes rendez les glaives et les haches.

LE CHŒUR.

Prenez la quenouille et le lin.

CINTHIE.

Silence ! Savez-vous ce que le vent apporte ?
Un troupeau de fuyards se hâte vers la porte.

LE CHŒUR.

Nous saurons immoler ce vil troupeau perdu.

CINTHIE.

Et s'il vous faut baiser (ô noce sacrilége !)
La main qui massacra vos époux dans le piége ?

LE CHŒUR, montrant les lacets.

Pour nous, ces nœuds ont répondu.

CINTHIE.

D'un sang noir enivrés dans le tombeau des villes,
Je vois monter vers nous le chœur des dieux serviles,
Qui chez l'esclave entrés lui versent leur poison.
Mais sur les monts, les dieux qui pourraient nous défendre,
Craignant de se souiller, n'en veulent plus descendre.

LE CHŒUR.

Trahison !... Trahison !...

SCÈNE IX.

Les mêmes, SPARTACUS blessé à mort et porté sur un bouclier par deux esclaves.

SPARTACUS, à Cinthie.

L'enfant ! qu'en as-tu fait ? dis, malheureuse mère !

CINTHIE.

Il est libre.

SPARTACUS.

J'entends : libre comme son père.

CINTHIE.

Un berger l'a porté dans les antres des ours ;
Puisse-t-il après nous y demeurer toujours !

SPARTACUS.

Ainsi l'espoir survit, quand tout un monde expire.
O sainte femme, entends ce qu'il me reste à dire.
Hâte-toi ; de mon cou, détache ce collier ;
Enterre ici mon glaive avec mon bouclier ;

De notre enfant, un jour, ce sera l'héritage.
Ne laisse pas surtout mes armes en otage...
J'allais vaincre pour eux un monde vermoulu ;
Je leur donnais l'empire ; ils ne l'ont pas voulu.
Insensés, au moment où je criais : Victoire !
Ils ont dit : Trahison !... Le monde va les croire.
Qui sait même ?... Peut-être une servile main
M'a fait là cette plaie à l'insu du Romain.
Retiens ce que j'ai dit, garde-le dans ton âme :
L'esclave perd l'esclave, et moi je meurs infâme.

CINTHIE.

Il pourra, grâce aux dieux, s'en trouver après moi,
Qui mourant sur ton corps déposeront pour toi.
Mais d'abord étanchons le sang noir de ta veine...

SPARTACUS.

Ne perdons pas le temps dans une tâche vaine.
Mets ta main dans ma main. Pour rallier ici
L'armée autour de nous, jette un cri.

CINTHIE.

                              Les voici,
Le désespoir au front, maudissant leur ouvrage.

SPARTACUS.

O mort, endurcis-moi par avance à l'outrage.

SCÈNE X.

Les mêmes, PALLAS, GÉTA, foule d'Esclaves.

GÉTA, à Spartacus.

Sois maudit dans ton fils, toi qui nous as vendus !

PALLAS.

Nous diras-tu combien de deniers te sont dus?

SPARTACUS.

Vous tuez un cadavre, amis ; faites-lui trêve ;
Portez vos coups ailleurs, aux vivants...

PALLAS.

      Meurs.

GÉTA, à Spartacus.

       Achève !

SPARTACUS.

Vous pouvez vaincre encor;... notre gauche est debout.
Toi, commande, Géta ; remplace-moi partout.
L'Alouette gauloise est là-bas sur deux lignes,
Attendant pour charger qu'on montre mes insignes.
Prends mon manteau ; tiens. Pars, va tomber sur leur flanc,
Et Crassus est à toi, surpris dans notre camp.

GÉTA.

J'y cours. Suis-moi, Pallas.

PALLAS.

    Géta serait mon maître?
Choisi par Spartacus, Géta n'est plus qu'un traître.
Malheur à qui le suit !

SPARTACUS.

   Déployez l'étendard !

GÉTA.

Gloire à toi, Spartacus ! je t'ai connu trop tard.

SPARTACUS.

Trop tard...

   (Montrant l'ennemi.)

 Va.

   (Il meurt.)

GÉTA.

Mon œil s'ouvre à ce moment suprême ;
L'ennemi, c'est Pallas.

PALLAS.

L'ennemi, c'est toi-même.

GÉTA.

Tant que Pallas respire, il faut quitter l'espoir.

PALLAS.

Tant que Géta survit, sa mort est un devoir.

(Ils se précipitent, l'épée à la main, l'un sur l'autre.)

CINTHIE, s'élançant entre eux, armée de la faucille.

Quoi! La discorde ici!... Paix à ce corps qui tombe.
Amis, allons chercher l'union dans la tombe,
Après le sacrifice offert aux dieux jaloux,
La prêtresse en son lit doit suivre son époux,
O beau lit nuptial! hymen! ô hyménée!
La faucille a fini la moisson de l'année.

(Elle se frappe de la faucille.)

SCÈNE XI.

Les mêmes, CRASSUS, SCROPHAS, PARMÉNON, foule de Soldats romains, plusieurs portent des croix de bois.

CRASSUS.

Le corps de Spartacus, l'a-t-on vu par hasard ?

SCROPHAS.

Il est là sous tes pieds, qui combat du regard.

CRASSUS.

Qu'on le cloue à la croix, chargé de ses entraves,
Et qu'une main écrive au bas : Roi des Esclaves !

SCROPHAS.

Pour la mort du héros, il faut de nobles jeux ;
Allons rouvrir le cirque après ces jours fangeux.

(Aux esclaves.)

Rois gaulois et germains, il vous siéra dans Rome,
D'illustrer en mourant le bûcher d'un tel homme.
Mais pour toi, Parménon, Jupiter m'a fléchi ;
Le peuple très-clément adopte l'affranchi.

CRASSUS.

A-t-on trouvé l'enfant couché près de son père?

SCROPHAS.

Non, il s'est échappé du nid de la vipère.

CRASSUS.

S'il en reste un tronçon, nous sommes les vaincus.
Romains, qu'avons-nous fait? Un autre Spartacus.

LA SIRÈNE

LA SIRÈNE

C'était le premier jour qui sortit du chaos ;
Comme un blanc nénuphar qui germe au fond des eaux,
Le monde, épanoui dans l'éternel orage,
De l'océan de vie embaumait le rivage.
Des brumes du néant encore environné,
Sans parents, sans berceau, chaque être, nouveau-né,
Se taisait ; et les vents, étouffant leur murmure,
Essuyaient des forêts la sainte chevelure.
Point d'hymne printanier, messager du soleil.
Sur son lit virginal, dans un profond sommeil,
En silence mêlée à l'haleine des roses,
Dormait au fond des lacs la grande âme des choses.

Comme au sortir d'un songe où les yeux sont ouverts,
Un soupir s'exhala du muet univers ;
La vague s'amollit sous une tiède haleine,
Et c'est toi qui surgis, éternelle Sirène,
Confidente, aux yeux bleus, de l'abîme en travail.
Sur ton sein ruisselaient tes larmes de corail ;
Longtemps tu te miras dans la source infinie
Où des chants, fils du ciel, tu puises l'harmonie.

Ton humide regard suivit dans son rayon
L'étoile qui jaillit au bord de l'horizon,
Puis l'hymne commença. Des échos de la brise,
Des rumeurs des forêts que la tourmente brise,
Des bruits du coquillage enflés sous les roseaux,
Du chant des flots vibrant sous l'aile des oiseaux,
Ta lèvre avait formé sa liquide parole.
Les fleurs la recueillaient dans leur blanche corolle ;
Parfum, accord vivant, exhalé de ton cœur,
Les mondes, en naissant, la redirent en chœur :

―――

« L'étoile, au bord des cieux, converse avec l'étoile ;
Le diamant sourit à la fleur qui se voile
    Dans sa robe de pourpre et d'or.
Mais la Sirène est seule, et son chant de mystère,
Au branle de l'abîme en vain berce la terre ;
    Nul esprit ne répond encor.

J'appelle... Qui s'émeut ? une algue de la grève.
Je soupire... Le flot éveillé par un rêve
    Répond par un gémissement.
Est-ce là tout l'amour promis à la Sirène ?
Épouser les roseaux, le flot qui sur l'arène
    Roule les perles en dormant !

Sur son char attelé de froids troupeaux de phoques,
En visitant mon seuil, la tempête aux yeux glauques
    N'a pas encor glacé mon sein.
Dans ma grotte d'azur un feu sourd me consume ;
J'ai convoité les cieux et j'embrasse l'écume
    Qu'évoque mon chant souverain.

Pourquoi semer la fleur dans le lit de l'abîme ?
Vainement, à ma voix, son parfum se ranime ;
    Nul ne vient cueillir ses trésors.
Pourquoi loin du soleil, dans la nuit souterraine,
Si jeune ensevelir l'immortelle Sirène
    Et sa conque pleine d'accords ?

Que ne puis-je habiter ce monde de lumière,
Où, le jeune arc-en-ciel entr'ouvrant ma paupière,
    Le soir, je respire un moment !
Je hais les gouffres sourds où mon destin me plonge,
Et j'étouffe, en secret, sous l'ennui qui me ronge
    Dans mon palais de diamant.

O soleil entrevu ! monde heureux, diaphane,
Où toute voix résonne, où nul lis ne se fane,
    Où tout m'appelle et me séduit !
A peine ai-je aspiré la vie à pleine haleine,
L'Océan sur mon sein en mugissant ramène
    Le poids de l'insondable nuit.

Un moment, chaque jour, arrachée à la lie,
Du flot vain et grossier mon esprit se délie ;
    Mon âme plane sur les mers.
Le visage essuyé, je consulte la nue ;
Je suis des yeux l'aiglon au bout de l'étendue,
    Et ma voix berce l'univers.

Cette heure emplit d'amour ma corne d'abondance.
Les mondes diligents qui marchent en cadence,
    Du néant sortent à mon nom.

Le reste est un sommeil où tout se décolore,
Faux rayons jaunissants, vains songes que j'implore
    Sur une couche de limon.

Venez, je vous évoque, ô sonores fantômes !
Hymnes, prenez un corps et peuplez les royaumes
    De la visible immensité.
Avant que dans sa nuit le gouffre me réclame,
O monde, éveille-toi ! nourris-toi de mon âme,
    Enivre-toi de ma beauté ! »

———

Pendant qu'elle chantait, des golfes de l'Hellade
Jusqu'à l'île fumante où gémit Encelade,
Un long frissonnement parcourut les forêts.
L'hymne ailé s'insinue aux plis les plus secrets
Des choses et des monts que nul dieu ne visite.
Le flot rit en dansant; il bondit, il palpite
De colline en colline, enflant ses mouvements,
La terre suit le rhythme aux longs balancements.
La vie, en mille essaims, bourdonne; avec l'abeille
Partout, dans l'herbe tiède, un dieu dormant s'éveille.
D'abord sortent des bois de chênes chevelus,
L'un l'autre s'appelant, les Centaures barbus,
Croupes, flancs de chevaux, visages de prophètes,
Qu'ébaucha le chaos dans le sein des tempêtes.
Au frein de l'hymne d'or assouplissant leurs pas,
Vers la chanteuse errante ils étendent leurs bras.
Ils plongent sous les flots pour saisir sa ceinture ;
Le chant fuit aux confins de l'immense nature.
Aux sauvages amants un cuisant aiguillon
S'attache; des désirs ils boivent le poison.

Hennissant dans leurs cœurs, du pied creusant le sable,
Ils lèchent, tout pensifs, leur plaie inguérissable.

Le Cyclope, après eux, dans les flancs de Lemnos
Entend la voix de miel qui pénètre ses os ;
Il laisse le marteau retomber sur l'enclume ;
Soit que l'âtre des dieux s'éteigne ou se rallume,
Au bord du promontoire il roule entre ses doigts
Les sept tuyaux de buis qui modulent sa voix.
Dans ses vieux murs, géants vêtus d'herbe nouvelle,
Pour l'épouse il étend les peaux d'ours ; il appelle,
Et son œil jour et nuit, rempli de pleurs amers,
Cherche sa Galathée assise sur les mers.

A peine du Cyclope énervé par la lutte
A tari la chanson dans le buis de sa flûte,
Un écho plus nombreux répète en d'autres mots
Les chants que la Sirène a révélés aux flots.
Sur son mètre dansant au milieu des Cyclades,
Le temple, au front des monts, dresse ses colonnades ;
Et déjà des devins l'hymne nourri d'encens
Ébranle, sous le dieu, les trépieds bondissants.

Quand le temple se tait, épuisé d'harmonie,
Le Rhapsode, à son tour, vient lutter de génie
Avec le flot qui passe et la fille des eaux.
Des chansons de l'Olympe amusant les roseaux,
Avec art égaré, le grand troupeau d'Homère
D'île en île poursuit la sonore chimère.
Comme un filet jeté le soir sur l'Océan,
Le poëte a tendu son poëme géant,
Qui dans ses mailles d'or entraîne au loin les villes,
Les royaumes, les bois, les montagnes, les îles,

Les Centaures blessés menant le premier deuil,
Les races au berceau, vagissant sur le seuil
Que gardent les lions sous les murs du Cyclope,
L'Ida qu'un noir encens d'un nuage enveloppe,
Et le grand Jupiter, source et fin des grands dieux.

Le Rhapsode en son œuvre emprisonnant les cieux,
Tout dans ses chants abonde et sous sa loi s'incline,
Tout hormis la déesse à la voix cristalline,
Perle qui disparaît dès qu'il croit la toucher,
Divin miel enfoui dans l'âme du rocher.
« Imite-moi, dit-elle, et suis-moi dans mon antre ;
« Vers toi je tends les mains. Encore un pas ; viens, entre,
« Et sur le sable d'or marions nos deux voix. »

Le poëte, aveuglé pour la seconde fois,
Dans son urne de marbre épand les rhapsodies,
Ithaque, Ulysse errant, flottantes mélodies,
Poëmes tout trempés des longs pleurs murmurants,
Que parmi les ajoncs nourris dans les torrents,
Avec la fleur marine et la conque épineuse,
Presse de ses cheveux la divine chanteuse.
L'oreille encor tendue aux promesses du bord,
Il meurt en imitant l'inimitable accord.
Il meurt, et sur le rhythme où les muses l'entraînent,
Les générations l'une à l'autre s'enchaînent.
L'écho gardant l'écho des chants évanouis,
Les peuples ceints de myrtes, en chœur épanouis,
Se tiennent par la main, et la flûte thébaine
Exhausse ses cent tours sur le front de Messène.
Cependant la phalange, à la robe d'acier,
Heurtant du javelot le bord du bouclier,
Suit un pied dans le sang les leçons de la lyre.

Des hommes et des dieux providence ou délire !
Des grottes du Caucase, où l'arbre échevelé
Répète au fond des bois le mètre révélé,
Des chaumes d'Arcadie, où le chœur des cigales
Mêle aux cent voix de Pan ses voix toujours égales,
Des pieds bleus de l'Olympe à la blanche Délos,
Où le roseau préside à la danse des flots,
Cent peuples enivrés du chant de la Chimère,
En cadence emportés par tout bruit éphémère,
De pensers en pensers, de sommets en sommets,
La convoitent partout sans l'étreindre jamais.

Alors, le sein baigné des longs pleurs de sa grotte,
Seule avec l'aquilon la Sirène sanglotte ;
Et le puits de l'abîme entend son chant d'adieu :

« Pourquoi chanter encor quand tout fuit et tout passe ?
Nul chanteur ne m'attend jamais en aucun lieu.
Une ombre, quelquefois, qui s'assied sur ma trace,
Me répond ; je fais signe. Elle approche. J'embrasse
  Le froid tombeau d'un demi-dieu.

« La perle orne la perle ; et, tous deux nés ensemble,
La nymphe a, dans les bois, le faune pour amant.
Mais, dans l'immensité, quel être me ressemble ?
Partout un froid démon autour de moi rassemble
  Les monstres de l'isolement.

« Écume soulevée au souffle d'une femme,
Grands dieux qui m'écoutez, à genoux, sur l'autel,
Fantômes d'un moment qui vivez de mon âme,
Dites, avez-vous vu, sur un vaisseau sans rame,
  Passer mon amant éternel ?

« Peut-être viendra-t-il, ce soir, là, sur la plage ;
Mais toujours, même unis, l'abîme est entre nous.
Sans hymne, sans flambeau, dans une nuit d'orage,
D'un astre pâle et froid mes noces sont l'ouvrage ;
    Le vide abîme est mon époux. »

Lentement, dans le gouffre où surnage l'étoile,
La Sirène descend ; lentement, sous son voile,
Son cœur, en palpitant, fait palpiter le flot.
Au loin, le golfe ému berce le matelot.
Mais la voix pour toujours se tait autour des îles.
Sans l'hymne, les sillons jaunissent infertiles.
Tout reposait sur l'hymne, et tout meurt avec lui ;
Temple, autel chancelant sous l'immortel ennui.
Sur son rhythme brisé tout un monde s'écroule ;
De son vase qui fuit, l'éternité s'écoule ;
L'eau sainte avec le chant décroît dans Ilyssus ;
Et le concert fini, les dieux ne trouvent plus
Que temples prosternés, le front sous la poussière,
Klephtes, pachas, Delhis, à travers la bruyère,
Et près d'un scorpion rampant dans un tombeau,
Le roseau d'Eurotas qui siffle au bord de l'eau.

Septembre 1843.

LE COMBAT DU POËTE

LE COMBAT DU POËTE

I

L'heure effeuille en passant sa guirlande fanée,
Le jour succède au jour et l'année à l'année ;
Le siècle dort en paix sur sa couche d'airain.
Moi, je veille, et j'appelle, et j'écoute, et je pleure ;
Mon court espoir s'éteint, ma nuit seule demeure ;
J'attends avec chaque aube un meilleur lendemain.

A l'horizon j'attends une éternelle aurore,
Et, la palme à la main, sur le mont qui se dore,
Un messager du ciel qui n'arrive jamais.
Sur le sentier, j'attends une vierge inconnue,
Une bonne nouvelle, un signe dans la nue,
Et, dans mon cœur, celui qui dit: Je suis la paix.

Que faire de mes jours, quand l'ennui les dévore,
Jours filés par la muse, ainsi qu'un lin sonore,

Pour vibrer sous ses doigts au chant de l'univers?
Tout est muet, les dieux, les hommes et les choses.
Déjà les rossignols ne fêtent plus les roses,
Et les astres vieillis ont fini leurs concerts.

Le poëte n'est plus le frère du prophète.
C'en est fait! Jéhovah qu'emporte la tempête
Ne met plus dans ses mains les rênes des États,
Mais lui-même il le pousse en de trompeuses voies
Il dément sa parole; il le raille en ses joies,
Et tend comme un filet les regrets sous ses pas.

Pourquoi me raillez-vous, mon Dieu, vers qui j'aspire
Pourquoi m'avez-vous fait le jouet de la lyre?
Pourquoi m'entourez-vous d'un mensonge éternel?
De mes yeux écartez vos ténèbres épaisses.
Ou conduisez ma langue et tenez ses promesses,
Ou rendez-moi muet ainsi que votre autel.

A l'âme j'ai promis une aile plus rapide,
Au pèlerin d'amour une étoile pour guide,
La vie à tous les morts, au désespoir l'oubli.
Par delà ce vain ciel, j'en ait prédit un autre.
Je l'ai promis, Seigneur; mon serment est le vôtre.
Le serment de mon Dieu n'est point encor rempli.

Qui croira désormais à ma sainte auréole?
Qui goûtera sans peur le pain de ma parole?
Les peuples châtieront le prophète menteur;
Et raillant au tombeau celui qui les réveille,
Les esprits dans la nuit diront à mon oreille :
Prophète, qu'as-tu fait des biens de ton Seigneur?

Les biens que j'ai reçus sont fumée et poussière ;
Ils s'appellent douleur, isolement, misère,
Fantômes de la nuit que dissipe le jour,
Nuages aux flancs d'or, errants de cime en cime,
Cœur meurtri, désespoir, inexorable abîme ;
Ah ! Seigneur, reprenez les dons de votre amour.

Reprenez les vains sons d'une lyre infidèle,
L'espérance qui vibre et qui meurt avec elle,
Et tous les cieux peuplés qui naissent à sa voix.
Je vous rends, ô mon Dieu, les filles de mes rêves,
Et des pensers d'en haut les prophétiques glaives ;
Qu'ils déchirent mon sein pour la dernière fois !

En retour donnez-moi le silence et l'ombrage ;
Dans mon cœur étouffez ma muse, votre ouvrage,
Colombe au blanc duvet, qui se change en vautour.
Loin du sommet superbe où je vivais naguère,
Assouplissez mes pas dans le sentier vulgaire,
Et tarissez en moi l'intarissable amour.

II

Il est exaucé le poëte :
La muse est morte dans son cœur ;
Au joug il a courbé sa tête,
Et fané ses ans dans leur fleur ;
Muet, il passe dans la foule,
Ainsi que l'onde qui s'écoule,
Sans oser éveiller ses bords ;
L'uniformité l'environne ;
Il a rejeté sa couronne
Pour cueillir la mauve des morts.

Un vent froid souffle sur mes songes;
Il étend sur eux le linceul.
Tous mes biens n'étaient que mensonges :
L'erreur s'en va; je reste seul.
Ma mémoire décolorée
Cherche en vain l'image adorée
Qui surgissait dans mon désert.
Avec les fantômes qui passent
Ses traits l'un par l'autre s'effacent;
Sur mes lèvres son nom se perd.

Songes brûlants, pesante image,
Saints anges d'amour, aux pieds nus,
Voix qui me parliez dans l'orage,
Dites, qu'êtes-vous devenus?
Dans mon sein vivez-vous encore?
Comme un encens qui s'évapore
Sans moi montez-vous vers le ciel?
Attendez-vous dans ma pensée,
Comme en votre tombe glacée,
L'aurore du jour éternel?

De la brise effleurant la plage,
De l'astre ému qui parle aux flots
Je ne comprends plus le langage,
Ni des forêts les longs échos.
Les fleurs ne sont plus mes compagnes,
Aux sources vives des montagnes
Mes rêves ne s'abreuvent plus.
Sous mes pas la terre est muette;
Un souffle aride a sur ma tête
Dispersé les cieux révolus.

Comment s'est éteinte mon âme,
Quand le brasier est encor plein?
Où sont tant de désirs de flamme,
Tisons consumés dans mon sein?
Où sont mes rapides pensées,
Flèches loin du but dispersées,
Qui résonnaient dans mon carquois;
Et des songes les pieds agiles
Qui dans les carrefours des villes
M'apportaient la plainte des bois?

Où donc es-tu, vague espérance?
Comme autour de l'orme un serpent,
Autour de moi, l'indifférence
Roule ses anneaux en rampant.
J'ai goûté son haleine impure,
Et senti la lente morsure
De son paresseux aiguillon.
Sur mes lèvres la muse expire,
Comme la brise qui soupire
Au chaume arraché du sillon.

III

Il s'est repenti, le poëte;
Il a de son âme inquiète
Voulu rallumer le flambeau.
Dans son sein tiède encor la muse est revenue,
Muse aux cheveux trempés des larmes de la nue,
Comme une fille du tombeau.

De leurs sépulcres d'or sont sortis avec elle
Les pensers oubliés qu'un seul regard rappelle,

L'extase au front mourant,
Des jours qui ne sont plus les cuisantes chimères,
Songes, désirs, regrets et délices amères,
  Qu'on savoure en pleurant.

L'espérance, à demi, se lève sur sa couche,
Incertaine, étonnée, et son doigt sur sa bouche,
  Appelant l'avenir ;
L'image, au fond du cœur, vivante, ensevelie,
Se ranime en sursaut et boit jusqu'à la lie
  L'enivrant souvenir.

Ange des chants d'amour, au sein des nuits funèbres,
Dans le muet chaos, remporte mes ténèbres
  Avec ton aile d'or.
J'ai reconnu ta voix, et ton vague murmure ;
Voilà ton front de neige, hélas ! et ta blessure
  Qui s'ouvre et saigne encor.

Qu'as-tu fait de tes jours passés dans le mystère ?
As-tu revu sans moi le sentier solitaire
  Où je baisais tes pas ?
As-tu sans moi, des tours que la brume environne
Remonté les degrés, et des longs soirs d'automne
  Ne te souviens-tu pas ?

Ne te souviens-tu pas de cette heure éternelle
Où je te vis d'abord, de la vide chapelle
  Qui balançait son glas,
De l'immense forêt autour de nous émue ?
Et du dernier adieu, dans la longue avenue,
  Ne te souviens-tu pas ?

Ah ! de la page impure efface mon blasphème.
Rallume le foyer que j'éteignis moi-même
      Sous ma cendre et mes pleurs.
Ramène à mon chevet les pâles insomnies,
Avec le chœur dansant des saintes harmonies,
      Et rends-moi mes douleurs.

IV

De la muse la voix résonne.
Tout renaît, palpite ou frissonne ;
L'épi que la vierge moissonne,
Sous sa main reverdit plus beau.
Perle qu'un souffle décolore,
L'étoile au collier de l'aurore
S'enchâsse plus vermeille encore :
La muse a quitté le tombeau.

Ainsi qu'au premier jour du monde,
En souriant, l'aube féconde
A déchiré la nuit profonde
Et caressé la fleur des bois.
Comme une femme qui s'incline,
Au fond de l'onde cristalline,
La lune au pied de la colline
Se voit pour la première fois.

Pour la première fois la rose,
Du rossignol qui se repose
Sur sa corolle fraîche éclose,
A bu les pleurs harmonieux.
Au front du blanc lis qui chancelle
La mouche dorée étincelle ;

L'oiseau nouveau-né de son aile
A mesuré les vastes cieux.

Dans l'âme aussi tout recommence :
Reculant devant sa démence,
Du désespoir la nuit immense
S'est dissipée en blasphémant ;
L'aube a surpris son dernier rêve ;
Au soleil nouveau qui se lève,
Les pensers nouveaux pleins de séve
Mûriront éternellement.

V

Quel souffle désormais flétrira dans son germe
L'espoir au long parfum, qui s'ouvre et se referme
Comme une fleur d'amour éclose dans mon sein ?
Quelle main retiendra, sur les pentes hardies,
   Le char des mélodies,
Et les désirs ailés qui dévorent le frein ?

A mes songes passés qu'un songe me renvoie,
Je promets dans mon cœur une éternelle joie,
Et des hymnes sans mots, toujours retentissants.
Chimères, visions, fantômes qu'on renie,
   Dans ma longue insomnie
Trouveront un refuge et des cieux caressants.

D'un siècle tortueux qui rampe et que je brave,
La langue de serpent ni la fangeuse bave
Ne vous glaceront plus, colombes, sur mon cœur.

Sans avoir combattu, mon âme prosternée
Sur sa couche fanée
Ne s'endormira pas aux liens du vainqueur.

Mais un baume divin fermera ma blessure ;
Par le sentier des bois, je fuirai la souillure
Que chacun de nos jours s'imprime sur le front.
D'un mot, je briserai ma dure servitude,
Et dans ma solitude,
Comme un troupeau choisi, les Odes me suivront.

En luttant j'ai senti, quand même il me terrasse,
Le monde chanceler sous sa vide cuirasse ;
De son éclat j'ai vu son faux œil ébloui ;
Dans mon flanc, j'ai rompu sa flèche envenimée ;
Et comme une fumée,
Devant mes visions, il s'est évanoui.

VI

Oui, le combat est clos ; et déjà le poëte,
Ardent au pugilat, ainsi qu'un jeune athlète,
A baigné son esprit en sa sueur de sang.
Siècle de peu de foi, dans ta nuit qui s'adore
Il te défie encore,
Dût le dard à la fin lui rester dans le flanc !

Ainsi, deux étrangers, au chemin de Judée,
La face de sueur et de sang inondée,
Corps à corps ont lutté dans une nuit d'horreur :
Chacun d'eux, à son tour, au bord du précipice,
Recule, avance, glisse ;
Les ténèbres ont vu sourire le vainqueur.

Et, Jacob, au matin, se traînant hors d'haleine
Dans le torrent d'Édom, ne suivait plus qu'à peine
Ses grands bœufs indolents et les pas des agneaux.
Il attendait encor la brebis infidèle,
        Quand déjà d'un coup d'aile,
L'ange le provoquait à des combats nouveaux.

Novembre 1836.

LE SIÉGE DE CONSTANTINE

LE SIÉGE DE CONSTANTINE

I

Comme un coursier qui sent l'aiguillon des batailles,
Vers Cirtha la Numide, aux mauresques murailles,
Va, cours, vole, mon chant, sur tes ailes d'airain.
En rasant de l'Atlas les épaules d'ébène,
Réveille de ton cri, sous la neige africaine,
Les morts décapités qui bordent le chemin.

Comme un brûlant simoun, enfant de la tempête,
Ébranle sur leurs gonds les portes du prophète,
Et de Ghelma vengé dessèche le cyprès.
Dans la nuit fais gémir le désert homicide ;
Descends avec la soif dans la citerne aride :
Vautour, suspends ton nid au front des minarets.

Que l'enfant de Tunis entende ta menace ;
Que l'iman, sur la foi du nuage qui passe,
Dans ses cieux haletants cherche en vain Mahomet.

Plus acéré qu'un dard, plus rapide qu'un rêve,
Va, cours, porte à Cirtha le message du glaive,
Et dis dans la mosquée à l'oreille d'Achmet :

« Lion de Constantine, à l'épaisse paupière,
Demain il faut quitter ta royale tanière.
Le chasseur a tendu son filet sous tes pas.
Bey de Mauritanie, il faut quitter ta proie,
Femmes, divans, trésors, tentes d'or et de soie,
Et la ville aux cent tours qui rugit dans l'Atlas.

« Voici que, défiant la nuit du cimeterre,
Les morts de Manssourah se soulèvent de terre ;
Ils font sur la montagne un signe à l'horizon.
Tout un peuple les suit, et les têtes coupées,
S'entrechoquant dans l'ombre à l'éclair des épées,
Dans leurs cages de fer ont murmuré ton nom. »

II

Ainsi, comme un coursier que son maître abandonne,
Comme un hardi simoun, dernier fils de l'automne,
Mon chant se précipite au-devant des combats.
Mais toi, peuple de France, à l'oreille superbe,
Parmi tes courtisans qui rampent comme l'herbe,
Incliné sous ton char, je te dirai plus bas :

Aussitôt que d'avril l'haleine printanière
Réjouira l'aiglon dans la tiède bruyère,
De tes dissensions étouffe les cent voix.

Remets dans le fourreau le glaive des paroles ;
Laisse là le sophisme et ses flèches frivoles
    Dormir dans son vide carquois.

Sitôt que verdira le vieux chêne des Gaules,
Quitte l'âtre enfumé. De tes lourdes épaules
Secoue en murmurant l'outrage des hivers.
Retrempe dans l'acier ton esprit qui se rouille ;
Mais garde d'emporter ta honteuse quenouille
Et tes pensers bourgeois aux numides déserts.
Épouse, au lieu des mots, les vaillantes épées,
Vierges au front d'azur, de crêpe enveloppées,
Qui de gerbes de flamme éblouissent les cieux.
Les canons muselés t'appellent sur leurs traces ;
Quitte l'or pour le fer, et revêts la cuirasse
    Et le courage des aïeux.

III

Ta route vers Cirtha d'ossements est marquée.
Là, sous son double mur, au pied de sa mosquée,
La reine du désert s'assied sur un tombeau.
Autour de ses flancs noirs un noir rocher serpente ;
Un pont couvre l'abîme, et sous l'arche béante
L'eau du torrent bondit ainsi qu'un lionceau.

Évite la vallée où l'embûche est tendue.
Qu'au bout de l'horizon la vedette perdue
Éprouve le sentier en marchant devant toi.
Imite le lion que le serpent enlace ;
Il veille sur ses flancs, mais des plis de sa face
Il protége à son front sa couronne de roi.

Que la marche soit lente et la bataille ailée.
Aux abois des canons, que la porte ébranlée
Reconnaisse son hôte et s'ouvre en gémissant.
Sur ses gonds de granit, si la porte est rebelle,
Dans la brèche suspends le pied de ton échelle
Au pied des minarets qui glissent dans le sang.

Souviens-toi d'épargner, au jour de ta victoire,
Femmes, enfants, vieillards, vierges au sein d'ivoire,
Et ceux qui baigneront tes genoux de leurs pleurs.
Que l'épée aisément pardonne au cimeterre.
Le courage a partout le courage pour frère ;
Le lâche périt seul et n'a point de vengeurs.

IV

Si ton bras obéit à la voix du poëte,
Sous les tentes des beys ta récompense est prête.
Sur ton front dépouillé le myrte renaîtra.
La terre de Juba te rendra tes semailles ;
    Et, le soir des batailles,
Les morts t'applaudiront sur le haut Manssourah.

Tu marîras en paix, symbole d'alliance,
Au dattier africain la vigne de Provence.
De ses fruits d'or Calpé remplira tes boisseaux ;
Et d'encens et d'ivoire et de gomme odorante,
Sur les chameaux de Tyr la caravane errante
    Gorgera tes vaisseaux.

Loin des noires cités et du giron des femmes,
Parmi les vents, les flots, le tumulte des rames,

Ton esprit grandira sur l'abîme entr'ouvert.
Tu feras ton butin, au flanc des monts arides,
      Au seuil des Thébaïdes,
Des immenses pensers qui dorment au désert.
Du passé trop longtemps éternisant l'injure,
Les peuples ameutés autour de ta ceinture
Deux fois t'ont retranché les Alpes et le Rhin.
Des Alpes vers l'Atlas ta frontière recule,
Tu renverses du pied les colonnes d'Hercule
      Et leurs portes d'airain.

Que l'État, hardiment relevé de sa chute,
Colosse rhodien qui grandit dans la lutte,
Mette un pied dans Toulon et l'autre en Orient,
De ses deux flancs de bronze il joindra les deux rives
      Et des flottes captives
Les grands mâts toucheront aux genoux du géant.

Alors, quand de l'Euxin, aux brumes éternelles,
Le czar, heurtant du front l'orgueil des Dardanelles,
Tentera d'autres cieux et de plus tièdes mers,
Un signe de ta main renverra le Barbare
Frissonner, les pieds nus, sur son trône tartare,
      Aux confins des hivers.

Novembre 1836.

LE RHIN

LE RHIN

A M. DE LAMARTINE

Au premier coup de bec du vautour germanique,
Qui vient te disputer ta part d'onde et de ciel,
Tu prends trop tôt l'essor, roi du chant pacifique,
Noble cygne de France, à la langue de miel.
Quoi ! sans laisser au moins une plume au rivage,
Gardant pour ta couvée à peine un grain de mil,
Des roseaux paternels tu cèdes l'héritage ;
Et sur l'aile de l'hymne agrandi dans l'orage,
      Du Rhin tu fuis jusques au Nil !

Ah ! qu'ils vont triompher de ta blanche élégie !
Que l'écho de Leipzick rira de notre peur !
Déjà l'or de ton chant transformé par l'orgie,
Dans l'air m'est renvoyé comme une balle au cœur.
J'écoutais l'avenir dans ta voix souveraine,
Au joug harmonieux me soumettant d'abord ;
Mais la douleur m'éveille au sein de la sirène ;
Ma lèvre, en pâlissant, repousse encore pleine
      La coupe où tu verses la mort.

Ne livrons pas si tôt la France en sacrifice
A ce nouveau Baal qu'on appelle unité.
Sur ce vague bûcher où tout vent est propice,
Ne brûlons pas nos dieux devant l'humanité.
L'holocauste n'est plus le culte de notre âge.
Comme Isaac pliant sous le glaive jaloux,
Pourquoi tenir courbé ce peuple sous l'outrage ?
Est-ce pour l'immoler, sans revoir son visage,
   Que vous l'avez mis à genoux ?

Si patrie est un mot inventé par la haine,
Tente vide, en lambeaux que l'amour doit ployer ;
S'il faut des nations briser la forme vaine,
Arrache donc aussi la famille au foyer !
De tout champ limité condamne la barrière.
Maudis le jeune hymen dès que son temple est clos.
Au lare domestique interdis la prière ;
Tous ensemble, au hasard, mêlant notre poussière,
   Fraternisons dans le chaos.

Regarde ! dans ton vol, les cieux que tu visites,
Par des rivières d'or divisent l'infini.
Ces royaumes profonds dont tu sais les limites,
Désertent-ils l'azur que Dieu même a béni ?
Le Bélier au Verseau cède-t-il sa frontière ?
Au vain rugissement de l'Ourse ou du Lion,
Quand vit-on reculer le sanglant Sagittaire,
Ou fuir les deux Gémeaux s'inclinant jusqu'à terre.
   Dans la cité du Scorpion ?

L'humanité n'est pas la feuille vagabonde,
Sans pays, sans racine, enfant de l'aquilon,
C'est le fleuve enfermé dans le lit qu'il féconde,

Parent, époux des cieux mêlés à son limon.
Au peuple ne dis pas : « Abandonne ta rive. »
Quand l'herbe boit le flot promis à l'Océan,
C'est qu'aux sommets sacrés d'où l'avenir dérive,
La source de l'idée a tari toute vive
      Dans l'esprit glacé du géant,

Du chœur des nations la lutte est l'harmonie ;
Dans mille chants rivaux, d'où naissent leurs concerts,
Chaque peuple a sa voix, sa note, son génie.
Tout, dans l'immense accord, paraît un et divers.
L'un parle-t-il trop bas par la voix du prophète,
A l'hymne de la peur enchaîne-t-il ses jours,
La danse des cités, en chancelant, s'arrête.
De leurs fronts de granit, ridés par la tempête,
      Tombe une couronne de tours.

Sur la lyre accordée aux prières des femmes,
Pourquoi de tant d'encens nourrir notre sommeil ?
De trop de voluptés ne chargeons pas nos âmes.
Après le songe heureux es-tu sûr du réveil ?
Que sais-tu si l'aspic ne dort pas sous la rose,
Si la lutte est finie entre l'homme et le Dieu ?
Convive du banquet que plus d'un pleur arrose,
Sur le mur prophétique où cette main se pose,
      Ne vois-tu pas des traits de feu ?

Pour désarmer nos cœurs, apprivoise le monde.
D'avance à l'avenir as-tu versé la paix ?
Et du Nord hérissé le sanglier qui gronde,
De ta muse de miel a-t-il léché les traits ?
Au soc de la charrue a-t-il courbé le glaive ?

Albion, sur sa nef, détruit-il son rempart?
Parmi les flots d'airain que l'Orient soulève,
Orphée a-t-il enfin marié sur la grève
　　　L'aigle blanc et le léopard?

Le Rhin sous ta nacelle endort-il son murmure?
Que le Franc puisse y boire en face du Germain.
L'haleine du glacier rouillant leur double armure,
Deux races aussitôt se donneront la main.
Nous ne demandons pas tout l'or de la montagne.
Du Nil de l'Occident nous ne voulons qu'un bord,
Pour que les cieux de France et les cieux d'Allemagne,
Sous les eaux partageant l'astre de Charlemagne,
　　　Roulent ensemble au même port.

Aux troupeaux divisons la source de nos pères.
Quand ils ont sur la rive assis la liberté,
Craignaient-ils d'éveiller les gothiques vipères?
Goûtons l'eau du torrent par droit de parenté.
Avec les rois germains tout nous réconcilie.
Dans leur nid féodal nos aigles sont éclos.
Sans qu'au bruit de leurs pas notre écho s'humilie,
Consentons que leur ombre à notre ombre s'allie
　　　Dans le sein pavoisé des flots.

Mais si lui-même en vain le torrent nous appelle,
Si l'onde du glacier ne coule pas pour tous,
Et s'il faut nous sevrer du lait de la Cybèle,
Quand ce peuple aura soif, où l'abreuverons-nous?
Au pays des palmiers tu penses le conduire!
Notre Dieu ne veut pas qu'on nous mène en exil.
Pendant que tu chantais, tout près de nous séduire,

Sur son flanc irrité j'ai vu son glaive luire.
  La France en aiguisait le fil.

Tu pars, dis-tu?—Marchons, au vent de tes bannières,
Non pas, comme Joseph, en sa captivité,
Au joug du Pharaon liant ses onze frères ;
Il pleurait, dans Memphis, sur Jacob insulté.
Mais ainsi que Moïse, au sortir du servage,
Loin d'Apis entraîné par le serpent d'airain,
Fais-nous rentrer, joyeux, dans l'ancien héritage,
Et le glaive épousant les lyres au rivage,
  Allons revoir notre Jourdain.

Juin 1841.

NOTES DE Mme EDGAR QUINET

C'est dans l'automne de 1846, à Seine-Port, peu de temps après la suspension de son cours du Collége de France, qu'Edgar Quinet eut la première inspiration des *Esclaves*. On semblait si loin de tout événement qui, remettant en parallèle l'esclavage antique et la servitude moderne, doublerait l'intérêt de ce dialogue éternel du patricien, du plébéien, de l'affranchi, de l'esclave ; dialogue répété sous des noms différents, et qui ne trouve sa conclusion que dans une vraie démocratie républicaine.

L'été suivant, il acheva les cinq actes de son drame, en prose; puis il l'abandonna pour des travaux plus urgents.

Une lettre écrite à sa mère, quelques semaines avant sa mort, précise la date de l'ouvrage, et, en même temps, la lutte engagée entre le professeur et le ministère.

Voici ce fragment inédit :

« Paris, 31 décembre 1846.

..... « Pour mieux me ressaisir, je m'occupe chaque matin d'une sorte de drame ou tragédie. Je ne sais précisément ce qui en adviendra. Mais j'y trouve l'immense avantage de m'isoler des petites luttes qui usent, sans résultat, et de me retremper chaque matin dans des pensées qui me sont personnellement très-profitables.

« Peut-être le public ne connaîtra-t-il jamais rien de cette tragédie; mais pour moi elle m'aura délivré de la guerre à coups d'épingle. Il n'y aura du reste que trois actes, et j'ai à peu près achevé le premier, au milieu de correspondances charmantes avec R... L... et D... Malheureusement la grippe, plus acharnée qu'aucune de ces trois furies officielles s'est mise aussi de la partie, ce qui ne m'a pas empêché de continuer.

« Voilà de tristes augures pour la tragédie. Je t'en dirai

le sujet à toi seule. Ce sont les *Esclaves* qui essaient de s'affranchir et qui retombent plus bas qu'auparavant. C'est ce Spartacus que tu regardais aux Tuileries... C'est un sujet tout rempli des passions et des luttes de notre temps sous d'autres noms. »

Comme dans chaque idée féconde, il y a dans ce drame deux aspects principaux, le côté politique et la pensée purement moralisatrice. Le héros qui délivre son peuple captif, mais aussi une grande âme qui veut affranchir les esprits asservis. Puis le revers de la médaille : la résistance du vieux monde à tout novateur qui prépare une ère nouvelle et entraîne l'ancienne société dans une autre ornière.

Edgar Quinet se proposait encore un autre but, l'éducation du peuple par le théâtre. Puissant moyen de régénération, si le drame populaire, au lieu de perpétuer sur la scène les horreurs de la cour d'assises ou les énervantes émotions du roman, obéit à des inspirations plus hautes et plus neuves. A force de se copier, de ne peindre que les mœurs du jour, le drame exclusivement bourgeois renvoie au public le reflet et l'écho des misères, des vulgarités quotidiennes et amène avec la décadence de l'art, la satiété et l'ennui.

Dès 1846, Edgar Quinet songeait à ce que pourrait être le théâtre dans une vraie démocratie.

L'étude antique est la forme harmonieuse et pure qui s'adapte le mieux à des pensées d'avenir. Si Prométhée (1) représente la toute-puissance de la volonté humaine, le défi aux forces brutales qui oppriment les facultés de l'âme, les actes d'un génie créateur, si Prométhée est le juste crucifié, le bienfaiteur châtié pour ses bienfaits, Spartacus est le libérateur de tous les temps, le héros qui apporte au monde un esprit nouveau.

Enfin le drame des *Esclaves* renferme les expériences amassées par chaque révolution avortée et qui doivent servir à éclairer non-seulement les chefs qui ont charge

(1) Pour la critique littéraire du poëme de *Prométhée*, voir *Lettres à sa mère*, page 269.

d'âmes, les individualités qui influent sur les destinées du peuple, mais les masses incultes ou inexpérimentées.

Spartacus ne ménage pas aux siens les conseils de sagesse et d'équité :

> Le temps qui détruit tout crée aussi toutes choses.

Aux impatients, qui ne veulent pas faire à l'avenir crédit d'une seule heure il rappelle cette vérité :

> Un jour ne change pas l'ouvrage des années
> . . . .
> Laissez le droit germer pour qu'il n'avorte pas.

Il veut ouvrir la cité toute grande, aux enfants d'une même patrie; il veut la bâtir sur l'équité. Le principal obstacle qu'il rencontre c'est le parvenu. Il ne se décourage pas; il renouvelle plus d'une fois ses tentatives de rapprochement auprès de ceux qui, sortis des rangs du peuple, devraient faire cause commune avec lui contre le vieux monde, contre l'esprit de caste. Il offre aux classes dirigeantes de s'allier aux nouvelles couches sociales. Entre elles, mêmes vœux, mêmes intérêts :

> Mais en nous unissant, la victoire est certaine.
> — J'aime mieux la défaite.

Telle est la réponse du haineux parvenu.

Dès ses plus jeunes années, en arrivant à Paris, Edgar Quinet était frappé de la facilité des vieux roués politiques à escamoter la victoire. A 17 ans, il était déjà révolté de la dureté de ces hommes hier plébéiens, aujourd'hui hostiles au peuple, honteux de leur souche commune et reniant leur berceau.

Il les a peints dans ce vers :

> As-tu donc oublié d'où tu sors ?
>   — Je le sais.
> — L'esclave est ton parent.
>   — C'est pourquoi je le hais.
> . . . .
> Mon père fait ma honte à moi ; je le renie.
> — Rougir de son père !.... Ah ! tu m'ouvres des abîmes !

L'historien des *Révolutions d'Italie* était convaincu que toute révolution qui n'est pas soutenue par un renouvellement moral, reste à jamais servile. Ces grands bouleversements ne deviennent transformation sociale que le jour où un esprit nouveau pénètre la forme politique qui succède à une autre. Sous les mots sonores se cache l'ancienne servitude. Il découvrait cette répétition d'espérances stériles, de cruelles déceptions dans la plupart des révolutions, et, pour ne parler que de celle de 1830, il ne pouvait pardonner aux libéraux de la veille leur abjuration du lendemain. Lui qui les avait eus pour amis et compagnons d'enthousiasme avant les grands jours de liberté, avant leur arrivée au pouvoir, sa surprise égala son indignation quand il les vit insulter, railler, haïr ce qu'ils avaient adoré jusque-là.

> Car ces hommes de bien, hôtes du Capitole,
> Sitôt qu'ils sont priés de tenir leur parole,
> Ils répondent à tout par un ricanement
> Hideux et sépulcral.

De 1821 à 1825, l'étudiant en droit allait retenir sa place, dès 4 heures du matin, sur le péristyle du Palais-Bourbon, tant il était avide d'entendre les ardentes paroles de la Chambre libérale. Aussi a-t-il voué un profond mépris aux futurs chefs de l'ordre moral, aux orateurs libéraux qui abandonnèrent la cause du peuple après l'avoir si longtemps enflammé de leurs harangues.

Ce sont les mêmes hommes qui firent avorter la Révolution de 1830, qui livrèrent la République de 1848 au césarisme plutôt que d'accepter l'avènement du peuple et de consentir au droit pour tous. Plus d'un libéral de 1830 est peint dans le tribun Scrophas :

> Voilà donc ce qu'ils ont dans leur cœur pour l'esclave,
> Ces vendeurs de discours plus brûlants que la lave,
> Ces tribuns de mensonge, en leurs phrases drapés ;
> Du bien du genre humain nuit et jour occupés !
> Faut-il de tes serments que l'écho retentisse ?
> Pour qui donc parlais-tu quand tu criais : Justice !
> . . . .
> Bon peuple ! En t'écoutant, il se croyait guéri !

> Du levain de ton cœur ne m'as-tu pas nourri ?
> L'écho ne m'apportait qu'un mot de ta harangue ;
> J'en vivais tout un jour en enchaînant ma langue.
> Tu voulais donc jouer ! Misérable ! Et pourquoi ?
> Dis ! que t'avions-nous fait, pour tromper notre foi ?

Pourtant un jour la démocratie a vaincu. Les maîtres d'hier sont précipités du pouvoir ; mais rien n'a pu dompter leur orgueil, ni l'espérance de ressaisir leur proie. Ils se reprochent amèrement entre eux d'avoir été trop libéraux, d'avoir trop accordé à la *plèbe*. Le tribun de l'ordre moral proteste avec un cynisme naïf. Lui ? Il ne demandait la liberté que pour la ligue des gens de bien ; il ne parlait que pour les Académies :

> Parmi tant de discours échappés de ma bouche,
> Est-il un mot, un seul pour l'esclave ? Jamais.
> . . . .
> Du haut de la tribune, au cœur de la cité,
> Quand j'évoquais pour tous la sage liberté,
> Quel homme eût pu songer, que là-bas dans le gouffre,
> Une foule sans nom, une brute qui souffre
> M'écoutait.....

Et il se fait fort, même dans sa chute, de dominer le peuple, de le duper pour la centième fois, en lui offrant les jouissances, en retour du gouvernement des affaires :

> Si tu savais combien il est dur de régner,
> Quel dévouement il faut pour commander aux autres !

Le pur amour de la liberté, de l'humanité anime Spartacus ; mais les difficultés se multiplient sous ses pas. Ceux qu'il veut délivrer, les aveugles courent à leur perte, par ignorance ou par lassitude de souffrir. Dans cette scène pathétique, où il leur montre un nouvel avenir, l'affranchi, homme pratique, se moque de lui. Il raille le rêveur, le prophète :

> Gardez-vous d'obéir aux rêves d'un fiévreux,
> Non ! non ! Tout ce que peut l'esclave sérieux,

> C'est d'apprendre d'abord à ramper avec grâce....
> Ramper pour être libre est toute une science.

Ce même type est accentué plus loin par ce vers :

> Notre classe après tout, est la classe qui règne.

Ainsi le héros a frappé à toutes les âmes et toutes semblent fermées ; grande douleur ! Il est seul, il pressent qu'il ne sera pas suivi. Il s'interroge : Affranchir l'univers malgré lui ? Défendre le droit, livrer bataille à l'injustice, aux sophismes, à la routine, faire chérir la liberté ?...

> La liberté te plaît. Mais qui la veut? Personne.

Aussi la révolte est générale : toutes les médiocrités, vanités, ambitions malsaines se dressent effarées, se retournent contre le libérateur. Les uns raillent, d'autres frappent. Et pourtant la vérité finit par s'infiltrer dans les milieux les plus impénétrables; et quand le temps, les événements ont donné force de loi aux idées, aux institutions que le vieux monde a combattues, quand elles règnent en souveraines sur une nation libre et prospère, alors le grand homme de bien se trouve récompensé dans sa vie, dans son martyre.

Spartacus, surmontant sa douleur, s'écrie :

> Mais non... Vers l'inconnu, marchons tête baissée.

La Révolution de février semblait l'aurore des jours rêvés par Spartacus. L'âme s'ouvrait aux plus nobles espérances ; déjà elles devenaient certitude; les ardentes professions de foi de la vieille bourgeoisie ne donnaient plus raison aux défiances patriotiques. Edgar Quinet remit le manuscrit des *Esclaves* dans son carton et n'y pensa plus pendant quatre ans.

Tout entier à la République, préoccupé d'en asurer la durée, il écrivit l'*Enseignement du peuple*, au milieu des travaux de la Constituante et de la Législative. Les *Esclaves* furent complétement oubliés.

Survint le guet-apens de décembre. Les représentants du peuple sont incarcérés ou jetés en exil. Edgar Quinet, comme tous ses amis, était parti sans pouvoir emporter même le strict nécessaire en fait de bagages. La seule chose qu'il réclame dès son arrivée à Bruxelles, le 12 décembre, c'est son manuscrit de *Spartacus*.

Il s'était souvenu tout à coup de son drame. Bientôt après, il le recevait d'une main fidèle. Comme Bias, il portait désormais toute sa fortune au bout de son bâton d'exil.

La langue de la poésie a le don de calmer l'angoisse et de charmer la douleur. Le proscrit reprit son drame, et l'écrivit en vers ; en même temps, il achevait le troisième volume des *Révolutions d'Italie*, rebâtissant ainsi son foyer sur la terre étrangère.

Au moment où je cherche à retracer ces souvenirs, ils sont complétés d'une façon inespérée par trois lettres (inédites), pleines de vie, qu'Edgar Quinet adressa de Bruxelles à trois de ses plus chers amis. Sous une forme intime, familière, elles montrent sa pensée, son sentiment mieux que toute étude littéraire :

« Bruxelles, 21 février 1853.

«...L'ouvrage que je viens d'achever a pour titre : *Spartacus* ou les *Esclaves*, poëme dramatique, en cinq actes et en vers. Nous nous sommes souvent demandé, vous vous le rappelez, quelles paroles on pourrait adresser aux hommes rassemblés, s'il y avait jamais une société, un peuple et un théâtre comme nous l'entendons. Je me suis figuré que tous ces vœux étaient accomplis et j'ai composé mon drame pour ce peuple imaginaire, capable d'entendre la vérité. Beaucoup de personnes croiront assurément que cet ouvrage n'a été inspiré que par nos dernières expériences. La vérité est qu'il a été ébauché en entier et que le plan en a été écrit en 1847, à Seine-Port. Le plan et ces ébauches sont encore, à l'heure qu'il est, avec une foule d'autres papiers entre les mains de M. Isidore Geoffroy Saint-Hilaire. J'avais moi-même tout à fait oublié cet ouvrage.

Ma chère femme, à qui j'avais laissé mes papiers à l'approche du 2 décembre, tomba, par hasard, sur ce grimoire indéchiffrable; sans m'en rien dire, elle employa beaucoup de temps et une peine infinie à copier ces hiéroglyphes. Au milieu des désastres du 2 décembre, elle emporta ce manuscrit et plus tard elle me le remit avec mes effets les plus précieux, au moment où je m'y attendais le moins.

« En le relisant, je vis que toute notre histoire se trouvait dans ce long drame, et encouragé par elle, je me décidai à remplir le plan tracé avant les événements.

« Ce qui m'avait déjà frappé en 1847, c'est combien il est difficile d'affranchir les hommes ; que toute révolution à laquelle ne correspond pas un progrès moral, une émancipation ou élévation est en soi une *révolution servile*, à quelque temps qu'elle se passe. L'esclavage de l'âme, voilà il me semble, les chaînes vraiment difficiles à rompre. C'est sur cette idée que mon drame (qui a l'étendue de près de deux tragédies) s'est bâti lui-même. J'ai mis en présence les éléments dramatiques qui touchent au fond même de la société : Le Patricien, — le Plébéien, — l'Affranchi, — l'Esclave qui s'asservit lui-même à mesure qu'on le délivre, puis le héros-Esclave au-dessus de ce chaos social. Sa femme, prêtresse de l'avenir, etc.

« Sans faire aucune concession aux misères du public, qui me semblent une des grandes causes de la corruption de la scène, j'ai voulu cependant que ce drame pût au besoin être représenté. Je l'ai lu hier devant une dizaine d'amis, il est vrai. Ils ont bien voulu reconnaître que ce drame de la liberté et de la servitude pourra être représenté sans difficulté le jour où l'on instituera des fêtes et des jeux publics pour la victoire du droit et de la justice. Vous voyez par là combien la représentation me donnera peu de peine et entraînera peu d'ennuis et d'attente! Reste la publication. Voilà le point dont je dois m'occuper maintenant, le manuscrit est à Paris. »

Pauvres *Esclaves*, qu'ils ont eu de peine à se frayer leur chemin dans le monde! Terminés en décembre 1852, le plus difficile, c'était de les imprimer. Un libraire de Paris qui s'offrit d'abord, motiva son refus sur le dernier vers :

> S'il en reste un tronçon, nous sommes les vaincus.
> Romains, qu'avons-nous fait ? Un autre Spartacus.

Oui, la République de 1870 a justifié cette prophétie. En sauvant le fils de Spartacus, le poëte réservait l'avenir, la liberté. Mais qu'on était loin de ces espérances en 1852 ! Cette seconde lettre ne l'indique que trop :

« Bruxelles, février 1853.

«... Je sens que la mission des écrivains est bien changée. Les conquêtes pacifiques, morales, poétiques, de la France depuis trente années ont abouti de nos jours à un Waterloo moral et intellectuel, comme les victoires et conquêtes militaires avaient fini par un Waterloo militaire. Le moyen existe-t-il de relever une nation après de pareils désastres dont les uns sont en partie volontaires ? J'ai bien peur que dorénavant la plume soit impuissante à relever le navire si grossièrement, si honteusement échoué. Que doit faire, que peut faire l'écrivain dans cet abîme moral ? Sans doute, ne jamais désespérer de la nature humaine. *Sperare semper*, continuer stoïquement son œuvre, ne pas trop regarder l'avenir, se roidir contre le torrent. On peut faire cela et nous le ferons; mais il est une chose cependant sur laquelle il ne servirait de rien de nous abuser. C'est que les esprits en France ont perdu la curiosité des idées, la parole ne les atteint plus; comment pourrait-elle les guérir ? Ils ont déjà, il me semble, une certaine répugnance contre tout ce qui les force de penser et de sentir. Où est le remède à cet engourdissement de la tête et du cœur ? J'ai peur aussi (et je le sens par ma propre expérience), que dans la nécessité de se roidir contre ce torrent de bassesses et de hontes, les honnêtes gens finissent par avoir quelque chose de tendu et d'insolite. Je ne puis pas me refuser à voir que dans les époques de décadence, les esprits souillés, dégradés, sont infiniment plus à l'aise, par conséquent plus *naturels* dans le sens de l'art, que ne le sont le peu de gens de cœur qui continuent d'écrire. Je pense avec tristesse que des hommes dégradés, des intelligences putrides telles que Pétrone, Martial, sont alors infiniment plus vraies, plus simples et par cela même plus conformes aux exigences de l'art que les honnêtes gens tels que Lucain et Sénèque, et en beaucoup de points Tacite même. L'honneur, la dignité morale finissent par avoir l'air d'une affectation, l'ignominie seule s'appelle alors le naturel. Ces réflexions ne m'ont guère quitté tant que j'ai été occupé de l'ouvrage que je viens de terminer. Quoique je l'aie ébauché tout entier en 1847, je dois craindre que quelques personnes ne veuillent y voir que l'impression de ces deux ou trois dernières années.

« J'avais toujours été frappé de la difficulté que l'on rencontre à affranchir les âmes. On a beaucoup répété que l'esclavage antique dure encore dans notre société. J'ajoute que ce sont surtout les âmes qui sont restées en esclavage. Je crois voir que toutes les fois qu'une révolution éclate sans qu'il y ait aucune émancipation morale qui y corresponde, ce n'est là qu'une révolution servile, et à ce titre elle est impuissante, à quelque époque du monde que l'on se place. Cette pensée m'a amené à faire l'histoire ou plutôt le drame de la plus grande révolution servile de l'antiquité, celle de Spartacus, et cela se trouve sans que je l'aie voulu en rien, le drame que j'ai vu de mes yeux.

« De même que les grands événements de 1814 et 1815 ont donné aux historiens beaucoup d'idées et de lumières sur le mouvement des races antiques auxquelles on n'avait jamais songé auparavant, de même je crois que par l'expérience de nos misères intestines et sociales, on peut arriver à des choses très-neuves et très-vraies sur les luttes ou le drame social de l'antiquité. Avec ce fil, je me suis plongé dans le monde antique et je crois avoir retrouvé là un terrain que les anciens historiens et les poëtes anciens n'ont jamais voulu toucher. J'ai osé composer sur ce fonds de l'antiquité et avec les lumières souvent infernales que j'ai recueillies de mon temps, un drame que vous ferez, je vous prie, représenter, quand vous serez président de la République du droit et de la justice. J'ai poussé l'audace jusqu'à composer mon drame en vers, et maintenant que j'ai fini et que je me trouve tout simplement dans notre heureuse et libre époque de 1853, je suis comme vous le comprenez, fort embarrassé de ma témérité. Ce n'était rien d'écrire ce long drame. L'affaire est de le publier. Buloz insistant beaucoup auprès de moi sans savoir ce que je lui prépare, je viens de le lui envoyer ; mais il donnerait assurément cent œuvres de ce genre-là pour un article sur un bouquin allemand ou anglais. »

En effet la *Revue des Deux-Mondes* ne publia pas les *Esclaves* (la première édition parut à Bruxelles), mais elle inséra la préface qui eut un grand retentissement. C'était la première fois depuis les jours de décembre qu'un aussi fier langage éclatait à Paris même, sous le bâillon et les verroux. Cette voix d'exil éveilla bien des échos.

Voir un jour ce drame sur une scène populaire, c'était un des rêves de nos amis. Le plus cher, le plus ancien de tous, voulait que les *Esclaves* fussent représentés à la façon des grandes tragédies antiques. Il nous écrivait que ce drame lui apparaissait comme une œuvre de délivrance, que c'étaient de ces paroles qui sont des choses et font les actes. Il saluait ce héros, ce Spartacus. Il demandait que le lendemain de la Révolution on bâtit l'arène de Vérone à Paris, un théâtre de 20,000 âmes pour le représenter. « Que ne suis-je plus jeune ! s'écriait-il ! j'y jouerais comme Eschyle et Voltaire ont fait et je croirais jouer mon drame. »

Comme toujours, les deux amis se rencontraient dans une même pensée. Le 23 février 1853, Edgar Quinet lui écrivait :

« ... J'étais allé au-devant de votre pensée et j'ai voulu en effet, que l'ouvrage pût être représenté, quand vous établirez, selon ce que vous avez dit et développé si admirablement, un théâtre et des jeux publics, pour le triomphe du droit et de la justice.

« J'en ai fait une lecture, qui a réussi, devant une dizaine d'amis, et ils ont tous reconnu que les difficultés de la représentation ne sont pas dans la pièce. Vienne seulement la fête du droit !

« Il fallait bien sortir de cet affreux drame d'alcôve qui a tant perverti et énervé les âmes.

« La lecture a duré quatre heures et demi, pour près de trois mille vers. Je vais m'occuper d'une préface où je retrouverai votre pensée, sur la mission morale du théâtre, sur l'éducation du peuple par la scène. Quel bonheur pour moi que nos deux vies se rejoignent ainsi à tout propos, même quand il semble que nous sommes le plus loin l'un de l'autre...

« Les grandes difficultés vont commencer pour moi, la publication... Au reste, je ne suis certainement pas fâché d'avoir eu à composer mon ouvrage, sans espoir de le faire représenter, au moins prochainement. Le public (de 1852) a terriblement corrompu et rabaissé tous ceux qui ont voulu lui complaire pour le flatter, et je crois que, si le théâtre doit devenir jamais ce que nous pensons, il faut d'abord se séparer en esprit de ce public, vieillard blasé, et s'adresser du fond de la solitude à la conscience humaine, qui est toujours jeune. »

Aujourd'hui on ne peut guère se figurer les tortures des écrivains en exil, le stoïcisme dont il fallait s'armer. C'est un devoir de rappeler ce qu'ils ont souffert silencieusement, au moment même où ils honoraient par leurs travaux cette patrie alors courbée sous un joug honteux.

Disons un mot de la critique soulevée par les *Esclaves*.

Quelques exemplaires réussirent à franchir la muraille de Chine. Le proscrit s'attendait à un silence absolu. Il se trompa. L'appel éloquent de la préface fut entendu : « Hommes, mes frères, compagnons d'un moment sur cette terre, où êtes-vous ? M'entendez-vous quand je vous appelle ? » Trois courageux esprits qui pendant ces longues années de compression faisaient écho à toute voix libre, MM. Laurent-Pichat, Louis Ulbach, Eugène Pelletan, rendirent compte des *Esclaves*. Mais la presse timorée, comment accueillit-elle le drame qui arrivait de l'exil ?

Quinze mois à peine s'étaient écoulés depuis le crime de décembre, l'Empire était proclamé, et pourtant on n'était pas tout à fait sûr de tenir la victoire. Les défections, si nombreuses depuis, n'étaient pas au grand complet. Les prudents se tenaient sur cette ligne de démarcation insaisissable qui séparait la protestation de l'adhésion. La limite ne tarda pas à être franchie ; elle ne l'était pas encore.

Il y avait des journalistes qui, ménageant le présent, le fait accompli, gardaient pourtant l'ancien respect des idées et des hommes qu'on était accoutumé de glorifier.

Il n'est pas sans intérêt de montrer ici quel était, en 1853, le ton de la presse à demi ralliée à l'Empire, avant que les longues années de corruption eussent forgé ce style inouï, mélange de cynisme et de rouerie, qui amalgamait à dessein les mots : démocratie, principes de 89, idées sociales, cause du peuple, et se donnait pour tâche de *démolir* les proscrits, les hommes du droit. Bien des gens qui célèbreront bientôt l'Empire, conservaient encore quelques accents de la langue républicaine. Le dictionnaire de la servitude, où tous les mots changent d'acception et qui devait tant contribuer à fonder la démocratie césarienne, n'était pas terminé, à peine commencé. On respectait toujours les grands noms. Que dis-je ? Ils brillaient d'un éclat plus pur, par delà les frontières, dans la sombre nuit qui ensevelissait la patrie ; tous les cœurs, tous les regards se tournaient vers ces *étoiles fixes*.

On n'avait pas encore inventé de nier ou de railler les écrivains de l'idéal, de l'héroïsme et de l'honneur. En un mot, l'Olympe littéraire de la démocratie césarienne, n'avait pas encore choisi ses nouveaux dieux.

Si je me suis arrêtée à ces temps, c'est qu'ils ne sont pas aussi loin de nous qu'il semble ; ils ont laissé leur empreinte dans mainte institution, dans plus d'un esprit.

L'article dont nous allons citer la partie la plus saillante est curieux, en ce qu'il marque la transition de la presse de 48 et de la presse impérialiste, l'évolution de ceux qui s'étaient mis en route pour la liberté et qui, après avoir assisté indifférents au renversement des lois au sang versé, aux proscriptions et déportations, trouvèrent prudent d'attendre avant de se décider entre le juste et l'injuste. Selon la tournure que prendront les événements, ils abandonneront le camp du droit et tourneront le dos à l'avenir, pour s'engager résolûment dans la bande de décembre, qui offrait la jouissance et qui possédait à la fois l'or et le fer :

« Moi aussi je suis séparé de la rive des aïeux par un « fleuve infranchissable. Je frappe l'air de ma cymbale, « mais je ne sais si une voix me répondra (1). » Oui, une « voix vous répondra, ô poëte d'*Ahasvérus* et de *Promé-* « *thée!* O poëte des grandes expiations et des sublimes « douleurs! Et qu'importe que cette voix ne soit pas élo- « quente comme la vôtre?... S'il se rencontre, dans les « luttes civiles, des hommes qui n'aspirent qu'au triomphe « du vrai et du bien, de nobles intelligences attachées « invinciblement à des idées, des penseurs austères et « désintéressés, des poëtes au sublime idéal, ce sont « ceux-là qu'il faut plaindre, même en supposant qu'ils « se trompent, quand ils viennent à être frappés dans un « de ces combats qu'ils n'appellent jamais de leurs vœux « et qu'ils voudraient, au prix de tous les sacrifices, « épargner à la patrie !

« Je n'ai donc pu me défendre d'un profond sentiment « de tristesse en lisant ces deux mots en tête du drame « des *Esclaves : Exulibus Exul*, d'autant plus qu'en lisant « le drame et la préface de M. Quinet, on s'aperçoit « bientôt que l'exil l'a rendu trop amer et que son génie « est dans un accès de désespoir.

« Jusqu'ici l'auteur d'*Ahasvérus* avait chanté une hymne « au progrès de l'humanité, et l'histoire d'une main, une « lyre de l'autre, il avait été un des précurseurs harmo- « nieux de l'avenir... Son cœur était si rempli d'espérance « qu'il débordait sur la nature entière. Aujourd'hui le « poëte de l'espérance devient le poëte du désespoir...

(1) Préface des *Esclaves*.

« Beau sujet de drame ou de tragédie, sans doute, que
« l'esclave antique, dont les douleurs et les cris ont été étouf-
« fés pendant tant de siècles et qu'aucun poëte n'a daigné
« transmettre à la postérité, tant c'était chose vile que le
« pauvre esclave, et faite naturellement pour le malheur.
« C'était surtout à l'auteur de *Prométhée* qu'il appartenait
« de donner une voix à cet abîme ; c'était lui plus que
« tout autre qui pouvait évoquer des profondeurs du
« passé tout un monde de figures inconnues, de spectres
« lamentables. Son drame pourrait être le drame naturel
« d'une démocratie parfaite, et si c'est en vue de cet idéal
« qu'a parlé M. Quinet, il a raison ; mais s'il parle des
« temps modernes, il me semble que son drame serait
« plus dangereux qu'utile ; il pousserait la foule sur une
« pente où il faut au contraire la retenir.

« Ainsi Edgar Quinet, quand il veut faire par le théâtre
« l'éducation du peuple, et que, selon lui, chaque spec-
« tateur doit devenir un héros en écoutant les personnages
« héroïques, du poëte, Edgar Quinet a un idéal trop élevé
« du peuple.

« Jupiter a changé en pierre le cœur de ses peuples. »

« Non, notre cœur n'est pas changé en pierre, non,
« nous ne sommes pas encore insensibles aux beautés de
« l'imagination et de la poésie. Tant qu'il y aura des
« poëtes comme l'auteur des *Esclaves*, quoique le vers
» ne soit pas la langue naturelle de M. Quinet, pas plus
« qu'elle n'était la langue naturelle de Chateaubriand, il
« y aura toujours chez nous bon nombre d'âmes pour
« tressaillir à leurs accents. La poésie de M. Quinet est
« une poésie forte, à la fois savante et inspirée. L'auteur
« des *Esclaves* est une grande imagination, une cons-
« cience pure, une âme haute. Mais il n'est pas où est
« M. Mérimée ! Il est où est Victor Hugo. »

On le voit, pour le critique de 1853, le deux décembre
existe à peine . Nul changement dans la vie publique. Il
s'étonne de la tristesse des amis de la liberté. Il est
presque étonné que l'auteur des *Esclaves* ne trouve pas

le coup d'État conforme à la loi du progrès de l'humanité. Et cependant, lorsqu'il parle des écrivains proscrits, comparez le ton avec celui qui se généralisera au bout de vingt ans d'empire.

Il semble s'excuser de garder quelque tendresse aux maîtres absents, à Victor Hugo, à Edgar Quinet. L'hostilité éctate à propos des généraux en exil. Ceux-là ont une épée, ils peuvent défaire l'œuvre de l'épée. Mais des poëtes proscrits ! On les loue sans péril. Sont-ils à craindre? Volontiers on accorderait à ces rêveurs le gouvernement des âmes, pourvu qu'ils ne touchent pas à la politique; qu'ils en laissent le soin aux fils de Byzance.

Et au contraire, c'est le poëte, le penseur qui est à redouter, quand il s'agit d'extirper la justice, la liberté chez un peuple. A toutes les époques d'étouffement il s'est trouvé de glorieux bannis, qui ont emporté et conservé dans l'exil le vrai génie de la France. Ceux qui n'ont pas assisté vivants au triomphe des idées qu'ils représentaient : vérité, liberté, égalité sainte, en ont hâté l'avénement par leurs œuvres immortelles, remises en honneur après eux. Les d'Aubigné, les Bayle, les Descartes, les Rousseau, les Voltaire et de nos jours les grands proscrits de 1851, ont veillé sur la vraie gloire de la patrie; sentinelles du droit éternel, restées debout pendant cette longue nuit...

Oui, lorsqu'on regarde cet affreux passé, ces jours sombres où notre France se sentait abaissée, humiliée, mutilée, lorsqu'on pèse les douleurs de ces années, stériles pour le progrès, fécondes en cruelles expériences, que lui restait-il pour relever le front? Les œuvres de l'esprit, le travail de ses écrivains, la vie de cette *France extérieure*, qui représentait une des sphères lumineuses de la patrie, quand l'autre moitié était plongée dans les ténèbres.

FIN DES NOTES.

TABLE

                                                            Pages
Avertissement   5

PROMÉTHÉE.

Première partie. — Prométhée inventeur du feu.   37
Deuxième partie. — Prométhée enchaîné   67
Troisième partie. — Prométhée délivré 113

LES ESCLAVES

Préface. 151
Acte Ier. 179
Acte II. 205

	Pages
Acte III	229
Acte IV	251
Acte V	281

La Sirène	303
Le Combat du Poëte	313
Le Siége de Constantine	325
Le Rhin	333
Notes de Mme Edgar Quinet	339
Trois lettres inédites d'Edgar Quinet	345

FIN DE LA TABLE.

Clichy. — Imp. Paul Dupont, 12, rue du Bac-d'Asnières. 757.6.8.

SOUSCRIPTION NATIONALE DE 1876
A L'ÉDITION DES ŒUVRES COMPLÈTES
D'EDGAR QUINET

Les admirateurs du grand penseur et du grand écrivain que la France a perdu l'année dernière, ceux qui regrettent dans Edgar Quinet le patriote inébranlable comme l'éloquent et profond philosophe, jugeront tous, comme nous, que le pays qu'il a tant honoré doit un monument à sa mémoire, et que le monument le plus digne de lui serait la publication intégrale de ses œuvres.

Nous proposons donc à ceux de nos concitoyens qui partagent les sentiments que nous avons voués à ce mort illustre, l'ouverture d'une souscription pour aider à préparer et à commencer cette œuvre vraiment nationale.

Cette souscription serait fixée à 20 francs.

Il nous a paru qu'il conviendrait d'inaugurer la série des œuvres d'Edgar Quinet par la publication de sa correspondance inédite, qui ne saurait manquer d'offrir de précieux documents à l'histoire contemporaine. Les personnes qui enverront une souscription de 20 francs auront droit à recevoir *deux volumes de Lettres inédites, et quatre volumes des Œuvres complètes.*

EDMOND ABOUT, Publiciste; BARDOUX, Député; BATAILLARD, Publiciste; LOUIS BLANC, Député; H. BRISSON, Député; CARNOT, Sénateur; CASTAGNARY, Conseiller municipal; A. CRÉMIEUX, Sénateur; A. DUMESNIL, Publiciste; J. FERRY, Député; GERMER BAILLIÈRE, Conseiller municipal; HARANT, Conseiller municipal; A. MARIE; H. MARTIN, Sénateur; LAURENT-PICHAT, Sénateur; E. LEFÈVRE, Conseiller municipal; P. MEURICE, Publiciste; E. MILLAUD, Député; E. NOEL, Publiciste; E. PELLETAN, Sénateur; A. PREAULT; Dr ROBIN; SPULLER, Député; TIERSOT, Député; VACQUERIE, Publiciste; E. VALENTIN, Sénateur; VICTOR HUGO, Sénateur; VIOLLET-LE-DUC, Conseiller municipal.

ŒUVRES COMPLÈTES D'EDGAR QUINET
Trente volumes in-18 :
CHAQUE VOLUME SÉPARÉMENT : 3 fr. 50

Philosophie. — Génie des Religions. Origines des dieux. Les Jésuites. L'Ultramontanisme. Introduction à la philosophie de l'histoire. Essai sur Herder. — Examen de la Vie de Jésus. Le Christianisme et la Révolution française. Philosophie de l'histoire de France. La Création. L'Esprit Nouveau. Vie et mort du Génie grec.

Histoire : Les Révolutions d'Italie. Marnix. Fondation de la République des Provinces-Unies. Les Roumains.

La Révolution. Histoire de la campagne de 1815.

Voyages. — Critique littéraire. La Grèce moderne. Allemagne et Italie. Mes vacances en Espagne. Histoire de la Poésie. Épopées françaises. Mélanges.

Politique et Religion : Enseignement du peuple. La Révolution religieuse au XIXe siècle. Situation morale et politique. La Croisade romaine. La Sainte-Alliance en Portugal. Pologne et Rome. État de siège. Le Panthéon. Le Siège de Paris et la Défense nationale. La République. Le Livre de l'Exilé. Œuvres diverses.

Poèmes : Prométhée. Napoléon. Les Esclaves. Ahasvérus. Merlin l'Enchanteur.

Autobiographie : Histoire de mes idées. Correspondance.

Paris. — Imp. PAUL DUPONT (Cl.) 436 bis.7.95.

www.ingramcontent.com/pod-product-compliance
Lightning Source LLC
Chambersburg PA
CBHW050737170426
43202CB00013B/2279